EIN PFUNDSKERL NAMENS GEORGE

Colin Campbell arbeitet seit über 25 Jahren erfolgreich im Marketing für große bekannte Marken in den USA und Kanada. Neben der Arbeit schreibt er leidenschaftlich gern und macht Sport. *Ein Pfundskerl namens George* ist Colin Campbells erstes Buch, das direkt ein New York Times Bestseller wurde und in Deutschland auf der SPIEGEL-Bestsellerliste stand. Gemeinsam mit seinem Hund George lebte er in Downtown Toronto. Sie entflohen so oft es ging an die Strände Kaliforniens und Nova Scotias, um surfen zu gehen. George verstarb im Winter 2017 im hohen Alter.

Colin Campbell

Ein Pfundskerl namens George

Wie ein surfender Hund mein bester Freund und Retter wurde

Aus dem Englischen von Veronika Dünninger

Eden BOOKS

Zum Gedenken an meinen Großvater Nick Howes, der mir beigebracht hat, wie wichtig es ist, das Meer zu erleben und zu lieben, fleißig zu sein und die freien Tage im Leben zu erkennen und wertzuschätzen.

HIER SIND EIN PAAR DINGE, DIE ICH WEISS:

Ich weiß, dass die Menschen, die mir im Leben am meisten bedeuten, diejenigen sind, die mir in die Augen sehen können.

Ich weiß, dass ich das Meer liebe und dass es mich zu mir selbst zurückführt.

Ich weiß, dass mein Großvater, der Mann, der mir das Schwimmen beigebracht und mich gelehrt hat, das Leben voll auszukosten, einer meiner wichtigsten Mentoren und Ratgeber bleibt, auch wenn er vor vielen Jahren gestorben ist.

Und ich weiß, dass zu einer der stärksten Erfahrungen meines bisherigen Lebens meine tiefe und beständige Freundschaft zu einem Hund namens George gehört, der all die Dinge, die ich weiß, vereint.

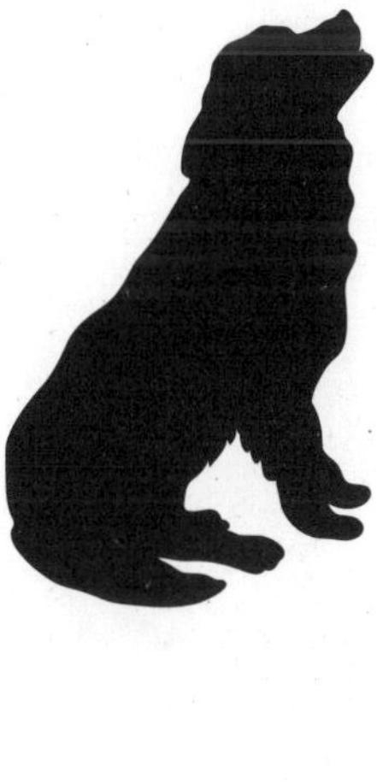

Prolog

Ich bin Schwimmer und Surfer. Ich liebe das Meer. George, mein 140 Pfund schwerer Landseer-Neufundländer – das sind umgerechnet stolze 63 Kilogramm –, liebt das Wasser ebenfalls. Ich zögere etwas, wenn ich »mein Hund« sage, denn das klingt, als würde ich dieses Geschöpf besitzen, mit dem ich einen Großteil meines Lebens teile. Wie Sie, so hoffe ich zumindest, in diesem Buch sehen werden, gehört George ausschließlich sich selbst. Wir Menschen, die wir das Glück haben, ihn zu kennen und in unserem Leben von ihm berührt worden zu sein, sind nur die Empfänger seiner großzügigen Gaben.

George ist der Hund, der mein Leben verändert hat. Als ich ganz unten war, war er da, um mich zu trösten. Er hatte kein Zuhause, als ich ihn bei mir aufnahm, aber wie sich herausstellte, war er es, der mich gerettet hat. Er hat mir beigebracht, zu gehen und zu warten, zu sitzen und geduldig zu sein und Veränderungen anzunehmen. Er hat mich gelehrt, wie wichtig Umarmungen sind, zu flüstern, anstatt zu brüllen, anderen um mich herum genauer zuzuhören und einfühlsam gegenüber Bedürftigen zu sein. Er hat mir gezeigt, wie man die Wellen des Lebens reitet, anstatt sich von ihnen überspülen und ertränken zu lassen. Er hat mir beigebracht, dass man zu weit aufs Meer hinausschwimmen kann – und er hat mich öfter, als ich mich erinnern kann, zurück ans rettende Ufer gezogen. Er hat mich gelehrt, dass der Surfsport, genau wie das Leben, nicht zu ernst genommen werden sollte – dass man manchmal nur auf ein Brett steigen muss, um sich selbst und die Leute um sich herum glücklich zu machen.

Viele der Lebenslektionen, die ich mit George gelernt habe, erinnerten mich an Lektionen, die mir eigentlich schon vor langer Zeit begegnet waren. Ist es nicht so, dass sich im Leben oft, ohne dass wir es erkennen, ein Kreis schließt?

Mein Großvater Nick Howes war die erste positive Kraft in meinem Leben und in vielerlei Hinsicht mein erster Lehrer. Er lehrte mich die Werte, die mir später George erneut nahebringen sollte, als mein Großvater es nicht länger konnte.

Ich möchte daher an dieser Stelle ein wenig zurückspulen und von meinem Großvater Seymour Wylde Howes III erzählen. Er wurde im Jahr 1913 auf einer Zuckerplantage auf der Karibikinsel Montserrat geboren. Er zog es vor, Nick genannt zu werden, aber ich nannte ihn Grandpa. Im Zweiten Weltkrieg war er einer der Ersten, die am D-Day in Frankreich an den Stränden der Normandie landeten, wo er mehrere seiner Kameraden vor dem Ertrinken rettete, nachdem ihr Landungsboot auf eine Mine gefahren war. Nach dem Krieg führte Grandpa ein, wie man allgemein wohl sagen würde, bescheidenes, gewöhnliches Leben. Doch für mich war er alles andere als gewöhnlich.

Mein jüngerer Bruder David und ich hatten eine sehr enge Beziehung zu unserem Großvater. Grandpa lebte sein Leben mit voller Hingabe, er war selbstlos und gab uns das Gefühl, etwas Besonderes zu sein. Es waren seine kleinen und großen Gesten, die über Jahre hinweg dazu beitragen sollten, unser Leben zu prägen. Als Jungen verbrachten wir oft den ganzen Sommer in seinem Cottage an einem stillen Strand in einer ruhigen Bucht im kanadischen Nova Scotia. Morgens wachten wir oft vom Geruch von brutzelndem Speck und der tiefen, begeisterten Stimme meines Großvaters auf. »Aufgestanden, ihr Schlafmützen!«, rief Grandpa, während wir noch im Bett lagen. »Heute ist ein wichtiger Tag! Wir haben wichtige Dinge zu tun!« Meinem Großvater zufolge hatten wir jeden Tag »wichtige Dinge« zu tun.

»Augenblick ...«, sagte er dann, während er im Türrahmen unseres Zimmers stand. Er sah in einem unsichtbaren Terminplan nach, der draußen hinter dem Panoramafenster des Cottage schwebte, irgendwo weiter unten, wo das Meer gegen die Ufer des Sandstrandes schlug. »Heute müssen wir schwimmen. Und Sandburgen bauen. Dann müssen wir den Rasen mähen und Brennholz hacken und noch einmal schwimmen. Danach müssen wir segeln, gefolgt von einem kurzen Ausflug in die Stadt, um ein paar Lebensmittel einzukaufen. Dann steht ein Barbecue auf dem Programm. Und ich bin mir ziemlich sicher, dass wir direkt im Anschluss daran noch ein bisschen Blaubeerkuchen essen müssen. Und dann werden wir das alles abrunden, indem wir uns die Zähne putzen, unsere Pyjamas anziehen und eine Gutenachtgeschichte lesen.«

Mein Bruder und ich lauschten seinen Worten von der warmen Behaglichkeit unserer Etagenbetten aus und stellten uns weiter schlafend, bis Grandpa sagte: »Aber bevor wir das alles tun können, muss ich euch Schlafmützen erst einmal aus dem Bett holen!« Und mit diesen Worten stürzte er sich auf uns und kitzelte uns durch einen Berg von Decken hindurch, während wir lachten und kicherten und noch ein bisschen mehr lachten.

Egal, wie alt wir waren – jahrelang, ein Jahrzehnt lang, begann so jeder einzelne Sommertag mit ihm.

Er beendete unsere Tage auf fast die gleiche Weise. Nach unserem Tag voller Aufgaben und Spaß, und bevor wir es überhaupt richtig bemerkten, senkte sich die Dämmerung über uns. Wir waren hundemüde, schlüpften in unsere Pyjamas und machten uns bettfertig. Dann kam er herein, um uns eine Geschichte vorzulesen, und bevor er das Licht ausschaltete, fragte er jedes Mal: »Jungs, hattet ihr einen schönen Tag?«

»Natürlich hatten wir das, Grandpa!«

»Wisst ihr, Jungs«, sagte er dann mit leiser, sanfter Stimme, »heute war ein freier Tag.«

»Was ist ein ›freier Tag‹, Grandpa?«, fragten wir jedes Mal.

Und dann sah er mit einem breiten Lächeln zu uns hinunter und sagte: »Ein freier Tag ist, wenn man einen ganzen Tag damit verbringt, Dinge zu tun, die man liebt – wie zum Beispiel Sandburgen bauen, Drachen steigen lassen oder schwimmen gehen. Und wenn du diese Dinge mit Leuten tust, die du liebst und die dich lieben, dann wirst du an diesem Tag kein Stückchen älter. Das ist ein freier Tag.« Dann hielt er inne und strich uns die Haare aus dem Gesicht, während er uns tief in die Augen sah. »Heute, Jungs, hatten wir einen freien Tag auf der Erde. Heute sind wir nicht alt geworden. Und jetzt schlaft gut. Ich liebe euch.«

Dann schaltete Grandpa das Licht aus, und wir sanken in einen tiefen, schweren Schlaf. Wir liebten ihn von ganzem Herzen, und er liebte uns sogar noch mehr.

Erst viel später in meinem Leben, nachdem ich verloren hatte, was ich am meisten liebte, und lange nachdem Grandpa nicht mehr war, lernte ich, wie schwer »freie Tage« in diesem Leben zu bekommen sind. Ich vergaß, wie sie sich anfühlten, bis George mir half, sie wiederzufinden. Und jetzt, mit Georges Hilfe, versuche ich aus jedem Tag einen freien Tag zu machen.

TEIL EINS

Unter Wasser

EINS

Die Wolken hatten New York City den ganzen Tag eingehüllt, eine zerknautschte graue Decke, die über den Hochhäusern lag. Es war Februar 2008 und so kalt, dass die New Yorker, selbst wenn New York sich weigerte zu schlafen, es mit Sicherheit vorgezogen hätten, zusammengerollt im Bett zu bleiben. Jene Unglücklichen, die sich aus dem Bett und hinaus in die kalte Welt schleppen mussten, eilten jetzt mit bitterer Entschlossenheit durch die Straßen, die Kragen hochgeschlagen und die Mäntel gegen die Kälte fest zugezogen. Ich war geschäftlich in New York, und ich wollte meinen Tag voller Meetings einfach nur hinter mich bringen, um nach Hause zu meiner geliebten Frau zu fliegen, mit der ich seit vier Jahren verheiratet war. Die Kälte und das Chaos konnten mir nichts anhaben, denn bald würde ich nach Hause fliegen. Bald würde ich bei Jane sein.

Ich arbeitete als Manager für MKTG, eine hippe Marketingfirma mit Sitz in New York City. Ich arbeitete gern dort – die Kollegen waren die klügsten, innovativsten Leute, mit denen ich je zusammengearbeitet hatte. Sie waren professionell und witzig. Ich leitete das kanadische Büro in Toronto und war in die Stadt gekommen, um wegen einer Fernsehshow nachzuhaken, die wir NBC angeboten hatten. Ein paar Wochen zuvor hatten wir den NBC-Vizesportchef von einer Reality-Sportshow überzeugt, die ich entwickelt hatte. Das Leben war toll. Ich hatte eine schöne, liebevolle Ehefrau und einen großartigen Job, bei dem ich mit netten Leuten zusammenarbeitete.

An jenem Morgen wachte ich eineinhalb Stunden, bevor mein Wecker klingeln sollte, auf und sah durch das Fenster auf die Häuserdächer hinaus. Ich konnte nicht mehr schlafen, daher schrieb ich Jane eine SMS, um zu sehen, ob sie auch schon wach war. Augenblicke später hörte ich nicht das Piepsen einer Antwort-SMS, sondern das Klingeln meines Telefons.

»Hey, du bist ja wach!«, sagte ich.

»Irgendwie schon«, antwortete sie sanft lachend, die Stimme noch belegt vom Schlaf. »Ich habe deine SMS gesehen.«

»Ich lasse dich weiterschlafen«, sagte ich fast im Flüsterton. »Aber es war schön, deine Stimme zu hören. Danke, dass du angerufen hast.«

»Wann ist dein erstes Meeting?«

»Halb zehn.«

»Du wirst deine Sache toll machen.« Ich konnte ihr Lächeln hören.

»Danke, es dürfte alles glattgehen.«

»Ich liebe dich. Viel Glück. Ruf mich später an.«

»Mache ich. Ich liebe dich auch«, sagte ich.

Ich legte auf, froh, ihre Stimme gehört zu haben. Auch wenn es zu meinem Job gehörte, um die ganze Welt zu reisen, in tollen Hotels zu wohnen und in fantastischen Restaurants zu essen, vermisste ich Jane jedes Mal, wenn ich fort war. Unsere Terminkalender sorgten oft dafür, dass wir getrennt waren, umso mehr wusste ich unsere gemeinsame Zeit zu schätzen. Zu Hause hieß für mich Jane.

Ich stand auf, duschte, zog mich an und fuhr zu meinem ersten Meeting, das besser verlief, als ich mir erhofft hatte. Meine Kollegen und ich aßen gemeinsam zu Mittag, bevor wir uns in unsere Nachmittagsmeetings stürzten. Mein Flug sollte an jenem Abend gehen, aber als wir mit dem Essen fertig waren, hatte der Wind aufgefrischt und den Himmel in einen kräftigen Bluterguss aus Dunkelviolett und Grau verwandelt. Es hatte noch nicht zu schneien begonnen, aber in den Nachrichten wurde bereits vor einem bevorstehenden Wintersturm gewarnt, und ich wusste, dass die Chance, dass mein Flugzeug planmäßig starten würde, rasch schwand. Während ich zusah, wie die New Yorker versuchten, fluchtartig zurück in die Wärme und den Schutz ihrer Häuser zu gelangen, verspürte ich einen überwältigenden Drang, dasselbe zu tun. Ich wollte nicht an einem Flughafen stranden. Ich wollte nach Hause. Ich wollte zu meiner Frau. Ich wollte bei Jane sein.

Jane und ich hatten uns fast 15 Jahre zuvor bei einer Wohltätigkeitsveranstaltung kennengelernt. Sie war jemand, der in einer Menge immer hervorstach. Sie war hübscher, größer, blonder und lebhafter als jede andere Person im Raum. Ich hatte sie aus der Ferne gesehen, während sie mit einem anderen Teilnehmer sprach, und ich war hingerissen von ihrer natürlichen Haltung und Eleganz, ganz zu schweigen von ihrem Lächeln. Es ließ mich dahinschmelzen. Als mich nur noch ein paar Schritte von dem mir zugewiesenen Tisch trennten, wurde mir klar, dass sie nicht nur an meinem Tisch saß, sondern wir sogar nebeneinander platziert waren. Mein Herzschlag hämmerte in meinen Ohren und übertönte jedes andere Geräusch im Raum.

Bevor ich zu nervös werden konnte, streckte sich mir eine Hand entgegen. »Hi, ich bin Jane.«

Wir redeten übers Wetter, die Toronto Blue Jays, unsere Jobs – banale Dinge –, aber in ihrer Gegenwart nahmen sie eine neue Bedeutung an. Sie war Journalistin und berichtete für eine Lokalzeitung über die Veranstaltung. Sie vertiefte sich in unser Gespräch und gab mir das Gefühl, die faszinierendste Person im Raum zu sein.

Mir wurde schnell klar, dass sie einen messerscharfen Verstand und ein weltgewandtes Wesen hatte. Und sie fluchte wie ein Seemann – was nicht allzu viele Frauen bringen. Es gefiel mir sehr. Während des Hauptgangs hatte ich bereits das Gefühl, wir hätten eine Verbindung und ich jemand Besonderen kennengelernt.

Am Ende des Abends schlug ich vor, in Kontakt zu bleiben, und wir tauschten unsere Visitenkarten aus. Als ich ging, sagte ich zu einem Kollegen, dass ich diese Frau heiraten würde. Er lachte. »Sie kann vermutlich heiraten, wen immer sie will, und du wirst es aller Wahrscheinlichkeit nach nicht sein.« Ich lachte ebenfalls und sagte: »Wart's ab.«

In den nächsten paar Tagen nahm ich Janes Visitenkarte immer wieder in die Hand. Anrufen oder nicht? Ich wollte eine angemessene Zeit verstreichen lassen und nicht allzu interessiert erscheinen. Ich hielt ganze eineinhalb Tage durch, bevor ich sie auf einen Kaffee einlud. Ich hinterließ eine Nachricht auf ihrer Mailbox, und während ich auf eine Antwort wartete, erzählte ich jedem, der bereit war, zuzuhören, dass ich diese unglaubliche Frau kennengelernt hatte. Mir war bewusst, dass ich ein bisschen vorpreschte – ich kannte sie schließlich noch gar nicht –, aber in diesem Moment war mir das eigentlich egal.

Jane rief mich am nächsten Tag zurück. Wir trafen uns auf einen Kaffee. Nach ein bisschen Small Talk erzählte sie mir, sie sei seit Kurzem mit jemandem zusammen. Sie sagte, sie könne nicht leugnen, dass es während des Wohltätigkeitsessens zwischen uns gefunkt habe, aber mit diesem anderen Typen sei es ihr ernst. Sie wolle offen und ehrlich bezüglich ihrer Beziehung sein, sagte sie, denn sie wolle trotzdem mit mir befreundet sein. Ich war enttäuscht, aber ich wollte unbedingt ein Teil ihres Lebens sein, auf welche Weise auch immer. Außerdem, nennen Sie es jugendliche Arroganz, aber ich dachte ernsthaft, es sei nur eine Frage der Zeit, bis sie diesem anderen Typen den Laufpass geben und sich für mich entscheiden würde.

Schließlich war sie die Frau, die ich heiraten würde. Wir würden den Rest unseres Lebens zusammen verbringen. Sie würde nur noch ein bisschen länger brauchen, um es zu begreifen.

Im Laufe der nächsten Monate entwickelte sich eine warmherzige Freundschaft zwischen uns. So schwer es mir auch fiel, nicht mit ihr zu flirten, tat ich mein Bestes, um ihre Grenzen zu respektieren. Aber ich fand dennoch jede nur erdenkliche Ausrede, sie zu sehen. Über die Arbeit meldete ich mich bei »Essen auf Rädern« an, einem ehrenamtlichen Dienst, der sozial benachteiligten Menschen in der Gemeinde, die nicht immer in der Lage sind, selbst für sich zu kochen, Mahlzeiten bringt. Als ich erfuhr, dass man einen Partner brauchte, um die Mahlzeiten auszuliefern, rief ich Jane an und fragte sie, ob sie mitmachen wolle.

»Auf jeden Fall«, sagte sie. »Wann fangen wir an?«

»Diesen Mittwochmittag. Oder nächste Woche – was immer dir besser passt.«

»Diese Woche könnte ich. Abgemacht.«

»Fantastisch«, sagte ich und grinste über beide Ohren. »Ich hole dich von der Arbeit ab.« Mahlzeiten auszuliefern bedeutete, dass ich Jane jede Woche neunzig Minuten sehen durfte. Mir war klar, dass die ehrenamtliche Arbeit nicht glamourös sein würde, aber zu wissen, dass Jane dabei sein würde, war alles, was ich an Glamour brauchte.

Von unserer ersten Auslieferung an war die Arbeitsteilung klar: Jane klopfte an die Türen und übernahm den Großteil des Gesprächs; ich trug die große Essenstüte herein. Die Menschen, mit denen wir zu tun hatten, lebten in Sozialwohnungen in einer rauen Ecke von Toronto, die von Armut und Gewalt geprägt war. Das Leben hatte ihnen übel mitgespielt. Ein paar von ihnen waren schon älter, und viele waren von ihren Familien nahezu völlig im Stich gelassen worden. Andere lebten mit HIV oder Aids, und im Laufe der Wochen und Monate wurden wir Zeugen, wie sie vor unseren

Augen immer mehr abmagerten, obwohl wir ihnen gutes, gesundes Essen brachten. Sowohl Jane als auch ich konnten ihre Einsamkeit und Verzweiflung spüren, und wir taten unser Bestes, um ihnen ein bisschen Freundlichkeit und stille Unterstützung zu bieten. Freunde fragten mich oft, wie ich damit klarkam, ohne depressiv zu werden. »Das ist ganz leicht«, antwortete ich dann. »Ich mache es gemeinsam mit Jane.«

Wenn sie über die Schwelle einer geöffneten Tür trat, brachte Jane jedes Mal dieselbe ungeteilte Aufmerksamkeit mit, die sie an dem Abend, an dem wir uns kennenlernten, mir schenkte – sie hinterließ immer einen tiefen Eindruck. Ich beobachtete fasziniert, wie sich einer nach dem anderen in sie verliebte. Und ich konnte nicht umhin, mich selbst immer mehr in sie zu verlieben. Je mehr Zeit ich mit ihr verbrachte, desto besser lernte ich sie kennen. Und je besser ich sie kannte, desto mehr spürte ich, dass mein anfänglicher Impuls, den Rest meines Lebens mit ihr verbringen zu wollen, doch nicht so verrückt war.

Jede Woche, bevor wir anfingen, wandte sie ihre Aufmerksamkeit mir zu. Sie sah mir tief in die Augen und fragte: »Wie geht es dir, Colin? Was gibt's Neues bei dir? Was gibt's Gutes in deinem Leben?« Das ist ein roter Faden in meinem Leben: Die Leute, die mir am meisten bedeuten, sehen mir tief in die Augen – mein Großvater, mein guter Freund und Boss Charlie, Jane. Und später mein Hund, George. Wenn Jane mich so ansah, verspürte ich jedes Mal ein Gefühl von Verbundenheit und beantwortete ihre Fragen bereitwillig. Sie wiederum erzählte mir amüsante Geschichten von ihrer Arbeit oder ihren Freundinnen, und wir teilten Freud und Leid. Zeit mit ihr zu verbringen, war tröstlich und vertraut, und bei diesen allwöchentlichen Treffen schafften wir es, einen kalten, deprimierenden, verborgenen Teil der Stadt zu unserer Zuflucht zu machen. Am Ende der Essensauslieferung gaben wir uns jedes Mal die Hand, und sie sagte: »Ich wünsche dir eine schöne Woche.« Und ich winkte und lächelte, während ich mich entfernte. Und dann vermisste ich sie die nächsten sieben Tage.

So ging es monatelang, und es wurde zu einem verlässlichen Rhythmus in meinem Leben. Hin und wieder kreuzten sich unsere Wege bei anderen arbeitsbezogenen Veranstaltungen. Sie zu sehen, war jedes Mal toll, und mein Wunsch, sie zu heiraten, ließ nie nach; im Gegenteil, er wurde immer stärker. Dann, eines Tages, rief mich Jane aus heiterem Himmel an, und es hatte nichts mit unserem ehrenamtlichen Arbeitseinsatz zu tun. »Ich wollte fragen, ob wir uns vielleicht auf einen Kaffee treffen könnten«, sagte sie. Sie klang anders, ernster als sonst.

»Natürlich«, sagte ich.

Ein paar Tage später trafen wir uns in einem Starbucks. Sie schien nervös und zappelig, aber als sie mir gegenüber Platz nahm, musterte sie mich mit diesem unverwandten, fast einschüchternden Blick. Sie sagte seelenruhig: »Ich glaube, ich weiß, was du für mich empfindest, und ich weiß, dass etwas Besonderes zwischen uns ist. Ich weiß wirklich zu schätzen, was wir als Freunde haben, und daher wollte ich, dass du es von mir hörst, bevor irgendjemand anderes irgendetwas sagt.«

Ich spürte, dass das, was als Nächstes kommen würde, nichts Gutes war.

»Ich werde heiraten.«

Über zwei Jahre lang war ich damit umgegangen, nicht mit ihr zusammen sein zu können, indem ich meine Gefühle beiseitegeschoben hatte. Aber im Hinterkopf hatte ich die Überzeugung nie abgeschüttelt, dass sie sich letztendlich von diesem Typen trennen und sich für mich entscheiden würde. Als sie mir diese Neuigkeit mitteilte, war ich am Boden zerstört, und ich wusste, dass ich sie nicht mehr sehen konnte, nicht einmal als Freund. In dem Augenblick machte ich das Beste daraus – ich lächelte und sagte ihr, dass ich mich für sie freute, und wünschte ihr viel Glück. Aber von diesem

Tag an vermied ich bewusst den Kontakt mit ihr. Sie brauchte mich nicht in ihrem Leben. Es wurde Zeit für mich, nach vorn zu blicken, so schwer es auch fiel.

Einige Jahre später, es war 2004, hatte ich Jane fast vergessen. Ich war noch immer Single, hatte meinen Job in Toronto aufgegeben und war zurück nach Nova Scotia gezogen, um in der Nähe meines Großvaters zu sein. Er war bei schlechter Gesundheit, und ich wollte das Beste aus der Zeit machen, die ihm noch blieb. Er war für mich ein Anker gewesen, als ich aufwuchs, und ich wollte die Liebe und Fürsorge, die er mir als Kind geschenkt hatte, zurückgeben. Mein Großvater war der leidenschaftlichste Mensch, den ich je gekannt habe, ein Mann, der das Leben voll auskostete, egal, was er tat – ein Auto reparieren, einen Witz erzählen, ein Barbecue veranstalten oder mit seinen Enkeln schwimmen gehen.

Mich um meinen Großvater zu kümmern, hieß, für ziemlich lange Zeit fern von meinem normalen Leben zu sein. Ich unternahm mehr oder weniger regelmäßige Trips nach Toronto, geschäftlich und um Freunde zu besuchen. Bei einem dieser Trips – es war Anfang März, und ich hatte einen Termin bei meinem Steuerberater – lief mir Jane über den Weg. Sie stand an einem Fußgängerübergang im Finanzdistrikt und wartete darauf, dass die Ampel umsprang. Sie trug eine dicke Winterjacke und eine Mütze, aber sie war es eindeutig. Ich hatte im Laufe der Jahre versucht, nach vorn zu blicken – und ich dachte, ich hätte es getan –, aber in dem Augenblick, in dem ich sie sah, wusste ich, dass mir das nicht sehr gut gelungen war.

Ich sah sie näher kommen, nachdem die Ampel grün geworden war. Dann sah ich, wie ihre schönen hellblauen Augen aufleuchteten, als sie mich bemerkte. Ein strahlendes Lächeln breitete sich auf ihrem Gesicht aus, und sie streckte die Arme aus und drückte mich fest an sich. Wir standen mitten auf der Kreuzung, und ich war zu perplex, um etwas zu sagen. Ein Taxi, das versuchte, um die Ecke zu biegen, hupte uns an, daher legte ich den Arm um sie und führte uns hinüber auf den sicheren Gehsteig.

»Ich habe gehört, dass du weggezogen bist«, sagte sie atemlos. »Ich habe gehört, dass du in Halifax bist.«

Das Einzige, was ich hervorbrachte, war: »Ja.«

»Und was tust du wieder in Toronto?«

Ich erzählte ihr, dass ich nur für einen Tag in der Stadt war und dass ich nach Osten gezogen war, da es meinem Großvater nicht so gut ging.

»Es tut mir wirklich leid, das zu hören«, sagte sie. »Ich kann mich erinnern, dass du jedes Mal ein breites Lächeln im Gesicht hattest, wenn du von ihm gesprochen hast.«

»Danke. Ich will einfach etwas Zeit mit ihm verbringen, solange ich das noch kann.«

Dann fragte sie: »Wie wär's mit einem gemeinsamen Abendessen?«

Mein Flug ging in ein paar Stunden, daher tat ich das Einzige, was ich tun konnte, um sie zu sehen: Ich log. »Ich reise erst morgen ab. Na klar – Essen gehen wäre toll!«

Ich buchte meinen Flug um und traf sie in der Innenstadt in der Bar des King Edward Hotels. Wir aßen und tranken und tauschten alle Neuigkeiten über unser Leben aus. Sie erzählte mir, dass sie sich von ihrem Mann getrennt habe.

»Er war nicht der Typ, für den ich ihn gehalten habe«, sagte sie, während sie den Blick senkte und ihre Hände in ihrem Schoß betrachtete. »Wir haben uns einfach treiben lassen. Es hat nicht geklappt«, fügte sie hinzu. »Ehrlich gesagt, habe ich in letzter Zeit oft an dich gedacht.«

Und das war der Moment, in dem sie innehielt, mir tief in die Augen sah und erklärte: »Ich habe den falschen Mann geheiratet.«

Ich konnte nicht glauben, was ich hörte. In den Jahren, seit ich sie kennengelernt hatte, hatte ich Verabredungen mit anderen Frauen gehabt und mich sogar auf ein paar ernsthafte Beziehungen eingelassen. Aber ich hatte nie gefühlt, was ich mit Jane hatte, und ich war nie imstande gewesen, mich irgendeiner anderen völlig hinzugeben. Und jetzt saß Jane hier, mir gegenüber am Tisch, und sagte genau die Worte, die ich mir von ihr immer erhofft hatte. Ich verspürte Freude, Genugtuung, Aufregung. Ein bisschen Verwirrung. Tonnenweise Schock. Und Liebe. Ich glaubte, mein Lächeln würde mein Gesicht zerreißen. Ich sagte ihr, dass meine Gefühle für sie so stark waren wie eh und je, dass ich sie liebte und schon immer geliebt hatte.

»Und, meinst du, wir können die ganze Zeit nachholen, die wir versäumt haben?«, fragte sie.

»Ja«, sagte ich. »Ja, das können wir.«

Ein Jahr später, an einem wunderschönen Herbsttag, vor vierzig unserer engsten Verwandten und Freunde, in einer winzigen Kirche am Meer in Boutiliers Point, Nova Scotia, in den tröstlichen Geruch von Ahornholz gehüllt, das im Holzofen brannte, heirateten wir.

Es war der glücklichste Tag meines Lebens.

An all das erinnerte ich mich an jenem eiskalten Nachmittag in New York City, vier Jahre, nachdem ich Jane geheiratet hatte, während der Sturm alle Flüge vom Flughafen LaGuardia zu verhindern drohte. Es hatte noch immer nicht zu schneien begonnen, daher bestand noch immer eine Chance, dass ich es aus der Stadt schaffen würde, wenn ich mich beeilte. Während ich das Taxi im Stillen beschwor, sich schneller durch den Verkehr zu schlängeln, rief ich Jane an. »Bis jetzt wurden noch keine Flüge gestrichen, aber das wird bald passieren. Ich werde versuchen, den frühestmöglichen zu kriegen.«

»Heißt das, wir sehen uns heute Abend noch?«, fragte sie mit einem Zittern in der Stimme.

»Ich hoffe es.«

»Was meinst du, um wie viel Uhr du hier sein wirst?«

»Ungefähr zum Abendessen, falls mein Flug umgeleitet werden kann.«

»Bitte versuch es«, sagte sie.

»Du weißt, dass ich das tun werde.«

Schließlich erreichte ich den Flughafen, wo ich feststellte, dass eine regelrechte Revolte unter den Reisenden ausgebrochen war. Geschäftsleute mit Handkoffern bahnten sich mit den Ellenbogen unsanft einen Weg zwischen Gruppen panischer Touristen hindurch, und Flughafenmitarbeiter wurden in die Mangel genommen wie Hauptzeugen in einem Mordprozess. Die Schlange, die sich vor dem Air-Canada-Schalter erstreckte, war unvorstellbar lang und voller schreiender Kinder. Ich stellte mich an ihrem Ende an. Nach, wie es mir vorkam, Stunden stand ich endlich vor einer Air-Canada-Angestellten, die wohl einen der schlimmsten Tage ihres Lebens hatte.

»Halten Sie durch?«, fragte ich, während ich mein Ticket auf den Tresen legte.

»Mit Mühe«, sagte sie. »Bei schlechtem Wetter drehen die Leute einfach durch. Was kann ich für Sie tun?«

Ich holte einmal tief Luft. »Ich weiß, es ist vermutlich dasselbe, worum jeder andere Sie auch bittet«, begann ich, »aber ich versuche, so schnell wie möglich nach Hause nach Toronto zu kommen. Ich nehme nicht an, dass mein Flug heute Abend noch gehen wird, und wenn Sie mir helfen könnten, eine Alternativroute zu finden, wäre ich Ihnen wirklich sehr verbunden.«

Sie nahm mein Ticket und bat mich um meinen Pass. Dann tippte sie in ihren Computer. Kurz darauf sah sie auf und schenkte mir ein Lächeln. »Alle derzeitigen Flüge nach Toronto sind ausgebucht.

Ich könnte Sie vielleicht auf einen Flug nach Charleston buchen. Das ist nicht vom Schnee betroffen. Von dort haben wir einen Direktflug nach Toronto, und Sie dürften problemlos nach Hause kommen.«

»Das wäre perfekt«, sagte ich. »Vielen Dank.«

Sie druckte meine neue Bordkarte aus und reichte sie mir.

Ich rief Jane an, als ich in Charleston das Flugzeug verließ. »Ich stecke hier noch ungefähr zwei Stunden fest, aber ich bin aus New York herausgekommen.«

»Ich dachte, du würdest zum Abendessen zu Hause sein.« Sie klang enttäuscht, vielleicht sogar ein bisschen verärgert.

»Das ist das Beste, was ich ausrichten konnte. Wenn ich nicht auf diesem Weg gekommen wäre, hätte ich weiß Gott wie lange in New York festgesteckt.«

»Scheint so«, sagte sie. Diesmal klang sie eindeutig verärgert.

»Es tut mir leid. Ich wünschte, ich wäre schon da. Aber ich werde bald zu Hause sein. Das ist das Wichtigste. Ich liebe dich.«

Eine kurze Pause trat ein, und dann sagte sie: »Bis später.«

ZWEI

Ich landete um kurz vor Mitternacht zu Hause in Toronto, in der, wie sich später herausstellte, kältesten Nacht des Jahres. Schnee lag tief zu beiden Seiten der Landebahn, aber der dunkle Himmel war klar und sternenübersät. Während das Flugzeug zum Gate rollte, zückte ich mein Handy und schickte Jane eine SMS: »Bin sicher gelandet. Es ist spät. Mach dir nicht die Mühe, mich abzuholen. Ich nehme mir ein Taxi.« Ich war erschöpft, aber ich wollte nicht, dass sie so spät noch das Haus verlassen musste, vor allem angesichts der Tatsache, dass es sich wie die kälteste Nacht des Jahres *anfühlte*. Ich musste unwillkürlich lächeln, als eine Minute später ihre Antwort kam: »Keine Sorge. Bin schon unterwegs.« Es ist erstaunlich, wie gut eine solche Kleinigkeit tun kann.

Ich stellte meine Tasche am Straßenrand ab und drehte mich mit dem Rücken in den Wind. Ich versuchte, mich zu wärmen, indem ich an den Urlaub dachte, von dem Jane und ich geredet hatten. Ich stellte mir vor, wie wir in Barbados, unserem Lieblingsurlaubsziel, am Strand lagen, zu dem Geräusch der Brandung, die an der Küste nagte, unsere Liegestühle dicht aneinandergeschoben, während wir unter der Sonne lasen, stets auf Körperkontakt bedacht – Finger, die sich knapp berührten, Beine, die träge verheddert waren. Ich hielt eine Minute an dem Bild fest, und dann schlug ich die Augen wieder auf, während schneebedeckte Wagen vorbeifuhren und salzgetränkten Matsch auf den Gehsteig hochspritzten. Beim Einatmen schienen die Härchen in meinen Nasenlöchern zu gefrieren.

Janes Ford Escape kam um die Ecke in Sicht. Eine letzte Etappe noch – eine kurze, warme Autofahrt mit der Person, die ich auf der Welt am meisten liebte –, und ich konnte meine Tasche fallen lassen, meine Jacke hinwerfen und mich mit ihr ins Bett kuscheln. Als sie vor mir hielt, grinste ich wie ein Idiot.

Ich öffnete die hintere Tür und warf meine Tasche auf die Rückbank. Dann sprang ich auf den Beifahrersitz, noch immer leicht zitternd. »Oh, Mann, bin ich froh, dich zu sehen.« Ich beugte mich zu einem Kuss zu ihr herüber.

»Willkommen zu Hause«, sagte sie, bevor sie mir einen flüchtigen Kuss auf den Mund gab. Dann drehte sie sich wieder zum Lenkrad um und fuhr los. »Wie geht es dir? Wie war dein Flug?« Sie trug ihren dicken Parka und eine Strickmütze, unter der ein paar goldblonde Strähnen hervorlugten. Sie sah süß und entzückend aus. Ich freute mich so, sie zu sehen.

»Und, wie waren deine Meetings?«

»Sie sind toll gelaufen. Wir fangen wirklich an, alles für die Show zusammenzukriegen – es ist echt spannend.«

»Das ist ja großartig!«, sagte sie, während sie den Blick für einen Moment von der Straße abwandte und mir ein Lächeln zuwarf.

Ich erzählte ihr noch ein paar mehr Details und fragte sie dann, wie ihre Tage verlaufen waren.

»Oh, es war alles gut«, tat sie die Frage mit einem Schulterzucken ab. »Hast du eigentlich Hunger? Wir haben nicht viel zu essen im Haus, aber ich kann unterwegs irgendwo anhalten.«

»Schon gut. Ich will nur noch nach Hause.«

An diesem Punkt in meinem Leben hatte »nach Hause« eine zusätzliche Bedeutung. Nie zuvor hatte irgendein anderes Haus, in dem ich gelebt hatte, sich so sehr wie ein Zuhause angefühlt. Und das lag hauptsächlich daran, dass ich den Ort mit Jane verband; all unsere Erinnerungen als verheiratetes Paar waren dort gespeichert. Seine Lage – gegenüber einem Park, mit Blick auf einen Kinderspielplatz in einer stillen Einbahnstraße am östlichen Ende der City – war das, worin wir uns als Erstes verliebt hatten. Das Haus selbst war solide gebaut. Wir bekamen es zu einem anständigen Preis, da die letzten größeren Reparaturen in den Sechzigerjahren erfolgt waren. In nur dreieinhalb Monaten hatten wir das Haus von Grund auf entkernt und erneuert, hier und da unter Mithilfe von Freunden und Verwandten. Wir installierten neue Elektro- und Wasserleitungen – und erfreuten uns dank neuer Rohre an herrlich kräftigem Wasserdruck –, ersetzten alle Trockenbauwände, verwandelten drei winzige Schlafzimmer in zwei größere mit Gewölbedecken, renovierten die Küche, reparierten das Dach und die Eingangsveranda und rissen die alte Aluminiumverschalung an der Seite herunter, um das Backsteingemäuer freizulegen. Wir heuerten sogar »Backstein-Hippies« an, um den schönen alten Backstein zu säubern und auszubessern. Obwohl wir bereits seit über einem Jahr zusammenlebten, als wir es kauften, bedeutete es etwas Besonderes, das Haus zusammen saniert zu haben, anstatt andere Leute die Arbeit machen zu lassen.

Jane hatte ein Händchen für Pflanzen, das sie sich bei den Staudenbeeten zunutze machte, die wir im Vorgarten anlegten. Mein eigener Daumen war alles andere als grün, aber ich liebte es dennoch, an ihrer Seite zu arbeiten. Am Ende eines langen Sommertages, den wir mit Unkrautjäten und Bewässern verbracht hatten, saßen wir oft bei ein paar Gläsern Wein auf der Veranda und bewunderten unser Werk, während die Sonne über dem Park unterging.

An dem Abend, an dem Jane mich vom Flughafen nach Hause fuhr, wunderte ich mich, dass sie vor dem Haus vorfuhr. Eine Auffahrt führte zu der Garage im hinteren Teil unseres Grundstücks, aber sie bog nicht darauf ein. »Hey«, sagte ich, »du hast die Auffahrt verpasst.«

Sie antwortete nicht gleich, lenkte den Wagen nur langsam weiter und brachte ihn dann an der Bordsteinkante zum Stehen. Sie legte die Parkstellung ein, schaltete den Motor aber nicht aus. Beide Hände aufs Lenkrad gelegt, machte sie eine kurze Pause, und dann, den Blick fest nach vorn gerichtet, verkündete sie: »Ich gehe nicht mit hinein.«

Ein irgendwie grober Witz, den sie mir da auftischte, nach den Reisestrapazen, die ich eben erst durchgemacht hatte. »Ja, na klar«, sagte ich kichernd. »Aber im Ernst, warum stehen wir vor dem Haus?«

Die Pause dauerte beim zweiten Mal länger, aber die Antwort blieb dieselbe: »Ich gehe nicht mit hinein, Colin.«

Diesmal registrierte ich ihren Ton. Er war kalt, abgehackt, monoton, roboterartig und absolut nicht wiederzuerkennen. Das Lächeln schwand aus meinem Gesicht. »Was meinst du damit?«

»Ich meine, dass ich nicht mit hineingehe«, sagte sie noch einmal. Sie starrte weiter stur geradeaus, mit fester, unergründlicher Miene. In den 15 Jahren, die ich sie nun kannte, war es, soweit ich mich erinnern konnte, das erste Mal, dass sie mir nicht in die Augen sah, während wir redeten. »Colin, ich bin sehr unglücklich, und ich bin schon lange unglücklich. Ich brauche etwas Zeit zum Nachdenken, und das muss ich an einem anderen Ort als hier tun. Ich werde bei einer Freundin wohnen.«

Auf einmal bekam ich keine Luft mehr. Ich fühlte mich, als wäre ich unter Wasser. Panik schlug mir genau in die Magengrube. Ich erinnerte mich an meine Studienzeit, als ich im Sommer als Rettungsschwimmer in einer Strandanlage in Nova Scotia namens Rissers Beach arbeitete. Um den Job zu bekommen, absolvierte ich Reanimations- und Erste-Hilfe-Kurse und bestand eine Reihe anspruchsvoller Fitness- und Schwimmtests. Während des Trainings wurde uns immer und immer wieder eingeschärft, dass Panik in Notfallsituationen das Schlimmste sei. Wenn man in Panik ausbricht, verschwendet man Energie – man kann sich nicht darauf konzentrieren, den Kopf über Wasser zu halten und aus der Gefahrenzone zu schwimmen. Wenn man um Hilfe schreit und Wasser schluckt, bricht man erst recht in Panik aus, und schließlich geht man unter. Es wurde uns eingetrichtert, wie wichtig es sei, einen kühlen Kopf zu bewahren, und diese Fähigkeit zu besitzen, zählte mehr als noch so viel Kraft oder Ausdauer. Als ich in diesem Wagen saß, während die Lüftungsanlage brummte und mein Puls so schnell und laut raste, dass es sich anfühlte, als ob mein Herz sich seitlich aus meiner Brust zu zwängen versuchte, konnte ich nicht klar denken. Zum ersten Mal in meinem Leben verspürte ich pure, ungefilterte Panik – als ob ich ertrinken würde.

»Was? Was sagst du da? Und wo wirst du wohnen?«, fragte ich. »Bei wem wirst du wohnen? Warum tust du das? Worüber musst du nachdenken?« Die Fragen sprudelten ebenso schnell hervor, wie sie mir kamen. Sie sagte nichts.

»Jane, das ist doch verrückt«, sagte ich. »Hör zu, wir sind vernünftige, logisch denkende Menschen. Ich liebe dich. Wir finden eine Lösung.«

»Ich habe es dir bereits gesagt.« Ihr Gesicht war eine Maske und ihre Stimme voller Schärfe. »Wir sind zu unterschiedlich. Wie ich bereits sagte, ich bin schon seit einer ganzen Weile nicht mehr glücklich, und ich habe mich entschieden zu gehen. Es hat nichts mit dir zu tun, und es hat nichts mit uns zu tun. Es ist meine Entscheidung, und ich habe sie bereits getroffen.«

Mir war schlecht und kalt, und ich war in Schweiß ausgebrochen. »Komm einfach ins Haus«, flehte ich. »Lass uns einfach ins Haus gehen. Wir können darüber reden.«

»Ich ... ich ... gehe, Colin.« Sie sprach jedes Wort deutlich aus, als würde sie mit jemandem reden, der unsere Sprache nicht verstand. »Es gibt nichts, was du sagen könntest. Du musst mich gehen lassen. Bitte steig aus.«

In diesem Augenblick wusste ich, dass meine einzige Hoffnung darin bestand, sie dazu zu bringen, aus dem Wagen auszusteigen und mit ins Haus zu kommen, damit ich verstehen konnte, was passierte, damit ich einfach mit ihr reden konnte, bis die alte Jane wieder da war und dieser ganze Albtraum verschwand. Aber mein Mund wollte sich nicht bewegen. Ich saß schweigend da, fix und fertig, während mir die Tränen über die Wangen liefen. Sie wandte den Kopf nicht um, sah mich nicht an, und doch schien sie etwas milder zu werden. »Es ist nur für ein paar Tage«, sagte sie. »Ich muss einfach ein paar Tage nachdenken. Ich rufe dich an.«

In meinem panischen Zustand klammerte ich mich an diese Hoffnung. Wenn es nur für ein paar Tage ist, dachte ich, na schön. Ich werde ins Haus gehen und wieder zu mir kommen, und sie kann gehen und sich über sich selbst klar werden, und dann wird sie wieder zur Vernunft kommen. Sie wird nach Hause kommen. Ich schnappte meine Tasche von der Rückbank und stieg aus. Sie fuhr los, sobald ich die Tür geschlossen hatte.

Die Haustür war kaum sechs Meter von dort entfernt, wo Jane mich hatte stehen lassen. Ich ging wie betäubt, während ich gleichzeitig einen Schrei nur mit Mühe unterdrückte. Der Schnee, der unter meinen Stiefeln knirschte, war das einzige Geräusch. Obwohl es minus 18 Grad waren, fühlte sich mein Gesicht an, als würde es brennen. Ich habe keine Ahnung, wie lange ich brauchte, um die Eingangsveranda zu erreichen. Als ich es bis zur Tür geschafft hatte, griff ich nach meinen Schlüsseln, aber sie fielen mir aus der Hand. Als ich mich bückte, um sie aufzuheben, fiel mir auf, wie stark meine Hand zitterte. Ich holte einmal tief Luft und versuchte, den Schlüssel ins Schloss zu stecken, aber ob vor Kälte oder Schock, ich konnte meine Hand nicht ruhig genug halten, um die Tür zu öffnen. Ich versuchte es noch einmal, dann ein drittes, viertes und fünftes Mal. Nach mehreren Minuten klickte das Schloss endlich, und die Tür zu unserem Zuhause schwang auf – Janes und meinem Zuhause.

Ich stellte meine Tasche in der Diele ab. Ich kann mich nicht erinnern, die Tür geschlossen zu haben. Ich schaltete das Licht ein, und als ich den Garderobenschrank öffnete, sah ich, dass Janes sämtliche Jacken, Schals, Pullover, Mützen und Schuhe fehlten. Ich rannte die Treppe hinauf ins Schlafzimmer, noch immer in Jacke und Stiefeln. Ich ließ mich vor unserer Kommode auf die Knie fallen und begann, Schubladen aufzuziehen. Janes sämtliche Kleider waren verschwunden. Auch der halbe Schlafzimmerschrank war leer. Ich stand auf und ging ins Badezimmer. Mein Atem ging mühsam und flach. Shampoos, Spülungen, Feuchtigkeitscremes, Salben, Lotions – nicht nur ein Vorrat für ein paar Tage –, alles verschwunden. Als ich die Treppe wieder hinunterwankte, kam ich an halb leeren Bücherregalen und hellen Flecken an den Wänden vorbei, wo Bilder gehangen hatten. Sie hatte jede Spur von sich aus unserem Zuhause getilgt. Das Einzige, was an ihrer Stelle geblieben war, war Leere.

In der Küche riss ich jede einzelne Schranktür auf. Die meisten unserer Teller, Becher und Gläser – Dinge, die wir zusammen gekauft hatten – waren noch da, aber unsere guten Teller, die, die wir benutzten, wenn Gäste kamen, und die, die Jane besessen hatte, bevor wir uns kennenlernten, waren verschwunden. Schwache Kreise im Staub auf der Anrichte zeigten, wo sie gestanden hatten.

Voller Angst vor dem, was noch verschwunden sein könnte, öffnete ich die Tür zu unserem noch nicht fertig ausgebauten Keller und stieg die Holztreppe in die Dunkelheit hinunter. Hier unten war es kälter. Meine Brust fühlte sich noch zugeschnürter an, als würde ich ersticken. Die einzige Lichtquelle war eine nackte Glühbirne mit einer Zugkette. Ich hob eine Hand und zog daran. Eine Werkbank verlief an einer Wand, meine ganzen Werkzeuge ordentlich aufgereiht. Der Bereich am anderen Ende, wo Jane ihre Gartengeräte aufbewahrte, war leer. Auch ihr Fahrrad war verschwunden. Die Flut von Tränen erstickte mich fast. Es war der 25. Februar, einer der kältesten Tage des Jahres. Der Frühling würde noch mehrere Monate auf sich warten lassen ... und sie hatte ihr Fahrrad mitgenommen? Und das war der Moment, in dem es mir aufging: Sie kommt nicht zurück.

Meine Beine gaben unter mir nach, und ich sackte auf dem Boden zusammen. Ich weinte heftiger, als ich zu können glaubte, und länger, als ich zu können glaubte. Ich schnappte nach Luft, aber ich versuchte nicht, aufzustehen. Irgendwann hörte ich auf zu weinen, und lag reglos im Schein der nackten Glühbirne. Ich lauschte auf den Heizkessel, der sich immer wieder ein- und ausschaltete. Ich blieb stundenlang dort liegen. Es war die längste und schlimmste Nacht meines Lebens.

DREI

Was fängst du mit dir selbst an, wenn die Liebe deines Lebens dich verlassen hat?

Das Licht im Zimmer musste sich allmählich verändert haben; der Streifen Himmel, der durch die Kellerfenster zu sehen war, verfärbte sich von Dunkelblau zum schwachen Rosa eines Sonnenaufgangs. Aber ich bemerkte erst, dass es draußen hell geworden war, als die Sonne so hoch gestiegen war, dass sie genau auf mein kleines Fleckchen Boden hinunterschien. Ich hatte nicht geschlafen. Ich war noch immer steif, nachdem ich die ganze Nacht zu einer Kugel zusammengerollt auf dem Betonboden verbracht hatte. Aber der physische Schmerz passte zu meiner Stimmung. Irgendetwas zwang mich zu versuchen, mich so normal wie möglich – fast roboterartig – zu bewegen. Ich entschied, zur Arbeit zu fahren. Ich schleppte mich die Kellertreppe hoch, duschte und zog mich für die Arbeit an. Ich gab mir alle Mühe, mich nicht im Haus umzusehen, während ich es durchquerte. Ich ging hinaus, stieg in meinen Wagen und fuhr die 15 Minuten zur Arbeit. Ich war so geistesabwesend, dass ich auf dem Weg vermutlich ein halbes Dutzend Leute hätte überfahren können, ohne die dumpfen Aufschläge zu bemerken.

Das Toronto-Büro von MKTG befand sich in einem unscheinbaren, niedrigen Bürogebäude in einer Seitenstraße der Yonge Street.

Ich schlurfte zu meinem Schreibtisch wie betäubt und gefährlich überstimuliert zugleich. Nur wenige Kollegen waren da, es war ein ruhiger Tag. Ich fühlte mich völlig losgelöst, als wäre ich außerhalb meines eigenen Körpers und würde mir selbst dabei zusehen, wie ich mich durch den Tag bewegte. Natürlich versuchte ich, Jane anzurufen, in ihrem Büro und auf ihrem Handy, aber ich erreichte immer nur eine automatische Anrufbeantworterstimme. Ich versuchte es immer und immer wieder, ohne Erfolg.

Gegen drei Uhr nachmittags entschied ich, Schluss zu machen und etwas zu essen. Ich hatte keinen Appetit, aber ich hatte zuletzt am Flughafen in Charleston etwas gegessen. Außerdem brauchte ich ein bisschen frische Luft, auch wenn es draußen noch immer eiskalt war. Ich schlüpfte in meine Jacke, zog meine Mütze und Handschuhe an und machte mich auf den Weg zu einem Deli ein paar Blocks von meinem Büro entfernt.

Ich konnte das bleierne Gewicht meiner Beine spüren, und die eisige Luft brannte in meinen Lungen und zerrte an meiner ungeschützten Gesichtshaut, aber ich konnte das Gefühl nicht abschütteln, dass ich irgendwo über und vor meinem Körper schwebte. Ich beobachtete mich selbst, wie ich, in den Wind gebeugt, die Straße hochstapfte, Schmerz und Demütigung so deutlich ins Gesicht geschrieben, als würde ich ein Schild mit der Aufschrift MEINE FRAU HAT MICH EBEN VERLASSEN tragen. Alle, an denen ich vorüberging, konnten es sehen. Wie hätten sie es auch nicht sehen können? Eine Stimme in meiner Nähe schnitt durch den Wind: »Hey, Kumpel. Ich habe eine harte Nacht hinter mir. Hast du ein bisschen Kleingeld?«

Er trug einen unförmigen, fleckigen Mantel über Schichten locker sitzender Kleider, die von Schmutz, Zeit und menschlichem Fett alle ungefähr dieselbe bräunlich-graue Farbe angenommen hatten. Nach seinem Gesicht zu urteilen, das unter dem Bartwuchs mindestens einer Woche verborgen war, war er Mitte fünfzig, aber vielleicht war er auch jünger und einfach vom Leben gezeichnet. Er hatte sich in einer Schneewehe am Rand des Gehsteigs einen Platz flach geklopft, mit einer Decke unter sich, um seine Beine vor der Kälte zu schützen. Er trug große, klobige Winterstiefel, neben denen zwei Mülltüten lagen, die den Rest seiner irdischen Besitztümer zu enthalten schienen. Sein Blick war auf mein Gesicht geheftet und von etwas erhellt, das ich nicht deuten konnte.

»Wie bitte?«, sagte ich.

»Hast du ein bisschen Kleingeld?«, wiederholte er.

»Ja«, sagte ich. Ich zog die Brieftasche aus meiner Jacke und entnahm ihr einen Fünfdollarschein. »Bitte sehr.«

Seine Augenbrauen verrieten seine Verblüffung. Er nahm das Geld und musterte mich wieder. »Hey, danke«, sagte er. »Reiche Typen geben mir meistens gar nichts.«

Ich war alles andere als reich; und es sah mir nicht ähnlich, stehen zu bleiben und mit Obdachlosen zu reden; außerdem gab ich ihnen nie Geld. Aber in diesem Augenblick hatte er irgendetwas an sich, das ich nachempfinden konnte. Obwohl er seine Leiden sichtbarer zur Schau trug als ich meine, hatten wir beide eine harte Nacht hinter uns.

Er griff in seinen Mantel und zückte eine Flasche, die in eine braune Papiertüte gewickelt war. »Willst du einen Schluck?«, fragte er, während er die Flasche ein paar Zentimeter in meine Richtung bewegte.

Normalerweise würde es mir nicht im Traum einfallen, einen Schluck von einem Obdachlosen anzunehmen, außerdem trinke ich selbst zu den besten Zeiten nicht viel, aber in diesem Augenblick erschien mir sein Angebot tatsächlich sinnvoll. »Ja, na klar, was zum Teufel«, sagte ich und nahm die Flasche von ihm entgegen. Was immer darin enthalten war, schmeckte wie Feuerzeugflüssigkeit. Ich ließ es in meiner Kehle brennen und spürte dann, wie es meinen leeren Magen entflammte. Ich gab ihm die Flasche zurück. »Danke.«

Er nahm selbst einen Schluck und schob die Hand dann wieder in seinen Mantel, um ein Päckchen Zigaretten aus einer Innentasche hervorzuzaubern. »Zigarette?« Er hielt mir das Päckchen hin und wies mit dem Kinn darauf.

Ich rauchte auch nicht, aber das hielt mich nicht davon ab, mir eine Zigarette aus dem Päckchen zu nehmen. »Danke«, sagte ich, während er mir sein Feuerzeug reichte und aufzustehen versuchte, aber dann stolperte er und taumelte stattdessen wieder in den Schnee. Ich schob eine Hand unter seinen Arm und half ihm hoch, dann steckte ich mir die Zigarette an, die er mir gegeben hatte, und hielt ihm die Flamme hin, damit er sich seine eigene anzünden konnte. Ich gab ihm das Feuerzeug zurück und nahm einen langen Zug an der Zigarette. Der Rauch fühlte sich gut in meinen Lungen an, beruhigend, als wäre es der erste richtige Atemzug, den ich an diesem Tag tat. Ich hustete nicht. Ich stieß eine Rauchwolke in die Luft aus. »Wie bist du denn auf der Straße gelandet?«, fragte ich.

Seine Antwort war lang und verwirrend. Sie beinhaltete ein Farmhaus und eine schöne Ehefrau, die ihn verlassen hatte; Freunde, die ihn verraten hatten; seinen Lehrer in der fünften Klasse und den Staat, beide entschlossen, ihm alles wegzunehmen, was er besaß. Nachdem ich den ganzen Tag auf meinen Computerbildschirm gestarrt hatte, empfand ich diese Unterhaltung als willkommene Abwechslung. Als ich aufgeraucht hatte, bedankte ich mich bei ihm und sagte ihm, er solle auf sich aufpassen. »Ja, Kumpel«, sagte er. »Komm morgen wieder. Ich werde hier sein.« Ich entfernte mich in Richtung des Deli und sah ihn nie wieder.

Der Rest jenes ersten Tages und die beiden, die darauf folgten, sind in einem Dunstschleier verloren, der mir in den kommenden Tagen und Wochen vertraut werden sollte. In jener ersten Woche bat ich Jane in Dutzenden von Telefonanrufen und SMS-Nachrichten, sich mit mir zu treffen oder wenigstens ans Telefon zu gehen und zu erklären, warum sie mich verlassen hatte und wohin sie gegangen war. Keine Antwort. Ich verbrachte Stunden damit, über jedes Detail unserer Beziehung nachzugrübeln, nach Hinweisen zu suchen, die ihren Weggang erklären könnten. Ich arbeitete, so viel ich konnte, Dreizehn- und Vierzehnstundentage, die oft erst lange nach neun Uhr endeten. Zu Hause saß ich auf der Couch und versuchte, meine Gedanken mit Bier und Fernsehen zu betäuben. Es war egal, was lief - Wiederholungen, Realityshows, Werbesendungen - ich ließ den Fernseher einfach laufen, bis ich meinen Verstand genug beruhigen konnte, um einzuschlafen. Ich mied das Schlafzimmer, das Jane und ich uns geteilt hatten, und schlief stattdessen auf der Couch. Ich hörte auf zu kochen und zu putzen und ließ zu, dass sich leere Pizzaschachteln, Suppendosen, halb gegessene Tiefkühlmahlzeiten und Flaschen auf dem Küchentresen auftürmten.

Ein paar Freunde meldeten sich bald, nicht, weil sie wussten, was passiert war, sondern weil sowohl Jane als auch ich auf einmal wie vom Erdboden verschluckt waren. Ich erwiderte ihre Anrufe oder E-Mails nicht. Jane und ich waren von unseren Freunden immer als »Traumpaar« angesehen worden - erfolgreich, schwer verliebt -, und es war mir peinlich, jetzt einzuräumen, dass vielleicht nicht alles so perfekt gewesen war, wie es schien. Und wie könnte ich zugeben, dass ich keine Ahnung hatte, warum? Aber gleichzeitig wusste ich irgendwie, dass ich Trost bei anderen Leuten finden musste. Ich war nur noch nicht bereit dazu.

Die Einsamkeit nahm solch heftige Ausmaße an, dass sie wirklich unerträglich wurde. Ich musste es jemandem erzählen, daher griff ich zum Telefon und rief meinen jüngeren Bruder David an.

Als Dave und ich aufwuchsen, standen wir uns sehr nahe. Als Kinder machten wir alles zusammen. Ich begann im Alter von fünf Jahren, Eishockey zu spielen, und zwei Jahre später folgte er meinem

Beispiel. Von da an war Eishockey der Eckpfeiler unserer Beziehung. Wir sammelten und tauschten Eishockeykarten und legten unser Geld zusammen, um Eishockeyzeitschriften zu kaufen. Wir lasen alles, was wir konnten, über die Toronto Maple Leafs und die Montreal Canadiens und verbrachten unzählige Stunden damit, uns ihre Spiele im Fernsehen anzusehen. Wenn wir den Sport nicht in uns aufsaugten, waren wir draußen und spielten selbst. Jeden Winter spielten wir Eishockey in organisierten Ligen, aber auch in Formen, die wir uns ausdachten (wie es nur Kinder tun können), wenn wir nicht aufs Eis konnten. Wir beide spielten im Familienwohnzimmer auf den Knien Eishockey, mit den Händen und einem Pingpongball oder Eisstielen und einem alten Radiergummi. Wir zerkratzten den Kellerboden, indem wir mit einem Tennisball und original Eishockeyschlägern spielten. Im Winter ruinierten wir unzählige Gartenschläuche bei dem Versuch, unseren Garten zu fluten, um eine Eisbahn zu bekommen, und im Sommer spielten wir auf der Straße.

Da Dave jünger war, fühlte ich mich immer als sein Beschützer. Wenn unser Dad wütend oder ungenießbar wurde, tat ich mein Bestes, um Dave von ihm abzuschirmen. Egal, was passierte, ob Gutes oder Schlechtes, wir steckten immer zusammen drin. Das hieß jedoch nicht, dass wir uns später für den gleichen Weg entschieden. Er heiratete gleich nach dem Studium und ließ sich in der Stadt in Nova Scotia nieder, in der wir beide unseren Bachelorabschluss gemacht hatten. Er wurde Lehrer und dann Schulleiter, und er und seine Frau bekamen zwei wunderbare Kinder. Sein Leben war ein Muster an Stabilität, und hier war ich und rief ihn an, um ihm zu erzählen, dass meines in Trümmern lag. Meine Ehe war gescheitert, und das gab mir das Gefühl, als sein älterer Bruder gescheitert zu sein. Ich war nicht länger die Person, auf die er sich stützen konnte. Als er den Hörer abnahm, konnte ich die Worte kaum herausbekommen. Aber irgendwie schaffte ich es zwischen meinen Tränen, ihm zu sagen, dass Jane gegangen war.

»Du solltest nicht allein sein«, sagte Dave, als ich geendet hatte. »Ich bin schon unterwegs.«

Mich zu besuchen, hieß, seine Frau und seine Kinder allein zu lassen, sich von der Arbeit freizunehmen und den ganzen Weg von der Ostküste nach Toronto zu fliegen. Er hatte die Entscheidung binnen Sekunden getroffen. Es war das Netteste, was je irgendjemand für mich getan hatte. Alles, was ich sagen konnte, war: »Danke. Ich bin froh, dass du kommst.«

Einen Tag später stand Dave in meinem Wohnzimmer. Er konnte nur ein paar Tage bleiben, aber seine Unterstützung – allein schon seine Gegenwart – ermöglichte es mir, diese erste Woche zu überstehen. David tat, was er konnte, um mich bei Laune zu halten und mich abzulenken. Er saß mit mir da, half mir, das Haus ein bisschen zu putzen, und ging mit mir ins Kino, um einen Will-Ferrell-Film zu sehen, von dem er wusste, dass er mich zum Lachen bringen würde. Seine Ablenkungsmethoden folgten keiner ausgefeilten Strategie, wir führten nur ein paar tiefere Gespräche über das, was ich durchmachte, aber allein schon seine Gegenwart half. Mir graut bei dem Gedanken, wie schlimm es vielleicht hätte kommen können, wenn er nicht so viel Mühe auf sich genommen hätte, um mir zu zeigen, dass jemand auf der Welt mich noch immer liebte.

Als Dave abreiste, versank ich wieder in einem Dunstschleier der Depression, und am nächsten Tag hörte ich endlich von Jane: »Ich will dich wirklich nicht sehen«, lautete ihre Nachricht. »Ich brauche noch mehr Zeit zum Nachdenken.«

Ich schrieb ihr prompt zurück: »Das ist doch verrückt. Wir müssen reden. Reden wird genauso viel helfen wie Nachdenken. Wir können gemeinsam reden und nachdenken. Bitte komm zurück zum Haus, und wir können morgen zusammen zu Abend essen.«

Ihre Antwort: »Ich komme nicht mehr zurück zum Haus. Nie wieder.«

»Dann eben nicht im Haus. Aber wir müssen reden.«

»Ich habe darüber nachgedacht, und ich will allein sein«, antwortete sie.

Ich hätte am Boden zerstört sein sollen, aber nach über einer Woche völligen Schweigens erschien mir Kommunikation – welcher Art auch immer – ein Schritt in die richtige Richtung zu sein. Nachdem wir uns noch ein paarmal hin und her geschrieben hatten, verständigten wir uns schließlich darauf, uns ein paar Tage später in einem Restaurant zu treffen.

Nach diesem E-Mail-Austausch verließ ich das Haus und kaufte mir zum ersten Mal in meinem Leben ein Päckchen Zigaretten. Ich war immer entschieden gegen das Rauchen gewesen und hielt meinen rauchenden Freunden gern Vorträge darüber, dass sie aufhören sollten. Ich nahm das Päckchen und ein paar Flaschen Bier mit auf die Veranda hinter dem Haus, setzte mich im Dunkeln hin und rauchte Kette. Es schneite leicht. Die Veranda war sauber und still. Anfangs war es friedlich. Aber nach einer Weile kamen die Erinnerungen. Ich dachte unwillkürlich an meinen Großvater. Als ich ihm Jane das erste Mal vorstellte, war er ein alter Mann, der in einem staatlichen Veteranenheim lebte. Er musterte sie von Kopf bis Fuß, lächelte sanft und sagte: »Ich hoffe, Sie werden diesen Jungen heiraten.« Sie strahlte ihn an. Er starb nur zwei Monate, nachdem Jane und ich geheiratet hatten – unsere Hochzeit war das letzte Mal, dass er sich in der Öffentlichkeit blicken ließ. Auf einmal spürte ich seine Abwesenheit schmerzlich.

Als ich aufwuchs, gab es oft Zeiten, in denen ich mich von meinem Vater entfremdet fühlte. Also war es mein Großvater, der mich unterstützte und ermutigte, wenn ich es am meisten brauchte. Als Veteran des Zweiten Weltkriegs lebte er das Leben mit der Intensität und Freude von jemandem, der es beinahe verloren hätte. Er wusste immer Rat, und da ich das Glück hatte, ihn bis in meine Vierziger in meinem Leben zu haben, hatte er mir bei den meisten größeren Entscheidungen oder bei Problemen, vor denen ich stand, geholfen.

Ich dachte darüber nach, was mein Großvater in meiner Situation getan hätte – welchen Ratschlag er mir gegeben hätte. Und das war der Moment, in dem ich seine Stimme zu hören meinte, als hätte er sich genau dort zu mir auf die Veranda gesetzt und seine Pfeife angesteckt.

Man sieht nicht mehr viele Leute mit Pfeife, aber Männer seiner Generation haben sie geliebt. Als Kind mochte ich den Geruch von süßem Kirschtabak sehr gern. Vor meinem geistigen Auge sagte er, während er an seiner Pfeife zog, zu mir: »Du solltest nicht rauchen. Tu es nicht, nur, weil ich es tue. Deine Mutter wäre nicht erfreut.«

»Okay, Grandpa«, antwortete ich.

»Weißt du, ich habe im Krieg mit dem Rauchen angefangen. Ich sage nicht, dass es richtig ist, aber es hat mir geholfen, meine Nerven zu beruhigen, wenn die Bomben hochgingen und es richtig schlimm aussah.«

Im Augenblick sah es für mich richtig schlimm aus, und ehrlich gesagt fand ich es okay, in dem Wissen zu rauchen, dass er es früher selbst getan hatte.

Grandpa fuhr fort: »Wenn du ein Problem hast, ist der erste Schritt, damit umzugehen, dich zu fragen: ›Wie hat es angefangen?‹« Das sagte er jedes Mal, wenn ich zu ihm kam, um ihn um Hilfe zu bitten.

»Okay, Grandpa. Wie hat es angefangen?« Als ich aufgeraucht hatte, verstummte seine Stimme.

Aber ich hatte bereits Stunden damit zugebracht, mein Gedächtnis nach Hinweisen auf den Grund für Janes Weggang zu durchforsten, und doch war ich keinen Schritt weitergekommen. Draußen auf der Veranda kam ich zu dem Schluss, dass trotz all der Liebe, die ich für sie empfand, und egal, wie glücklich und stolz ich war, ihr Ehemann zu sein, vielleicht *ich* das Problem war. Vielleicht hatte irgendein Makel tief in mir sie veranlasst zu gehen. Wenn ich ihn beheben konnte, überlegte ich, dann konnte ich sie vielleicht zurückgewinnen.

Das Restaurant, in dem wir uns verabredet hatten, lag im Stadtzentrum, in einer vornehmen Straße, die sich durch eine ansonsten eher heruntergekommene Gegend der City zog. Das Lokal war vielleicht halb voll, die Gäste ein Meer von Geschäftsanzügen. Sie hatte einen Tisch für vier Personen in der Mitte des Raums gewählt und saß mit dem Blick zum Eingang, ihre Jacke und Handtasche neben sich auf den Stuhl gelegt. Sie hatte die Haare hochgesteckt, trug Jeans und einen dunklen Pullover, in dem sie, wie ich immer fand, zu streng aussah. Sie entdeckte mich und hob die Finger zu einem fast unmerklichen Wink.

Es fühlte sich seltsam an, sie nicht zu umarmen. Die Begrüßung, die wir stattdessen zustande brachten, war unbeholfen und steif. Eine Bedienung kam und fragte mich, ob ich etwas trinken wolle, was mir ein bisschen Zeit gab, um wieder zur Besinnung zu kommen. Als sie gegangen war, um mein Wasser zu holen, stellte ich die erste der vielen Fragen, die mich in den Wahnsinn getrieben hatten. »Wohin bist du gegangen?«

»Ich habe etwas gefunden«, antwortete sie. »Dort werde ich erst einmal wohnen.«

Ich wartete darauf, dass sie fortfuhr. Sie tat es nicht. Die Bedienung kam wieder und traf auf tiefes Schweigen. »Hier ist Ihr Wasser«, sagte sie, während sie es vor mir auf den Tisch stellte. »Kann ich Ihnen beiden etwas zu essen bringen?«

Jane bestellte. Ich hatte mir die Speisekarte noch nicht angesehen, und ich hatte nicht viel Appetit, daher bestellte ich dasselbe wie sie. Die Bedienung nahm die Speisekarten und entfernte sich. Wieder breitete sich tiefes Schweigen aus.

»Das heißt, du wirst mir nicht sagen, wo du jetzt wohnst?«

»Nein.«

»Warum nicht?«

»Weil ich nicht will. Es geht dich nichts an.«

»Jane, du bist meine *Frau.* Natürlich geht es mich etwas an.«

Ohne dass es mir bewusst war, war ich etwas lauter geworden. Niemand um uns herum schien groß auf mich geachtet zu haben, aber Jane versteifte sich, als hätte ich sie geohrfeigt. »Nein, es geht dich absolut nichts an«, entgegnete sie. Ihre Stimme war kaum mehr als ein Flüstern. »Und wir werden dieses Gespräch *nicht* hier führen.«

Das lief nicht gut.

»Warum tust du das?«, fragte ich.

»Ich kann mit unserer Ehe im Moment einfach nicht umgehen.«

Ich versuchte nicht zu verbergen, wie verletzt ich war. »Du meinst, ›mit *mir* umgehen‹?«

Vielleicht hatte sie das Gefühl, dass sie zu weit gegangen war, denn sie sah mich mit einem gewissen Mitgefühl an. Sie holte einmal tief Luft. »Ich will allein sein«, begann sie. »Es hat nichts mit dir zu tun. Ich fühle mich einfach wohler allein.«

»Das ist doch verrückt. Unsere Ehe ist kein Wegwerfartikel. Meine Emotionen sind keine Wegwerfartikel – und ich habe das Gefühl, du behandelst mich so, als ob ich einer bin.«

»Es tut mir leid. Ich will dir nicht wehtun«, sagte sie. »Aber ich will nicht verheiratet sein. Wir sind zu verschieden, und wir müssen im Leben einfach nach vorn blicken und auf die Weise herausfinden, wie wir glücklich sein können.«

Während sie redete, brachte die Bedienung unser Essen. Sie stellte uns die Teller hin, bot uns den obligatorischen frisch gemahlenen schwarzen Pfeffer an und fragte uns, ob wir noch irgendeinen Wunsch hätten. Als sie gegangen war, holte ich zu meiner großen Rede aus.

»Wir müssen zu einer Eheberatung gehen«, sagte ich.

»Colin, das wird wirklich nichts ändern an meinem ...«

»Lass mich ausreden«, sagte ich. »Ich werde nicht einfach zur Tür hinausgehen, ohne einen Versuch zu unternehmen. Ich will, dass wir zu einer Eheberatung gehen. Wenn ich irgendetwas ändern oder korrigieren muss, dann werde ich es tun. Wenn wir hingehen und, nach drei Monaten oder vier Monaten oder wie lange es eben dauert, ein professioneller Eheberater mir ins Gesicht sagt: ›Es besteht keine Hoffnung, das hier wieder einzurenken‹, dann werde ich der Erste sein, der dir die Hand gibt und dir alles Gute wünscht. Aber wenn wir nicht wenigstens versuchen, es wieder hinzubiegen, sind wir verrückt.«

Ich hatte die Rede geplant und sie eine Million Mal im Kopf einstudiert, aber als es darum ging, sie zu halten, bekam ich vielleicht die Hälfte von dem heraus, was ich beabsichtigt hatte. Janes Miene war absolut unergründlich, eine Maske. »Ich werde darüber nachdenken«, war alles, was sie sagte. Dann fand sie irgendeine Ausrede, sie müsse zurück ins Büro, und stürzte ohne ein weiteres Wort davon. Sie hatte ihren ganzen Teller aufgegessen. Ich selbst hatte nicht einen Bissen genommen, daher ließ ich mir mein Essen einpacken. Als ich das Restaurant verließ, bemerkte ich einen Obdachlosen an der Straßenecke. Ich gab ihm mein Mittagessen und ein bisschen Kleingeld im Tausch gegen eine Zigarette. Ich blieb eine Weile stehen und redete mit ihm. Trotz des Elends, auf der Straße zu leben, schien er glücklicher, als ich es war. Ich musste aus diesem Loch herauskommen.

Jane brauchte noch ungefähr eine Woche, bis sie sich zu einer Eheberatung bereit erklärte. Ich fand im Internet eine Paartherapeutin und buchte einen Termin. Im Vorfeld versuchte Jane zwei- oder dreimal, einen Rückzieher zu machen, aber sie erschien pünktlich zu unserer ersten Sitzung. Die Praxis unserer Therapeutin war voller Pflanzen, und zwei dick gepolsterte, bequeme Sessel standen darin. In Anbetracht der Umstände machte die Therapeutin einen viel zu fröhlichen

Eindruck. Bilder ihrer Familie – vereint, glücklich, strahlend – hingen überall. Es fühlte sich an, als würde sie damit prahlen. Es fiel mir schon schwer genug, überhaupt zu einer Beratung zu gehen. Ihre glückliche, lächelnde Familie machte es mir nicht unbedingt leichter.

In den darauffolgenden Sitzungen hatte ich jede Menge Zeit, die vielen, vielen Fragen zu stellen, die ich hatte. Warum war Jane gegangen? War ich ein grässlicher Mensch? Hatte ich irgendetwas falsch gemacht? War ich langweilig? Hatte ich meine Socken herumliegen lassen? Hatte sie jemand anderen kennengelernt? Jane beantwortete eine Frage nach der anderen mit einem Schulterzucken. Unter Druck gesetzt, gab sie ein- oder zweisilbige Antworten. Die meiste Zeit starrte sie einfach nur aus dem Fenster und vermied jeden Blickkontakt. Die Therapeutin machte sich Notizen und versuchte, Jane zum Reden zu bewegen. Bei unserer letzten Sitzung sagte sie: »Jane, Sie sind ihm hier schon eine Antwort schuldig. Können Sie irgendetwas darüber sagen, warum Sie gegangen sind?«

Ihre Antwort: »Ich will einfach nicht mehr verheiratet sein.«

Am Ende jeder Sitzung stürzte Jane einfach zur Tür hinaus. Nach unserer letzten Sitzung, nachdem Jane gegangen war, bat mich die Therapeutin, noch ein bisschen länger zu bleiben.

»Hören Sie«, sagte sie. »Hier geht es nicht um Sie.«

»Was meinen Sie damit?«, fragte ich.

»Jane hat offensichtlich ein paar Dinge, mit denen sie allein umgehen muss. Diese Dinge haben vielleicht gar nichts mit Ihrer Ehe zu tun, aber sie scheinen ihre Fähigkeit zu beeinträchtigen, Ihre Ehe aufrechtzuerhalten. Wir machen keine Fortschritte, daher schlage ich vor, dass Sie beide individuelle Hilfe in Anspruch nehmen und getrennt mit Ihren jeweiligen Problemen umgehen.«

An dem Punkt glaubte ich noch immer, dass Jane letztendlich zur Besinnung kommen würde, aber den Ratschlag der Therapeutin zu hören, führte mir die Wahrheit vor Augen. Meine Beziehung mit Jane war zu Ende.

»Ich nehme an, Sie haben recht«, war alles, was ich zu der Therapeutin sagen konnte. Ich verließ ihre Praxis und hatte zum ersten Mal keine Hoffnung mehr.

Wenn ich nicht in der Arbeit war, rauschte die Zeit nur so an mir vorüber. Im Büro war ich imstande, mich anhaltend zu konzentrieren, und ich steckte meine ganze Energie in meinen Job, wo zum Glück alles noch immer gut lief. Meist blieb ich bis spätabends im Büro, bevor ich nach Hause fuhr, aß, was immer am wenigsten Vorbereitungen erforderte, und verbrachte den restlichen Abend abwechselnd damit, auf der Veranda hinter dem Haus zu rauchen und vor dem Fernseher zu sitzen. An einem besonders schlimmen Abend saß ich bis in die frühen Morgenstunden auf der Couch, als ein Spot des psychologischen Gesundheitsdienstes im Fernsehen ausgestrahlt wurde. Darin lag ein unrasierter, nachlässig gekleideter Schauspieler in einem fast katatonischen Zustand auf einer Couch. Wow, das bin ja ich, dachte ich. Vielleicht sollte ich etwas dagegen unternehmen.

Mein Vater sagte immer, nur verrückte Leute würden zu Therapeuten gehen. Ehrlich gesagt, klangen mir diese Worte in den Ohren, bevor ich die Eheberatung in Betracht gezogen hatte. Sein Einfluss bewirkte, dass mir vor einer Therapie graute und ich sie als Zeichen des Scheiterns und Quelle der Lächerlichkeit ansah. Aber irgendwann war ich es einfach leid, mich hundeelend zu fühlen. Der Frühling hatte Einzug gehalten. Die Außenwelt wurde einladender, und ich verspürte mehr und mehr Lust, mich ihr wieder anzuschließen. Allmählich begann ich, mich wieder bei Freunden zu melden. Meine alte Freundin Catherine und ihr Ehemann John waren mit die Ersten gewesen, die den Kontakt zu mir suchten, und sie hatten mich unter ihre Fittiche genommen, mich zum Sonntagsessen eingeladen und häufig nach mir gesehen.

Catherine war eine erfolgreiche Psychotherapeutin mit einer Privatpraxis im Zentrum von Toronto. »Du solltest mit jemandem reden«, sagte sie.

»Du meinst, mit einem Therapeuten?«, fragte ich.

»Ja. Ich kann dir ein paar Leute empfehlen.«

»Bin ich wirklich so verkorkst?«

Sie lächelte. »Ich glaube einfach, es würde dir helfen, jemanden zum Reden zu haben.«

Mit Catherines Hilfe überwies mich mein Hausarzt an einen Psychiater. Dr. Edward Hamers Praxis befand sich in der zweiten Etage eines achtstöckigen Ärztehauses, einem alten braunen Backsteinbau in der Bloor Street. Der Eingang lag eingekeilt zwischen einem familienbetriebenen Lebensmittelladen und einer Drogerie. Die Anzeigetafel in der Lobby listete Ärzte für jedes medizinische Fachgebiet auf: Zahnheilkunde, Orthopädie, Hals-Nasen-Ohren-Heilkunde, Kieferorthopädie, Urologie – und Psychiatrie, das Fachgebiet des Mannes, der mir den Weg zurück zum Glück weisen sollte. Was zum Teufel tat ich da eigentlich?

Es gab nur einen einzigen funktionierenden Aufzug hoch zu Dr. Hamers Etage. Der Aufzug war ungefähr so groß wie ein Wandschrank und rumpelte unheimlich. Es roch nach Medizin und Körperausdünstungen. Dr. Hamers Praxis befand sich am Ende eines schmuddeligen Flurs. Ich drückte auf die Klingel, und wenig später hörte ich ein Klicken, als die Tür aufgedrückt wurde. Ich öffnete sie zögernd und fand mich in einem leeren Wartezimmer wieder.

Der Raum war spärlich beleuchtet und roch nach Mottenkugeln. Ich setzte mich, nahm eine zerlesene Zeitschrift zur Hand und blätterte sie nervös durch. Ich kann nicht glauben, dass ich das hier tue, dachte ich. Ich spielte mit dem Gedanken, wieder zu gehen, aber gerade als ich aufstehen wollte, öffnete sich die dunkle Holztür zu Dr. Hamers Behandlungszimmer.

Ein Patient, der offensichtlich geweint hatte, murmelte ein rasches Dankeschön und ging. Dr. Hamer stand im Türrahmen. Er war ein konservativer und ausdrucksloser Typ mit einer großen Brille und schütterem Haar. Er sah genauso aus, wie ich mir einen Psychiater vorstellte. »Colin«, sagte er, wobei er zur Begrüßung nickte. Ich stand auf und folgte ihm in den Behandlungsraum.

Er sprach über seine Schulter, während er auf einen grünen Sessel am Kopfende einer langen Ledercouch zuging. »Wie ich bereits am Telefon erwähnte, als Sie den Termin machten, müssen wir, bevor ich mich bereit erkläre, Sie zu behandeln, eine erste Einschätzung durchführen. Daher werde ich Ihnen heute nur eine Reihe von Fragen stellen, um ein Gefühl dafür zu bekommen, wie wir am besten vorgehen und welche Art Hilfe ich Ihnen bieten könnte.« Er blieb vor dem Sessel stehen und wies mit einer Handbewegung auf die Couch. »Wenn Sie damit einverstanden sind, legen Sie sich bitte hin, und dann fangen wir an.«

Mich hinlegen? Auf eine Couch? »Das mit der Einschätzung klingt okay«, sagte ich, während ich mich auf die Couchkante hockte. »Aber ich würde gern einfach hier sitzen, während ich mit Ihnen rede.«

Seine Miene blieb ausdruckslos, aber irgendetwas in seiner Stimme veränderte sich. »Wenn Sie sich nicht hinlegen, kann ich Ihnen nicht helfen«, sagte er.

»Was meinen Sie damit?«, fragte ich. »Dass wir kein Gespräch von Angesicht zu Angesicht führen können?«

Er schüttelte langsam den Kopf. »So läuft das nicht«, sagte er. »Wenn Sie meine Hilfe wollen, dann werden Sie tun müssen, worum ich Sie bitte, und sich hinlegen.«

Ich seufzte und verdrehte die Augen ... und dann tat ich, was er von mir verlangte.

Ich hatte erwartet, dass er mich fragen würde, warum ich gekommen war, dass er mich nach Jane und meiner Ehe und allem fragen würde, was mich so traurig und bedrückt gemacht hatte, dass ich eine Psychotherapie brauchte. Aber als er eine Frage nach der anderen stellte, schien es kein klares Thema oder einen Zusammenhang zu meiner gegenwärtigen Krise zu geben.

»Mögen Sie Ihre Mutter?«, erkundigte er sich. »Mögen Sie Ihren Vater? Haben Sie Probleme mit Höhen? Beengten Räumen? Haben Sie irgendwelche Phobien? Sind Sie ein gut organisierter Mensch? Sind Sie pünktlich? Kommen Sie gut mit anderen zurecht?«

Ich sagte nicht die Wahrheit. Stattdessen gab ich Dr. Hamer die Antworten, die er, wie ich glaubte, hören wollte – die, wie ich glaubte, richtig waren. Während ich mich mehr oder weniger regelmäßig auf der Couch aufsetzte, um Blickkontakt zu ihm aufzunehmen, zeichnete ich das Bild einer idyllischen Kindheit, einer Familie ohne Funktionsstörungen. Ich stellte mich als rundum stabile, gut angepasste Person ohne irrationale Ängste oder Beklemmungen hin. Er kommentierte keine meiner Antworten, machte sich nur Notizen auf einem großen Schreibblock, der in seinem Schoß ruhte. Während ich wie Charlie Brown in einer Therapiesitzung mit Lucy auf dem Rücken lag, fühlte ich mich in jeder Hinsicht genauso befangen und lächerlich, wie ich erwartet hatte. Dr. Hamer feuerte einfach weiter drauflos: »Sehen Sie Leute, die nicht wirklich da sind? Hören Sie Stimmen im Kopf?«

»Na ja«, antwortete ich, »keine lauten.« Ich hoffte auf ein Lachen, aber alles, was ich zu hören bekam, war das Kratzen seines Stifts. »War nur ein Witz.«

Schweigen.

Er begann, wieder zu schreiben.

»*Das* müssen Sie nicht aufschreiben«, sagte ich.

Er schrieb weiter. »Sie werden alles aufschreiben, stimmt's?«, erkundigte ich mich. Er schrieb auch das auf.

Die Fragen gingen noch über eine halbe Stunde weiter. Am Ende der Sitzung verkündete Dr. Hamer sein Urteil: »Sie können einmal die Woche kommen, mir sagen, wie Sie sich fühlen, und Ihre Probleme mitteilen«, sagte er. »Das könnte Ihnen bei Ihren unmittelbaren Gefühlen helfen. Es wird jedoch keine langfristige Lösung für Sie sein.« Er hielt einen Augenblick inne, um mich das verdauen zu lassen. »Wenn Sie Ihren Problemen *wirklich* auf den Grund gehen wollen, empfehle ich Ihnen, viermal die Woche zu kommen.«

Viermal die Woche! War ich *so* verrückt? Dr. Hamer fuhr fort, bevor ich irgendetwas sagen konnte. »Sie sollen wissen, dass die Häufigkeit keine Aussage über Sie oder die Schwere Ihrer Depression ist. Es ist nur so, dass bestimmte Patienten von einem solchen Ansatz profitieren können. Auf der Grundlage der heutigen Einschätzung denke ich, dass Sie ein Kandidat dafür sind.«

Ich war am Boden zerstört; ich musste wirklich ein Riesenproblem haben, wenn ich ihn so oft sehen musste.

»Ich weiß nicht, ob ich viermal die Woche schaffen kann«, sagte ich zu ihm. »Ich muss sehen, wie ich es mit meinen Arbeitszeiten vereinbaren kann.«

»Sie können gern darüber nachdenken und eine zweite Meinung einholen«, antwortete er. »Aber ich muss spätestens in ein paar Tagen wissen, was Sie tun wollen.«

»Okay, danke«, sagte ich. »Ich werde darüber nachdenken.«

Ich meldete mich bei Catherine, die mir begeistert und leidenschaftlich empfahl, die Therapie voranzutreiben; sie nannte es eine echte Chance zu emotionalem Wachstum und sagte mir, ich würde mich viel besser fühlen, wenn ich sie machte. Und so, da ich nicht das Gefühl hatte, eine bessere Option zu haben, krempelte ich meine Arbeitszeiten um und begann, Dr. Hamer mit der empfohlenen Häufigkeit zu sehen. Ich brauchte eine Weile, um mich daran zu gewöhnen. An manchen Tagen sprudelte es nur so aus mir hervor, als hätte ich ein paar Tassen Kaffee zu viel getrunken. An anderen Tagen fiel es mir zu schwer, meine Emotionen mitzuteilen, und dann kam ich in Dr. Hamers Praxis und sagte, noch bevor ich die Couch erreicht hatte, zu ihm: »Ich werde heute nicht mit Ihnen reden.« Dann saßen wir eine Dreiviertelstunde schweigend da, und sobald die Zeit um war, ging ich. Egal, welche Version von mir erschien, Dr. Hamer saß jedes Mal so ausdrucksvoll wie ein Wachposten des Buckingham Palace da und hinterfragte und notierte methodisch jeden Gedanken, jeden Impuls und jede Lebenserfahrung.

Einmal, als ich den Raum betrat, erwähnte ich, draußen sei ein schöner Tag – ich machte nur Small Talk. »Wirklich?«, fragte er. »Warum ist er schön?«

»Die Sonne scheint. Es ist warm … ich wollte nur höflich sein.«

»Was lässt Sie glauben, dass Sie höflich sein müssen?«

»Ich weiß nicht!« Alles, selbst den harmlosesten Small Talk, verwandelte er in ein Verhör. Einmal war ich so entnervt von seinen unaufhörlichen Fragen, dass ich leise »Idiot« murmelte.

»Das habe ich gehört«, sagte er. »Warum glauben Sie, dass ich ein Idiot bin?« Und dann begann alles wieder von vorn.

Es dauerte drei oder vier Monate, bis weit in den Sommer hinein, aber schließlich begann ich, kleine Fortschritte bei mir zu erkennen. Anstatt mir zu helfen, mich auf Jane zu konzentrieren, war Dr. Hamer zu einigen meiner frühesten Erinnerungen zurückgekehrt; den prägenden Erfahrungen hinter Launen, Ängsten und Problemen, von denen ich oft gar nicht wusste, dass ich sie hatte. Ein paar Sitzungen endeten damit, dass ich am Boden zerstört und in Tränen aufgelöst war, voller Angst, wieder hinaus ins normale Leben zu gehen; aber gelegentlich, an erfolgreichen Tagen, begann ich, Dinge zu verstehen, die mir mein Leben lang entgangen waren. Ich schlief noch immer schlecht. Ich vermisste Jane noch immer. Ich arbeitete noch immer zu viel und rauchte, und das Haus sah aus wie ein Schweinestall. Aber irgendetwas in mir bewegte, veränderte sich.

Ich war auf dem Wege der Besserung.

VIER

Am Ende des Sommers war ich fast wieder auf den Beinen, auch wenn ich, wie Dr. Hamer es ausdrückte, »noch immer ziemlich wackelig« war. Obgleich es mir gelungen war, mich aus meiner emotionalen Talsohle herauszuziehen, ich hatte es noch immer nicht geschafft, sehr viel Abstand zwischen mich und Jane zu bringen. Ich hatte das Gefühl, dass jeder Fortschritt, den ich erzielt hatte, mit einem einzigen kräftigen Ruck zunichtegemacht werden könnte, und während der Sommer in den Herbst überging – und die Kälte und Dunkelheit zurückbrachte, die in den Monaten, in denen ich ganz unten war, solch bittere Konstanten gewesen waren –, spürte ich das leise Zerren eines unsichtbaren Fadens, der mich wieder hinunterzog. Ich bekam mehr und mehr Angst vor dem Alleinsein.

Ein Vorschlag, um diese Angst zu lindern, kam in einem Gespräch mit meinem Freund Matt. Matt arbeitete für eine Computerfirma, die sich Büroräume mit MKTG teilte. Ich mochte Matt. Er hatte kürzlich erst sein Studium abgeschlossen, arbeitete hart, schwärmte für Eishockey und besaß einen trockenen Humor, der mich immer zum Lachen brachte – etwas, was ich in letzter Zeit mit Sicherheit nicht oft genug getan hatte. Eines Tages schaute er bei mir im Büro vorbei und fragte mich, ob ich mit ihm zum Mittagessen gehen würde. Matt kannte Janes und meine Geschichte nicht, daher klärte ich ihn während unseres Essens darüber auf.

»Das ist ja ein echter Hammer«, sagte er, bevor er innehielt, um seinen Bissen hinunterzuschlucken. »Aber es gibt bestimmt Schlimmeres auf der Welt.«

»Na ja, natürlich gibt es Schlimmeres«, sagte ich leicht sarkastisch.

»Entschuldige. Ich wollte nur sagen, dass es vermutlich besser ist, sich nicht in eine Beziehung zu stürzen, wo jemand Dinge von dir erwarten wird. Du musst dir selbst etwas Zeit geben.«

Er hatte recht. Um genau zu sein, war er ein Echo. Während ich auf der Veranda hinter dem Haus wie ein Schlot rauchte, besuchte mich mein Großvater nach wie vor, und eines der Dinge, die er – in meinem Kopf – immer wieder sagte, war: »Warte ein bisschen ab, warte ein bisschen ab. Du musst nichts überstürzen.« Immer und immer wieder mit dieser leisen, ruhigen Stimme, mit der er schon zu mir sprach, als ich ein Kind war.

»Ich glaube, es lässt mir nur keine Ruhe, weil ich mich so ganz allein im Haus ein bisschen einsam fühle«, sagte ich jetzt zu Matt. »Ich habe mich noch nie einsam gefühlt. Es ist seltsam. Das Haus ist viel zu groß für nur eine Person.«

»Weißt du, was du tun solltest?«, sagte Matt, bevor er eine theatralische Pause einlegte. »Du solltest dir einen Hund zulegen.« Er grinste, als hätte er soeben das Problem des Welthungers gelöst.

»Das ist es, ja? Das ist die große Lösung?«

»Das ist es«, antwortete er mit absoluter Aufrichtigkeit. Er nahm einen großen Bissen von seinem Sandwich. »Denk mal darüber nach. Hunde sind treu – sie werden nicht grundlos ihre Sachen packen und abhauen. Als Kinder hatten wir immer Hunde. Meine Familie hat geholfen, Blindenhunde auszubilden. Sie sind richtig toll! Du kommst aus dem Haus und läufst viel herum, lernst Leute kennen … vielleicht sogar eine tolle Frau. Es wird großartig. Es wird dein Leben verändern.«

»Es wird mein Leben verändern«, äffte ich ihn nach.

»Und ob es das wird. Und du hast ein großes, leeres Haus genau gegenüber einem Park.«

Wir aßen auf und gingen zurück zur Arbeit, ohne ein weiteres Wort über Hunde zu verlieren, aber im Laufe der nächsten Wochen fragte er mich gelegentlich, vielleicht einmal am Tag, wenn wir uns im Büro begegneten: »Und, hast du dir schon einen Hund zugelegt?«

»Ich denke noch darüber nach.«

Ein paar Stunden später steckte er dann wieder den Kopf in mein Büro. »Und, weißt du, wer der beste Freund des Menschen ist?«

»Matt, nicht«, antwortete ich jedes Mal.

So ging es in einem fort, Tag für Tag. Ich tat, als würde ich gar nicht zuhören, aber tatsächlich spielte ich ein bisschen mit dem Gedanken, mir einen Hund zuzulegen.

Mitte Dezember bekam ich eine E-Mail von Matt. Betreff: »Hast du dir schon einen Hund zugelegt?«

Die E-Mail lautete ungefähr so:

Hallo Colin,

ich will dich ja nicht drängen, aber ich dachte, ich schicke dir diesen Link zu einer tollen Hunde-Website, Petfinder.com. Es ist wie ein Datingportal, aber anstelle hübscher Mädels, die vermutlich dein Foto sehen und dir nie zurückschreiben werden (haha), ist die hier voller Hunde, die sich nicht darum scheren, wie du aussiehst, sondern dein Haus und den Park auf der anderen Straßenseite wollen. Ist besser als ein Käfig.

Sieh's dir an. Du kannst einem Hund ein schönes Zuhause bieten und im Gegenzug ein bisschen Gesellschaft bekommen. Und ich könnte aufhören, dir in den Ohren zu liegen. Und du würdest ein Leben retten.

Gib mir Bescheid, wenn du irgendwelche Hilfe brauchst.

Matt

Matt lag nicht allzu weit daneben mit seinem Datingportal-Vergleich. Petfinder vermittelt Tiere in Not in ganz Nordamerika. Jeder Hund bekommt seine eigene Profilseite mit Informationen über seine Rasse und Herkunft. Es gab dort Tausende einsamer Hunde, die auf der Suche nach einem neuen Zuhause waren. Während ich die Seiten hinunterscrollte, sprang mir auf einmal eines der Fotos ins Auge.

Dieser Hund war ein Landseer-Neufundländer, anders als jeder Hund, den ich bis dahin gesehen hatte. Auffällig, mit dem für Neufundländer typischen pechschwarzen Kopf, der auf einem riesigen weißen Körper saß. Auf dem Foto gab es nichts für einen Größenvergleich, aber irgendetwas an der Art, wie er sich hielt, den Kopf erhoben und die Brust gereckt, verlieh ihm eine ungeheure Größe. Er hatte langes, zotteliges Fell, Schlappohren und eine weiche Schnauze mit weißem Flaum über der Nase, aber was am meisten hervorstach, das waren seine Augen. Sie waren von einem dunklen Braun, das neben dem schwarzen Meer seines Gesichts heller zu sein schien. Sie funkelten vor Intelligenz, aber sie schienen auch bedrückt von Erfahrung, mit Unterlidern, die so tief herabhingen, dass sie zwei rosige Halbmonde zum Vorschein brachten. Es waren die Augen einer alten Seele. Er war etwas über ein Jahr alt und wurde unter dem Namen Kong geführt.

Dann holte mich auf einmal die Wirklichkeit ein. Was in aller Welt tat ich hier eigentlich? Das Letzte, was ich in meinem Zustand brauchte, war ein Hund, der ganz zweifellos eigene Probleme hatte. Hatte ich selbst nicht schon genug Probleme? Für wen hielt ich mich eigentlich, dass ich die Welt retten wollte, wenn ich nicht einmal mein eigenes Leben ins Lot bringen konnte? Und doch, während ich in diese Augen sah, fühlte ich mich gezwungen, etwas zu unternehmen. Wie konnte jemand einen solch unglaublich schönen Hund im Stich lassen? Könnte ich mit einem so großen Hund wirklich zurechtkommen? Aber bevor ich wusste, was ich tat, lagen meine Finger bereits auf der Tastatur und tippten eine Antwort an Matt:

Matt,
danke, dass du mich auf den Hund gebracht hast (Wortspiel beabsichtigt). Das ist eine tolle Website. Ich habe tatsächlich einen Hund gesehen, der mich dazu gebracht hat, ernsthaft über deinen Rat nachzudenken.

Ich halte dich auf dem Laufenden.

Colin

Im Laufe der nächsten Tage recherchierte ich ein bisschen über die Neufundländer-Rasse. Obwohl sie zu den größten Hunden zählen und manche Rüden über zweihundert Pfund, also mehr als neunzig Kilo, auf die Waage bringen, gelten Neufundländer als die sanfteste aller Rassen und werden für ihren fürsorglichen und sanften Umgang mit Kindern verehrt. (Nana, der babysittende Hund in *Peter Pan,* ist ein Neufundländer.) Neufundländer haben Schwimmpfoten und sind hervorragende Schwimmer. Sie wurden insbesondere in den atlantischen Provinzen Kanadas gezüchtet, um Netze einzuholen und Fischer vor dem Ertrinken zu retten. Sie sind bekannt für ihre Tapferkeit und Treue, und viele von ihnen haben in beiden Weltkriegen den Alliierten gedient.

Ich dachte an meinen Großvater und seinen Einsatz im Zweiten Weltkrieg, als sein Truppentransporter auf eine Mine traf und mehr als hundert Meter vor der Küste unterging und mein Großvater es auf sich nahm, seine verwundeten Kameraden zu retten. Er legte ihre Arme um seinen Hals und zog sie, einen nach dem anderen, ans Ufer. Er wurde für seine Tapferkeit ausgezeichnet.

Nachdem ich mit meinen Recherchen über Neufundländer fertig war, stellte ich noch ein paar Nachforschungen zu Tierheimhunden an, und ich erfuhr, dass allein in den Vereinigten Staaten über 2,7 Millionen verlassene Hunde eingeschläfert wurden. Das sind 6.267 pro Tag. Und ich erfuhr, dass jüngere, kleinere Hunde im Allgemeinen schneller vermittelt werden, ältere und große Hunde jedoch nicht so viel Glück haben. Und schließlich erfuhr ich, was ein großes rotes DRINGEND-Banner bedeutet, wenn es neben dem Profil eines Hundes erscheint. Es bedeutet, dass dieses Tier sich seinem Ablaufdatum nähert. In überfüllten städtischen Tierheimen wird ein Hund im Allgemeinen nur 72 Stunden behalten und danach, wenn niemand Anspruch auf ihn erhebt oder ihn aufnimmt, eingeschläfert. Dann wird das Profil des Hundes stillschweigend von der Website entfernt.

Ich betrachtete Kongs Bild immer und immer wieder. Er war im Stich gelassen worden. Ich hatte das Gefühl, irgendetwas tun zu müssen, für ihn ebenso wie für mich selbst. Dass Neufundländer als Seerettungshunde gezüchtet werden, besiegelte auf jeden Fall mein Interesse. Ich liebe das Wasser. Das war schon immer so. Meine glücklichsten Kindheitserinnerungen verbinde ich mit dem Cottage meines Großvaters in Nova Scotia, wo wir jeden Sommer Stunden damit zubrachten, im Meer zu schwimmen. Es gab Tage, an denen mein Bruder und ich nur aus dem Wasser kamen, wenn wir zum Essen gerufen wurden. Während meines Studiums arbeitete ich als Rettungsschwimmer und brachte mir selbst das Surfen bei. Mein Freund Mike und ich gehörten zu den Ersten in Nova Scotia, die mit diesem Sport anfingen, der sich dort seitdem immer größerer Beliebtheit erfreut. Außerdem habe ich bei der kanadischen Küstenwache gearbeitet, wo ich im Sommer im Such- und Rettungsteam an der Küste eingesetzt wurde. Die Vorstellung, mir einen Hund zuzulegen, der das Wasser liebte, gefiel mir. Ich stellte mir vor, wie der Hund und ich an den Ufern des Lake Ontario entlangspazierten. Ich stellte mir vor, wie schön es wäre, einen Gefährten zu haben, nicht allein spazieren gehen zu müssen. Ein paar Tage, nachdem Matt mir den Link geschickt hatte, wählte ich die angegebene Telefonnummer.

Die Frau, die abnahm, war eine ehrenamtliche Mitarbeiterin bei einer Neufundländer-Rettungsorganisation namens Newf Friends, die mit örtlichen Tierheimen in Kontakt steht und ein

Netzwerk von Pflegestellen für Neufundländer in Not unterhält. Wenn ein Neufundländer in einem Tierheim auftaucht, bringt Newf Friends das Tier in einer geeigneten Pflegestelle unter, bis ein dauerhaftes Zuhause gefunden werden kann. Das extrem engagierte Team von Ehrenamtlichen bei der Organisation stellt sicher, dass selbst bei den Umwälzungen, die mit einem Leben in Pflege einhergehen, im Stich gelassene Neufundländer von Leuten versorgt werden, die echte Leidenschaft und Verständnis für die Rasse haben. Ihre Bemühungen, sich um Neufundländer außerhalb des Tierheimsystems zu kümmern, haben vielen dieser sanften Riesen das Leben gerettet.

»Also, um welchen Hund geht es bei Ihnen?«, fragte mich die Ehrenamtliche nach ein bisschen Small Talk.

Ich erzählte ihr von Kong und seinem Petfinder-Profil.

»Oh, ja. Er ist ein entzückender Hund. Er kam aus einer Kleinstadt etwa zwei Autostunden nördlich von Toronto. Er ist ein bisschen scheu, aber er macht Fortschritte.«

»Scheu?«, fragte ich.

»Es gab ein paar Probleme. Aber wir konzentrieren uns hier lieber auf das gegenwärtige Verhalten und Potenzial eines Hundes, anstatt viel über die Vergangenheit zu reden. Wichtig ist, dass dieser Hund sich gut an die gegenwärtige bessere Umgebung anpasst. Das ist wirklich eine gute Neuigkeit, wissen Sie.«

Offensichtlich gab es noch viel mehr, was sie mir nicht sofort sagen würde, daher ließ ich es dabei bewenden. Ich erfuhr, dass Kong bei einer Familie in Pflege lebte, die eine Farm besaß. Die Frau versicherte mir, dass er in keinen fähigeren Händen sein könnte. Sie notierte meine Adresse und sagte, sie würde mir ein paar Formulare zusenden, die ich ausfüllen sollte. Sobald das erledigt war, würde Newf Friends eine ihrer Ehrenamtlichen zu mir nach Hause schicken, die eine persönliche Einschätzung vornehmen würde, um sicherzustellen, dass ich ein geeignetes Zuhause mit einem Garten hatte und ein passender, verantwortungsbewusster Besitzer war.

Wenn das alles glatt über die Bühne ging, würde eine Fahrt zu der Pflegestelle vereinbart werden, um den Hund kennenzulernen, und falls ich mir sicher war, dass ich ihn wollte, würde ich ihn gleich mit zu mir nach Hause nehmen können.

Es ging alles sehr schnell. Als die Unterlagen Mitte Januar eintrafen, füllte ich sie umgehend aus und schickte sie zurück. Die persönliche Einschätzung wurde ein paar Tage später anberaumt. Ich hatte nichts zu verbergen, aber ich war nervös, tief besorgt, ich könnte als ungeeignet eingestuft werden. Zum ersten Mal seit Monaten putzte ich mein Haus. Ich brauchte Tage dafür. Leere Pizzaschachteln, Bierflaschen, benutzte Töpfe und Pfannen und die Schmutzwäsche der letzten Wochen lagen überall im Haus verstreut. Anstatt das Geschirr zu spülen, war ich losgezogen und hatte Wegwerfpappteller und Plastikmesser und -gabeln gekauft, allerdings ohne sie anschließend wegzuwerfen. Mein Haus sah aus wie eine schlechte Folge dieser TV-Show über Messies. Aber jetzt brachte ich Tüten über Tüten mit Abfall aus dem Haus. Ich wischte und schrubbte. Ich fand Kleidungsstücke, von denen ich dachte, ich hätte sie verloren. Als alles in Ordnung war, fühlte ich mich viel besser. Dieser Hund half mir schon jetzt, und er war noch nicht einmal hier.

Als der Tag für die Hausinspektion und das Interview gekommen war, ging ich in der Diele auf und ab und wartete auf das Eintreffen der Ehrenamtlichen. Dann brach ich in Panik aus – wenn sie sah, dass ich rauchte, würde sie vielleicht besorgt sein. Ich warf das halb volle Zigarettenpäckchen in den Müll. Dann versprühte ich eine ganze Flasche Febreze in der Luft. Wenigstens roch das Haus jetzt wunderbar. Ich fühlte mich wie vor einem ersten Date, und ich wollte diese Frau beeindrucken, aber ich hatte wirklich keine Ahnung, wie ich das anstellen sollte. Ich war nervös und verschwitzt. Wem wollte ich eigentlich etwas vormachen? *Ich* würde keinen Hund bei mir leben lassen.

Die Frau, die kam, war nett und freundlich. Über Jahre hinweg hatte ich beruflich oft mit Vorstandsvorsitzenden und

Vizepräsidenten einiger der größten und einflussreichsten Unternehmen auf dem Planeten zu tun gehabt und war nie so nervös gewesen, aber in der Gegenwart dieser Frau war ich auf eine unerklärliche Weise angespannt. Ich war mir sicher, sie würde herausfinden, dass hier irgendetwas schrecklich falsch war, irgendetwas, das mich zu einem ungeeigneten Kandidaten machte, um die Verantwortung für einen Hund zu übernehmen.

Ich führte sie durchs Haus und dann in den Garten hinaus, während sie mir eine Reihe von Fragen stellte: »Wie flexibel sind Sie mit Ihrer Arbeit? Wie sieht ein typischer Tag für Sie aus? Haben Sie Verwandte oder Freunde, die Hunde haben? Reisen Sie beruflich? Haben Sie die Zeit, um einen Hund zweimal täglich auszuführen?« Ich stammelte Antworten, so gut ich konnte, und sie notierte sie auf ihrem Klemmbrett.

»Wenn Ihr Hund verletzt wäre, was wäre das Erste, was Sie tun würden?«

»Das wäre ziemlich beunruhigend, aber ich habe viele Erste-Hilfe-Trainings absolviert. Ich würde ihn beruhigen und beschwichtigen und ihn so schnell wie möglich zu einem Tierarzt bringen.«

»Wissen Sie, wo die nächsten Tierärzte sind?«, fragte sie.

Das wusste ich! Auf jeden Fall. Tatsächlich hatte ich gründlich über diesen Punkt nachgedacht und vorab sogar schon ein paar Nachforschungen angestellt, um es herauszufinden. Aber im ersten Moment fühlte ich mich wie ein Kind in einer Prüfung, und ich hatte eine Mattscheibe. Dann erinnerte ich mich an den Namen und die Adresse eines Tierarztes und platzte damit heraus, laut ... so kam es mir jedenfalls vor.

»Wunderbar«, sagte sie und kritzelte etwas auf ihr Klemmbrett. »Wenn Sie Geld für einen Urlaub sparen würden und Ihr Hund eine ärztliche Behandlung bräuchte, würden Sie die Behandlung vornehmen lassen oder in Urlaub fahren?«

Na ja, wenn der Hund ein Facelifting für diese herabhängenden Augen haben wollte, wäre ich mir nicht ganz sicher, was ich tun würde, aber ich sagte: »Ich würde die Gesundheit meines Hundes immer über meine Urlaubspläne stellen. Keine Frage.«

»Wissen Sie«, sagte sie, »dass Neufundländer eine besondere Affinität zum Wasser haben?«

»Ja«, antwortete ich. »Das weiß ich. Und die habe ich, ehrlich gesagt, auch.« Ich erzählte ihr, dass ich in Nova Scotia am Meer aufgewachsen war, dass ich Surfer, ehemaliger Rettungs- und Leistungsschwimmer und ehemaliger Trainer war. Ich erklärte, dass ich dachte, einen Hund aufzunehmen – vor allem einen, der aus schwierigen Verhältnissen kam – könnte ein bisschen so sein, als wäre man ein Trainer, da es eine ähnliche Mischung aus Geduld, Unterstützung und Ermutigung erforderte.

»Wie wahr«, sagte sie, während wir unsere Jacken anzogen, um hinüber in den nahe gelegenen Park zu gehen. »Aber«, fügte sie hinzu, »Sie würden sich wundern, wie schnell sich die Rollen umkehren.«

»Wie denn das?«, fragte ich.

Sie lächelte mich auf eine witzige Weise an und ging dann zur Tür hinaus, während ich ihr folgte.

Wir gingen in den Park auf der anderen Straßenseite, wo wir einer Gruppe von Hunden zusahen, die sich gegenseitig durch den Schnee jagten, während ihre Besitzer dicht beisammenstanden, ihre Starbucks-Becher als einzige Wärmequelle mit den Händen umklammernd. »Das hier sind die Hunde, mit denen er, denke ich, spielen würde«, sagte ich zu ihr.

Die Tatsache, dass der Park so nah bei meinem Haus lag, gefiel ihr eindeutig.

»Wie ist dieser Hund eigentlich in die Situation gekommen, dass er kein Zuhause mehr hat?«, erkundigte ich mich. »Hat er Verhaltensprobleme oder sonst irgendetwas, worum ich mir Sorgen machen sollte?«

Ein ernster Blick huschte über ihr Gesicht. »Er hatte es nicht leicht, aber nach dem, was wir bei seiner Pflegestelle gesehen haben, war es nicht seine Schuld.« Sie hielt einen Moment inne, ließ mich das verdauen. »Wir haben schon viele traurige Fälle gesehen. Manche Leute sind nicht darauf vorbereitet, sich um einen Hund wie einen Neufundländer zu kümmern. Diese Hunde sind groß, sie haaren stark, manche sabbern übermäßig, und sie hängen sehr an ihren Besitzern und müssen ständig in ihrer Nähe sein. Manche Leute nennen sie ›Klettband-Hunde‹, weil sie immer an ihnen kleben. Manchen Menschen ist das unangenehm, und sie kommen nicht damit klar.«

Ich nickte, während ich mir vorzustellen versuchte, wie mir ein großer Hund durchs Haus folgte.

»Einige glauben, dass sie, weil sie so groß sind, ideale Wachhunde sind, aber tatsächlich sind sie extrem sanft. Folglich werden manche von ihnen vernachlässigt oder misshandelt, in einem fehlgeleiteten Versuch, sie böse und aggressiv zu machen. Der Besitzer wird frustriert, der Hund wird verängstigt, und dann nimmt es kein gutes Ende. Ich kann Ihnen wirklich nicht allzu viel über Kongs genaue Umstände sagen. Was wir jedoch wissen, und was das Wichtigste ist, das ist die Tatsache, dass es ihm an Vertrauen mangelt. Er hat nicht die Aufmerksamkeit bekommen, die er braucht, und er wurde alleingelassen, auf schreckliche Weise im Stich gelassen. Er wird Geduld brauchen. Die beste Art, diesem Hund zu helfen, ist, ihn freundlich zu behandeln und ihm viel Zuneigung zu schenken. Trotz ihrer Größe sind diese Hunde sensibel und werden auf Freundlichkeit mehr als auf irgendetwas anderes reagieren.«

Sie blieb stehen und drehte sich zu mir um. »Sie haben ein schönes Haus, und das hier ist ein toller Park für ihn, aber haben Sie auch die Geduld, ihm zu helfen, ein glückliches Leben zu führen?«

In diesem Augenblick wusste ich nicht einmal, ob ich die Geduld hatte, mich selbst ein glückliches Leben führen zu lassen, geschweige denn einen großen, vernachlässigten Hund. Ich sah hinunter auf den Schnee und ging ein paar Schritte weiter. »Das ist eine berechtigte Frage«, sagte ich nachdenklich. »Ich kann mir nur vorstellen, dass ich geduldig genug wäre, ihm ein glückliches Leben zu schenken, weil wir beide dasselbe wollen. Ich würde mir alle Mühe geben, ihm die bestmögliche Pflege zukommen zu lassen, und tun, was immer erforderlich ist, um sicherzustellen, dass er richtig versorgt ist. Ich brauche mit Sicherheit keinen Wachhund, aber es wäre nett, einen Gefährten zu haben, mit dem ich mir das Haus teile. Ich würde mich sehr gut um ihn kümmern.«

»Wenn Sie hier im Park mit ihm wären und er sich schlecht benehmen und nicht auf Sie reagieren würde, würden Sie je Gewalt als Disziplinierungsmaßnahme anwenden?«

Gewalt als Disziplinierungsmaßnahme. Davon war ich eindeutig kein Fan. Ich hatte als Kind gelernt, dass Gewalt jeglicher Art, selbst verbale, Narben hinterlassen kann, wenn auch nicht immer sichtbare. Und ich hatte meinen Großvater immer für seine unglaubliche Geduld und Freundlichkeit bewundert, zwei Eigenschaften, die meine Kindheit so viel schöner gemacht und mir gezeigt hatten, dass es andere Möglichkeiten gab, mit einer Situation umzugehen.

»Gewalt ist keine Disziplinierungsmaßnahme, die ich billige oder je anwenden würde. Sie könnte in dem betreffenden Moment wirkungsvoll sein, aber langfristig, denke ich, würde sie nur Groll hervorrufen.«

»Ja, ich denke, da haben Sie recht«, sagte sie, während sie meine Antwort auf ihr Klemmbrett kritzelte.

»Wenn er einen anderen Hund angreifen oder versuchen würde, auf die Straße zu rennen oder so, dann würde ich auf jeden Fall versuchen, ihn zurückzuhalten, einfach um zu verhindern, dass er verletzt wird, aber ich würde einen Hund niemals schlagen, unter gar keinen Umständen.« Sie sah lange genug von ihrem Klemmbrett auf, um mir aufmunternd zuzunicken.

»Sind Sie sich darüber im Klaren, dass dieser Hund anfangs nicht in der Lage oder gewillt sein könnte, alle Kommandos zu befolgen?«

»Hören Sie«, sagte ich. »Ich erwarte nicht, dass er sofort auf mich reagiert oder dass er und ich auf Anhieb beste Freunde werden. Angesichts dessen, was er durchgemacht hat, denke ich, dass Freundlichkeit und Geduld vermutlich das Beste für ihn sein werden, und ich verspreche Ihnen – und ihm –, dass ich ruhig bleiben werde, selbst in schwierigen Situationen. Ich glaube, wenn er im Laufe der Zeit erkennt, dass ich der Typ bin, der ihn füttert, mit ihm spazieren geht und ihm Zuneigung schenkt, dann wird er schon Vertrauen fassen. Ich hoffe, dass wir mit der Zeit eine Beziehung aufbauen werden. Ich nehme diese Sache sehr ernst – das ist der Grund, weshalb ich Sie angerufen habe. Ich will Ihre oder meine Zeit nicht verschwenden, daher sollen Sie wissen, dass ich ihm das bestmögliche Zuhause bieten möchte.«

Sie neigte den Kopf und steckte ihren Stift ein. Interview beendet.

Wir gingen schweigend zurück zum Haus. Sie fragte, ob sie kurz allein telefonieren könne, und ließ mich für ein paar Minuten im Wohnzimmer zurück. Als sie wieder ins Zimmer kam, lächelte sie.

»Ich habe eben den Leiter von Newf Friends angerufen, um ihm von unserem Gespräch zu berichten«, sagte sie. »Sie haben unsere Fragen sehr gut beantwortet. Sie haben ein wirklich schönes Haus, gut geeignet, um einen Hund zu halten, und Sie scheinen ein freundlicher, verantwortungsbewusster Mensch zu sein. Wir glauben, dass dieser Hund sehr gut zu Ihnen passen könnte, und hoffen, dass Sie sich entscheiden werden, ihn bei sich aufzunehmen.«

Zum ersten Mal seit Monaten strahlte ich. Und zum ersten Mal seit Monaten war ich aufgeregt.

TEIL ZWEI

Rettung

FÜNF

Am nächsten Wochenende, an einem Samstag Ende Januar, fuhr ich zu der Pflegestelle. Ich war froh, etwas zu tun zu haben, anstatt im Haus herumzusitzen und über Jane nachzugrübeln. Ich würde den Hund sehen! Vielleicht *meinen* Hund! Die Fahrt würde bei guten Bedingungen etwa zwei Stunden dauern, daher hatte ich mir vorgenommen, am Vormittag loszufahren. Als ich beim Aufwachen feststellte, dass draußen ein ausgewachsener Schneesturm tobte, war mir klar, dass ich mich auf einen langen Tag gefasst machen musste, egal, um wie viel Uhr ich aufbrach. Ich zog mich an und frühstückte, und dann stieg ich in meinen Wagen und bahnte mir vorsichtig einen Weg aus der Innenstadt und über den Highway durch die Vororte im Westen der Stadt. Es ging nur langsam voran, und die Sicht war nicht besonders gut, aber vor nicht allzu langer Zeit war hier ein Schneepflug entlanggekommen, und ich konnte die Fahrbahnmarkierungen erkennen.

Na ja, sowas Ähnliches wie ein Schneepflug. Die rechte Spur war von der Wagenkolonne vor mir »gepflügt« worden, und Reifenspuren im Schnee markierten den Weg. Natürlich war dieser Weg bei dem heftigen Schnee, der gegen meine Windschutzscheibe wehte, kaum zu erkennen. Die meiste Zeit starrte ich auf eine lückenlose weiße Wand. Hin und wieder fuhr ich hinter einem Lkw, der eine gewaltige, puderartige Schneewolke hinter sich aufwirbelte, sodass ich gezwungen war, das Fahrzeug zu überholen, was hieß, auf die ungepflügte linke Spur zu wechseln und mein Schicksal in Gottes Hände zu legen. Wenn Sie je in einem Schneesturm auf einem vierspurigen Highway unterwegs waren, dann kennen Sie dieses Szenario und die Anspannung, die damit verbunden ist, nur zu gut. Als ich schließlich vom Highway abfuhr, ließ der Schnee ein wenig nach, aber die Schicht, die bereits gefallen war, lag noch immer mehrere Zentimeter dick auf den kleineren Landstraßen, und ich konnte spüren, wie der Wagen immer wieder die Bodenhaftung verlor und zur Seite wegrutschte. Nach einer über dreistündigen, abenteuerlichen Fahrt fand ich die Farm. Sie war in einem Feld gelegen, neben einer Scheune, und ein langer Zufahrtsweg führte von der Straße dorthin. Ich hatte noch immer beide Hände auf dem Lenkrad und meinen Griff nicht gelockert, aber als ich auf den Feldweg einbog und ihn sah, spürte ich, wie die ganze Last der Fahrt von mir abfiel.

Er stand oben auf der Kuppe eines Hügels, wo der Zufahrtsweg endete, etwa achtzig Meter von der schneebedeckten Landstraße entfernt, von der ich abgebogen war. Er stand einfach nur da und sah den Zufahrtsweg hinunter, während ich mich in meinem Wagen langsam näherte. Er war ganz allein, der Schnee türmte sich um seine Beine und fiel auf seinen großen schwarzen Kopf, und doch schien ihm nicht ein bisschen kalt zu sein. Als ich in die Auffahrt einbog, bellte er nicht und stürzte nicht auf den Wagen zu; er stand einfach nur da und sah zu. Er war atemberaubend, ein wirklich wunderschöner Hund, anders als jeder andere Hund, den ich je persönlich oder auf Bildern gesehen hatte. Ich konnte den Blick nicht von ihm abwenden. Von der Nase bis zur Schwanzspitze maß er weit über einen 1,80 Meter – ein riesiges Tier –, und er hatte zwei schwarze Flecken, einen auf der rechten Flanke und einen am Schwanzansatz, die auf dem Foto im Internet nicht zu sehen gewesen waren.

Er hielt den Kopf würdevoll, wie ein König, und er blickte nachdenklich und neugierig. Seine großen, herabhängenden Augen waren intelligent und hellwach. In Fleisch und Blut war er eindrucksvoll; mit seiner Größe und seinen unverwechselbaren Merkmalen und der Art, wie er sich hielt, schien er überlebensgroß. Es war, als würde man zufällig einem Prominenten über den Weg laufen. Anfangs, wenn du bemerkst, wie sich jemand, den du nur von Bildern oder aus dem Fernsehen kennst, in deiner normalen Welt bewegt, normale Dinge tut, traust du deinen Augen kaum. Du versuchst, nicht hinzustarren oder viel Wind darum zu machen, aber innerlich bist du aufgeregt. Genauso fühlte ich mich, als ich diesen Hund zum ersten Mal sah. Er beobachtete mich, während ich an ihm vorbeifuhr, und als ich vielleicht sechs Meter weitergefahren war und einen Blick in den Rückspiegel warf, sah ich, wie er hinter dem Wagen herlief, während der Schnee aus seinem langen, zotteligen Fell rieselte.

Das Haus war ein quadratischer roter Backsteinbau, mit einem Anbau an der Vorderseite. Es stand neben einer verwitterten, aber soliden Scheune. Zwischen dem Haus und der Scheune war eine Parkfläche vom Schnee freigeräumt worden, und ich lenkte den Wagen dorthin. Ein Halogenlicht an einem Strommast warf einen verschwommenen bläulichen Schimmer, während der Schnee noch immer fiel.

Wie sich herausstellte, war mein Neufi nicht der einzige Hund auf dem Grundstück – bei Weitem nicht. Als ich aus dem Wagen stieg, stürzte ein ganzes Rudel Hunde bellend auf mich zu, die sich alle gegenseitig jagten. Es gab noch einen anderen, völlig schwarzen Neufundländer, einen Deutschen Schäferhund und zwei Mischlinge, deren Rassen sich unmöglich bestimmen ließen. Alle vier waren mit die größten Hunde, die ich je gesehen hatte, und sie umringten mich mit wedelnden Schwänzen und schlabbernden Zungen. Alle, das heißt, alle bis auf meinen Neufi.

Während er über den Zufahrtsweg hinter mir kam, beäugte er mich aus der Ferne. Er nahm nicht Reißaus, als ich aus dem Wagen stieg; er blieb einfach in sicherer Entfernung stehen und beobachtete mich vorsichtig. Irgendwann löste sich der Deutsche Schäferhund aus dem Rudel und rannte zu ihm hinüber. Sie beschnupperten sich gegenseitig und tollten ein bisschen umher. Aber als der andere Hund sich umwandte und wieder zu mir zurücklief, blieb mein Neufi, wo er war.

»Er ist ein bisschen misstrauisch gegenüber Männern«, rief eine Stimme hinter mir. »Bei ihm wird etwas Arbeit nötig sein.« Als ich mich umwandte, sah ich eine Frau in einer dicken Winterjacke und mit einer Strickmütze vom Haus auf mich zukommen. Das muss die Dame sein, die ihn in Pflege genommen hat, dachte ich. Ich lächelte ihr zu und sagte Hallo.

Das Rudel löste sich von mir und rannte auf sie zu, als sie sich näherte. Während sie ging, tätschelte sie die Hunde rasch ein paarmal, bevor sie erneut die Richtung änderten und auf die Scheune zuliefen. Am Rand der Parkfläche war ein frei stehender Futtertrog mit einem laufenden Wasserhahn an einem Ende, und die Hunde blieben stehen, um etwas Wasser zu schlabbern. Mein Neufi wandte seine Aufmerksamkeit von mir ab und gesellte sich zu dem Rudel, um zu trinken.

Ein kleines Mädchen, vielleicht acht Jahre alt, das noch dicker eingepackt war als seine Mutter, sprang zur Haustür hinaus und stürmte durch den Schnee auf die Hunde zu. Sie stürzte sich genau zwischen das Rudel an dem Trog, und sie begannen prompt, mit ihr zu spielen und im Schnee umherzutollen; mein Neufi hingegen zog sich langsam von dem Geschehen zurück.

»Wie ist er zu Kindern?«, fragte ich.

»Er ist sanft«, antwortete sie. »Anfangs ist er ein bisschen scheu, aber wenn sie nicht allzu ausgelassen sind, entspannt er sich. Er braucht nur eine Weile.«

Sie hatte ihn noch nicht lange, erst seit zwei oder drei Wochen, da er vor ihr bei einer anderen Pflegestelle gewesen war. Sie wusste nicht viel über seine ursprünglichen Besitzer. Er war unterernährt und ein bisschen untergewichtig angekommen. Obwohl sein Fell dicht war, konnte ich jetzt sehen, dass es locker an ihm herunterhing, wie eine Jacke, die ein paar Nummern zu groß war.

»Er hat schreckliche Angst vor lauten Geräuschen. Er mag es nicht, wenn die Kinder schreien«, sagte die Frau. »Und er duckt sich, wenn irgendjemand in seiner Nähe plötzliche Bewegungen macht, daher müssen Sie ein bisschen aufpassen, dass er nicht erschrickt. Ich bin mir nicht sicher, ob er davon ausgeht, dass er gestreichelt werden wird, wenn ihm jemand nahe kommt, verstehen Sie?«, sagte sie.

Sie lieferte mir keine weiteren Informationen, sagte jedoch, einer seiner ursprünglichen Besitzer hätte ihn sich in der Hoffnung zugelegt, dass er ein einschüchternder Wachhund sein würde. Sie nahm an, dass er ihn, als er die gewünschte Aggression nicht erkennen ließ, wieder abstieß. Er war zwischen mehreren Besitzern hin und her geschubst worden, die ihn alle nicht wirklich wollten.

»Die Details darüber, was in der Vergangenheit mit ihm passiert ist, sind nicht annähernd so wichtig wie das, was in Zukunft mit ihm passieren wird«, sagte sie. »Das ist der Grund, weshalb unsere Rettungsorganisation so bemüht ist, für diese sanften Riesen ein Zuhause zu finden, in dem sie gut versorgt und respektiert und geliebt werden.« Sie wandte sich um, um mir in die Augen zu sehen. »Alles, was er will, ist ein warmer, sicherer Platz zum Schlafen, etwas Essen in seinem Bauch und jemand, der ihn liebt.«

Ich sehnte mich danach, diesen großen, schönen Hund zu retten, aber in Anbetracht all dessen, was in letzter Zeit in meinem Leben passiert war, war ich vielleicht im Begriff, mir mehr aufzuhalsen, als ich bewältigen konnte. Auf einmal verspürte ich ein wenig Druck und viel Verantwortung. Ich betrachtete den großen Kerl, der dort im Schnee stand und mich vorsichtig beäugte. Was dachte er? Und was dachte ich?

»Mit Frauen kommt er gut zurecht«, sagte sie zu mir. »Er erwärmt sich sofort für sie.«

»Aber nicht für Männer«, sagte ich.

»Anfangs nicht, und er scheint besonders ängstlich gegenüber größeren Männern zu sein«, sagte sie. »Ich werde sehen, ob ich ihn herüberrufen kann, dann können Sie sich selbst mit ihm bekannt machen, aber versuchen Sie, nicht über ihm aufzuragen. Lassen Sie sich auf seine Höhe hinunter und bewegen Sie sich ganz langsam, damit Sie ihm keine Angst machen.«

Wir gingen beide in die Hocke, und sie rief seinen Namen: »Kong! Komm her!« Sie erklärte, dass das der vorläufige Name war, den ihre Tochter ihm gegeben hatte, da er so groß wie King Kong war. »Sie müssen ihn nicht so nennen«, versicherte sie mir. »Genau genommen ist es sogar besser, wenn Sie selbst einen Namen für ihn auswählen, einen, bei dem Sie das Gefühl haben, dass er zu ihm passt.«

Er begann bereitwillig, herüberzukommen, aber er verlangsamte sein Tempo, als er mich sah, und blieb etwa drei Meter entfernt stehen, näher bei ihr als bei mir. »Ich nehme nicht an, dass er sofort auf Sie zukommen wird«, sagte sie. »Aber er dürfte nichts dagegen haben, wenn Sie zu ihm gehen. Bleiben Sie nur in der Hocke.«

Ich lehnte mich vor, mit gebeugten Knien, und bewegte mich so langsam wie möglich auf ihn zu. Er schien nicht aggressiv zu sein, als er mit den anderen Hunden spielte, daher hatte ich keine Angst, dass er mich beißen würde, aber er war einfach so groß, und ich war besorgt, dass meine Nervosität ihn verscheuchen würde. »Na, na, na, großer Junge. Ist ja gut«, sagte ich. »Ich komme nur herüber, um Hallo zu sagen.« Er wich ein wenig zurück, als ich näher kam, aber er lief nicht weg.

Von Nahem betrachtet, war er Ehrfurcht gebietend. Ich wunderte mich, wie selbstbeherrscht er schien. Er starrte mir genau in die Augen, auf eine absolut außergewöhnliche Weise, mit einem Blick, der Intelligenz, aber auch vorsichtige Neugier verriet. Und da war noch etwas anderes. Obwohl er jung war (sie hatten geschätzt, dass er zwischen ein und zwei Jahren alt war), hatte er die Augen einer alten Seele, dieselben Augen, die ich auf dem Petfinder-Foto gesehen hatte.

Ich streckte vorsichtig die Hand nach ihm aus. Seine Schnauze bewegte sich einen knappen halben Meter vor meiner Hand hin und her, nahm meinen Geruch auf. Als er nicht knurrte oder vor mir zurückwich, schob ich mich vorsichtig, Stück für Stück, näher heran, bis mein Handrücken genau vor seiner Nase war.

Er war in höchster Alarmbereitschaft, bewegte sich kaum. Ich konnte das Weiße in seinen riesigen, starren Augen sehen. Er hatte den Kopf gesenkt, aber er schien entschlossen, seine Angst nicht zu sehr zu zeigen. Er sah mir noch immer genau in die Augen, während ich noch näher kam, und hielt unseren Blickkontakt aufrecht, anders als jeder Hund, dem ich je begegnet war. Es war, als wollte er mich wissen lassen, dass er mich ebenso abschätzte wie ich ihn und dass er seine eigenen Bedingungen festlegen würde. Egal, welche Vernachlässigung oder Misshandlung er erlitten hatte, diese Würde hatte er noch immer an sich. Ich spürte, wie seine Tasthaare meine Finger streiften, während er meinen Geruch aufnahm. Er starrte zu mir hoch, und seine großen braunen Augen schienen zu sagen: »Ich will dich mögen, aber ich bin mir einfach noch nicht sicher.« Ich versuchte nicht, ihn zu streicheln, sondern zog einfach meine Hand zurück, sobald er seine Schnauze abgewandt hatte. Wir sahen uns noch ein bisschen länger an, und dann entfernte ich mich von ihm und stand auf.

Die Frau rief ihre Tochter und ihre Hunde zu uns und ging mit mir ins Haus. Drinnen führte ein viel genutzter Eingangsbereich in das große Wohnzimmer. Die Hunde trotteten hinter uns herein, wobei sie überall Schnee hinterließen. »Tagsüber lasse ich das hier einfach schleifen«, sagte die Frau, während sie mit einem Nicken auf das Chaos wies. »Bevor ich ins Bett gehe, wische ich hier einmal durch. Die Pflegehunde sind im Allgemeinen nicht so lange bei mir, dass es sich lohnen würde, ihnen Manieren beizubringen.«

Der rein schwarze Neufundländer, der Hund, der am freundlichsten gewesen war, gehörte zur Familie. Das extrem gutmütige Wesen dieser Hündin hatte den Ausschlag gegeben, überhaupt erst mit den Pflegehunden anzufangen. Die Frau liebte die Rasse von ganzem Herzen und führte ihren Hund als Beispiel dafür an, wie Kong sich letztendlich verhalten könnte, sobald er sich mir geöffnet hatte. Wir tranken eine Tasse Kaffee und unterhielten uns, während ich zusah, wie sich Kong im Haus bewegte. Er erfüllte das Zimmer mit seiner Anwesenheit.

Bevor ich ihn kennenlernte, war es meine Hauptsorge gewesen, er könnte aggressiv gegenüber Menschen oder anderen Hunden sein. Aber jetzt, als ich ihn persönlich sah, wusste ich, dass Aggression kein Problem sein würde. Seine Größe hingegen schon. Er war riesig. Konnte ich ihn im Griff haben, wenn er seinen eigenen Kopf hatte? Ich hatte absolut keine Ahnung. Hier, in dieser ländlichen Umgebung, hatte er viel Platz für sich, und die Atmosphäre war wirklich ruhig und entspannt. Aber was, wenn er Reißaus nahm, sobald er in die Stadt kam? Was, wenn der Verkehr ihm Angst machte? Und was war mit dem ständigen Lärm in einem Ballungsgebiet? Was würde ich mit diesem riesigen, verängstigten Hund tun, wenn das alles zu viel für ihn war?

Ich hatte mir fest vorgenommen, ihn nicht gleich beim ersten Besuch mit nach Hause zu nehmen – ich wollte sichergehen, dass ich nichts überstürzte. Aber irgendwann im Verlauf der zwei Stunden, die ich ihn beobachtete, all den Stimmen in meinem Kopf zum Trotz, die mir sagten: »Tu's nicht!«, hörte ich mich verkünden: »Ich würde ihn gern heute mit zu mir nach Hause nehmen.«

»Heute?«, wiederholte die Frau.

»Heute. Ja. Wenn das okay ist. Er ist wunderschön, und er scheint sehr gutmütig und sanft zu sein. Ich glaube, ich kann ihm ein gutes Zuhause bieten.« Ich sah hinüber zu dem großen Hund, der jetzt in der Ecke lag und mich beobachtete. »Ab und zu im Leben brauchen wir alle jemanden, der uns hilft, uns um uns selbst zu kümmern. Warum nicht jetzt gleich damit anfangen?«

»Da gebe ich Ihnen recht«, sagte sie. »Und ich habe das Gefühl, er könnte eines Tages ein sehr guter Hund werden.«

Es gab ein paar Formulare auszufüllen. Ich setzte mich an den Küchentisch, um den Papierkram zu erledigen, und während ich das tat, ging die Frau mit meinem Hund - meinem umwerfenden schwarz-weißen Neufundländer - hinaus, damit er sich vor der Fahrt in die Stadt erleichtern konnte. Als wir beide unser jeweiliges Geschäft erledigt hatten, gab sie mir eine kurze Leine und ein Halsband und half mir, ihn auf die Rückbank meines Wagens zu verfrachten. Er war ein wenig zögerlich, aber sie redete ihm gut zu, und schließlich kletterte er vorsichtig in meinen Wagen. Ich stieg ein, nachdem er sicher untergebracht war, und als ich das Fenster herunterfuhr, um mich zu verabschieden, beugte sich die Frau vor und gab mir einen letzten Rat: »Wenn es, aus irgendeinem Grund, nicht klappen sollte, rufen Sie uns bitte an, dann nehmen wir ihn zurück«, begann sie. »Aber Sie sollten sich etwas Zeit geben, wenn Sie können. Es ist für einen Hund jedes Mal traumatisch, wenn er das Zuhause wechselt. Er wird sich nicht über Nacht in das perfekte Haustier verwandeln. Seien Sie geduldig. Warten Sie ab, warten Sie einfach ab.« Komisch, dass sie das sagte, denn mein Großvater pflegte genau dasselbe zu meinem Bruder und mir zu sagen, als wir Kinder waren: »Wartet ein bisschen ab. Wartet einfach ein bisschen ab. Versucht, nichts zu überstürzen. Macht die Dinge richtig, dann werden die guten Dinge schon zu euch kommen.«

Ich nickte und bedankte mich bei ihr, fuhr das Fenster hoch und machte mich auf den Heimweg.

Als wir aus der Auffahrt auf die Straße einbogen, warf ich einen Blick nach hinten, um mich zu vergewissern, dass mit ihm alles okay war. Ich war absolut verblüfft von seiner schieren Größe. Er nahm die ganze Rückbank ein. Es erinnerte mich an diese Szene in dem Film *Der weiße Hai,* als die Leute den Hai zum ersten Mal sehen und Roy Scheider sagt: »Wir werden ein größeres Boot brauchen.« Ich würde einen größeren Wagen brauchen.

So nervös Kong vor einer Weile auch gewesen war, jetzt duckte er sich nicht und winselte nicht. Er saß still da und starrte geradeaus durch die Windschutzscheibe. Ich sah zurück zu der Frau und ihrer Tochter und winkte, während wir wegfuhren. Ich wunderte mich, dass der Hund nicht zurücksah. Er hatte nur Augen für das, was vor ihm lag. Ich dachte unwillkürlich an Jane an dem Abend, an dem sie ging: Auch sie sah nie zurück.

Während ich fuhr, schossen mir eine Million Gedanken durch den Kopf. Wo würde dieser Hund schlafen? Was, wenn er bellte und die Nachbarn in den Wahnsinn trieb? Was für Essen mochte er? Der Refrain, zu dem mein Verstand immer wieder zurückkehrte, war: »Oh, mein Gott. Ich habe mir eben einen 140 Pfund schweren Hund zugelegt. Was zum Teufel tue ich hier eigentlich?«

Die andere Sache, die mir keine Ruhe ließ, war der Name, den die Pflegefamilie diesem Tier gegeben hatte. Kong. Abgesehen davon, dass er groß war, passte er überhaupt nicht zu ihm. Es war ein Scherzname, als wäre er eine Jahrmarktsattraktion oder Teil einer Freakshow. Ich konnte es nicht über mich bringen, ihn so zu nennen. Die Frage war, wie würde sein Name lauten?

»Wie sollen wir dich nennen, großer Junge?«, fragte ich, während ich im Rückspiegel einen Blick auf ihn warf. Er schwieg auf der ganzen Fahrt und starrte einfach geradeaus durchs Fenster.

SECHS

Zwei Stunden später, nach einer Rückfahrt, die weitaus leichter als die Hinfahrt, aber aufgrund meines neuen Gefährten auf der Rückbank von einer anderen Art Anspannung erfüllt war, waren wir zu Hause. Oder zumindest ich war zu Hause. Der Koloss auf der Rückbank war in einem sehr fremden Land, einem voller strahlend heller Lichter, eng zusammenstehender Häuser und schnell fahrender Autos. Er bellte nicht, gab überhaupt keinen Laut von sich, aber er schwenkte den Kopf hin und her, sobald wir uns der Stadt näherten.

Anstatt nach hinten in die Garage zu fahren, parkte ich vor meinem Haus. Ich hielt an fast genau derselben Stelle, an der Jane gehalten hatte, als sie mir sagte, dass sie mich verlassen würde. Es war das erste Mal, dass ich dort parkte, seit sie gegangen war. Ich schaltete den Motor aus und drehte mich zu dem Hund auf der Rückbank um. Sein riesiger Kopf war jetzt gesenkt, und er sah mit seinen großen braunen Augen zu mir hoch, als wollte er sagen: »Bitte tu mir nichts.« Zum ersten Mal, seit mich dieser ganze »Leg-dir-einen-Hund-zu«-Drang erfasst hatte, empfand ich Traurigkeit. Ich empfand Mitleid mit diesem Geschöpf. Was, wenn ich ihm kein Gefühl von Sicherheit und Geborgenheit vermitteln konnte? Wenn ich das nicht einmal für mich selbst tun konnte, wie konnte ich es dann für ihn tun?

»Ist ja gut, großer Junge. Ich werde dir nichts tun«, sagte ich ein paarmal, während ich langsam einen Arm ausstreckte, um ihn an meiner Hand schnuppern zu lassen. Er ließ sich von mir sanft die Ohren kraulen, aber seine Ängstlichkeit ließ nicht nach. »Gehen wir in den Park. Ich möchte wetten, du musst etwas erledigen.« Das war ein Satz, den ich in den Tagen, Wochen, Monaten und Jahren, die vor mir lagen, immer und immer wieder sagen würde.

Ich klappte den Vordersitz meines zweitürigen Sportcoupés nach vorn, vermutlich der schlechteste Wagen, den ich für einen solch großen Hund haben konnte, und schlang mir die Leine, die Newf Friends mir zur Verfügung gestellt hatte, fest um die Hand. »Auf geht's, großer Junge. Auf geht's zu unserem ersten Spaziergang.« Ich zeigte auf die geöffnete Tür, und er beugte sich vor. Seine riesige Nase zuckte, als er zum ersten Mal Großstadtluft schnupperte. Vielleicht eine Minute später setzte er unbeholfen eine Pfote auf den Boden vor der Rückbank und gleich darauf eine andere auf die Straße. Er sah sich zögernd um und sprang dann auf die Straße hinaus. Dann starrte er zu mir hoch. »Braver Junge! Siehst du, alles gut! Gehen wir.«

Ich führte ihn über die Straße in den Park. Um ganz ehrlich zu sein, bin ich mir nicht sicher, wer wen führte. Er war nicht gänzlich unbeherrschbar, aber er war es eindeutig nicht gewohnt, an einer Leine zu gehen, und er bewegte sich im Grunde von einem Geruch zum nächsten und zerrte mich dabei hinter sich her. Schließlich blieb er an einem Laternenpfahl stehen und schnupperte aufgeregt, während er den Pfahl umkreiste, und dann hob er verblüffend lange das Bein – geschlagene 15 oder zwanzig Sekunden. Ich hatte nicht einmal Rennpferde so viel pinkeln sehen, geschweige denn einen Hund. Dann zog er mich noch ein bisschen weiter und schnupperte über dem schneebedeckten Boden, bis er auf einmal stehen blieb, in die Hocke ging und mir meinen ersten Blick auf eine weitere Tatsache gewährte, die es bedeutete, einen riesigen Hund zu besitzen. Ich hatte eine Plastiktüte dabei (zum Glück war es eine Einkaufstüte, nicht eine dieser winzigen, die es in Tierhandlungen zu kaufen gibt), und während ich mich bückte, um hinter ihm her zu putzen, ging mir wieder die Frage durch den Kopf: »Was zum Teufel mache ich eigentlich mit dir?« Ich stellte die Frage laut, während ich versuchte, diesen Koloss von einem Hund zu einem Abfalleimer zu lotsen, um die gefährlich volle Tüte loszuwerden. Er lief kreuz und quer, riss mich fast um, während er Geruchsspuren im Schnee folgte. Ich bin 1,86 Meter groß und bringe gut 95 Kilo auf die Waage, und ich habe beim Eishockeyspielen mehr als genug Bodychecks, Schläge und Rempeleien eingesteckt. Aber mein Spaziergang im Park mit diesem Hund war alles andere als ein lässiger Spaziergang. Obwohl er untergewichtig war, war dieser Hund einfach unglaublich stark.

»Hey!« Ich zog an der Leine, um seine Aufmerksamkeit zu bekommen. Er blieb eine Sekunde stehen, wandte sich um und warf mir einen Blick zu, der besagte: »Was willst du?« Fortschritt! Ich hatte endlich seine Aufmerksamkeit bekommen. Aber bevor ich allzu selbstzufrieden werden konnte, lief er bereits in eine andere Richtung davon und zerrte mich hinter sich her.

Der große Hund schleifte mich noch ein bisschen länger durch den Park, bis ich uns schließlich zurück zu meinem Haus lotste. Es wurde allmählich kalt und schneite immer mehr, und es war Zeit, ihn mit seinem neuen Zuhause vertraut zu machen. »Hier sind wir, großer Junge«, sagte ich, während wir den kurzen Fußweg zur Haustür hochgingen. Ich sah zu ihm hinunter, in der Hoffnung, dass er mir fröhlich zubellen und eifrig mit dem Schwanz wedeln würde, wie in den *Lassie*-Folgen, die ich als Kind gesehen hatte. Stattdessen blieb er wie angewurzelt stehen und bewegte sich keinen Schritt weiter.

»Na komm schon. Es ist Zeit. Dir wird nichts passieren«, sagte ich. Widerstrebend folgte er mir die drei Stufen hoch auf die Eingangsveranda, und ich forderte ihn auf, sich zu setzen, während ich mit meinen Schlüsseln hantierte. Natürlich setzte er sich nicht.

Stattdessen stand er reglos und unsicher da, während ich die Tür öffnete. »Hier sind wir. Hier ist dein neues Zuhause.«

Er beäugte mich, als wollte er sagen: »Was soll ich machen?«

»Na schön. Ich gehe voran«, sagte ich und trat über die Schwelle. »Es ist absolut sicher. Na komm schon.« Und mit diesen Worten standen wir in der Diele. Aber kaum hatte ich gesagt, dass es sicher war, stolperte ich über die Sporttasche, die ich neben der Tür hatte stehen lassen. Ich fiel nicht hin, aber mein plötzlicher Satz nach vorn erschreckte den armen Hund, und er kauerte sich auf den Boden. »Entschuldige«, sagte ich sanft. »Es ist alles gut mit dir. Ich habe nur eben für einen Moment das Gleichgewicht verloren.«

Ein sehr unsicherer Blick traf mich. Ich setzte mich neben dem riesigen Fellknäuel auf den Boden und nahm ihm langsam die Leine ab. »Alles ist gut. Du kannst herumlaufen, dich umsehen – aber hier drin wird nicht gepinkelt!« Es war ein Witz, aber ich meinte es natürlich ernst – nicht dass er das falsch verstand.

Da ich mir vorgenommen hatte, bei meinem ersten Besuch keinen Hund mit nach Hause zu bringen, hatte ich nichts unternommen, um das Haus hundesicher zu machen. Mein Haus hatte keinen Wischmopp oder Besen mehr gesehen, seit die Ehrenamtliche hier gewesen war, um es zu begutachten, und die leeren Pappteller hatten sich in fast allen Zimmern im Erdgeschoss wieder ausgebreitet. Ich stand auf und begann, aufzuräumen.

Ich behielt den großen Hund im Auge, während ich alte Pizzaschachteln und Reste von chinesischem Essen, leere Saftpackungen und Bierflaschen einsammelte. Er schlich vom Eingang ins Wohnzimmer, schnupperte vorsichtig am Boden und an den Möbeln. Für ein solch riesiges Geschöpf konnte er erstaunlich sachte umhertappen. Während ich ihn beobachtete, tat er umgekehrt dasselbe, verfolgte meine Bewegungen aus dem Augenwinkel und ging mir aus dem Weg, so gut er konnte. Wenn ich mich ihm auf mehr als ungefähr zwei Meter näherte, wich er zurück. Es war, als wären wir beide magnetisiert, um ständig denselben Abstand zwischen uns zu wahren.

In der Beengtheit meines Zuhauses schien er noch massiger, und jedes Mal, wenn er ein Zimmer betrat, schien er es vollständig auszufüllen. In einem Versuch, ihm das Haus zu erschließen, schob ich ein paar Möbel hin und her, und er erkundete den neuen Raum mit gesenktem Kopf, während seine Nase Überstunden machte.

Als er eben etwas ruhiger wurde und sich mit ein bisschen mehr Zielstrebigkeit zu bewegen begann, sorgte das laute Klingeln meines Handys dafür, dass er zusammenzuckte und sich unter dem Esszimmertisch versteckte – der natürlich kleiner war als er. Ich schnappte mir rasch mein Handy und stellte den Klingelton aus, während ich nachsah, wer es war: Matt, der zweifellos anrief, um zu fragen, wie der Besuch bei der Pflegestelle verlaufen war. Ich würde ihn später zurückrufen. Jetzt musste ich erst einmal diesen Riesen unter dem Tisch hervorlocken. »Das ist nur ein Handy«, sagte ich. »Es ist nichts, wovor du Angst haben musst.« Ich hielt ihm das Handy hin, damit er es sehen konnte. Er fing meinen Blick auf, aber seine Körpersprache sagte: »Bleib weg«, daher tat ich es. Ich ging ins Wohnzimmer und setzte mich. Ich schaltete den Fernseher ein, bei leiser Lautstärke. Schließlich beruhigte er sich, legte sich auf den Boden und beobachtete mich aus der Ferne. Das hier würde eine Weile dauern, und ich musste geduldig sein, rief ich mir in Erinnerung.

In diesem Moment wurde mir bewusst, wie schlecht ich vorbereitet war, ich hatte nicht einmal Hundefutter im Haus. Da ich das gröbste Chaos beseitigt hatte, beschloss ich, rasch zu einer Tierhandlung zu fahren, und da ich den Hund noch nicht allein im Haus lassen wollte, musste ich ihn wohl oder übel mitnehmen.

Auf der Farm hatte mir die Pflegefrau geholfen, ihm die Leine anzulegen, und das einzige andere Mal, dass ich sie ihm anlegen musste, war in der Beengtheit der Rückbank meines Wagens gewesen. Jetzt ging ich in die Hocke und bewegte mich langsam auf ihn zu, während ich die Leine vor mir ausgestreckt hielt. »Zeit für noch eine kurze Autofahrt«, sagte ich. »Du musst doch Hunger haben.« Er schien kurz davor, Reißaus zu nehmen, und wenn er vor mir hätte davonlaufen können, dann hätte er es getan, aber es gab keinen Ort, an den er flüchten konnte. Widerstrebend, mit gesenktem Kopf, während er mich die ganze Zeit misstrauisch beäugte, ließ er mich die Leine an seinem Halsband befestigen, und wir gingen zur Tür hinaus. Es war so offensichtlich, dass er nicht gehen wollte, aber was sollte ich tun? Ich führte ihn hinaus und öffnete die Wagentür, um ihn einsteigen zu lassen. Nach ein bisschen gutem Zureden sprang er auf die Rückbank.

Während mein neuer Hund aus dem Fenster starrte und die Sehenswürdigkeiten in sich aufnahm, fuhr ich zu einer großen Tierhandlung. Hunde waren in dem Geschäft erfreulicherweise erlaubt, aber als wir es betraten, regten sich Zweifel in mir, ob es wirklich eine so gute Idee war, mit einem Hund, der offensichtlich kaum sozialisiert war, hier hereinzukommen. Sobald wir das Geschäft betraten, wurde er mit hundefreundlichen Anblicken und Gerüchen bombardiert. Vermutlich war er zum ersten Mal in einem solchen Geschäft, und er war wie ein Kind an Weihnachten. Er begann prompt, mich zu den Hundekauknochen zu zerren, die geschickt auf Hundehöhe angeboten wurden. Er schnappte sich einen, bevor ich irgendetwas sagen oder tun konnte, um ihn davon abzuhalten. Während ich entschieden »Nein« sagte und ihm das Spielzeug sanft aus dem Mund zu ziehen begann, ließ er den Hundekauknochen fallen und stürzte sich stattdessen auf einen riesigen Plüsch-Donut. Sobald er fest zwischen seinen Zähnen steckte, zog er mich weiter durch den Gang. Mir fiel auf, dass Leute uns anstarrten. Es war mir ein bisschen peinlich, von einem riesigen Hund mit einem Donut im Maul durch die Gänge geschleift zu werden.

Glücklicherweise schaltete sich eine Angestellte ein. »Sie sehen aus, als ob Sie ein bisschen Hilfe gebrauchen könnten«, sagte sie.

Ich würde gar nicht erst versuchen, cool zu sein. Ich nickte nur ein verzweifeltes Ja.

»Das ist aber ein schöner Hund. Wie heißt er denn?« Ich erklärte rasch, dass er ein Nothund sei, dass ich ihn eben erst bekommen hatte und er noch keinen Namen hatte. In der Zwischenzeit setzte sich Kong seelenruhig neben die Frau, den Donut noch immer zwischen den Zähnen, und ließ sich von ihr den Kopf kraulen. Die Dame auf der Farm hatte recht gehabt: Bei Frauen fühlte er sich eindeutig wohler als bei Männern.

Ein paar andere Kunden im Geschäft hatten ihren Einkauf unterbrochen und sahen bei dem zu, was sich rasch zu einem Spektakel entwickelte. Ich versuchte, aufs Geschäftliche zurückzukommen. »Ich dachte, vielleicht könnten Sie mir helfen, ein paar Dinge für eine Grundausstattung auszusuchen – einen Futternapf, eine Wasserschale, hochwertiges Futter, ein paar Leckerlis ... Und ich nehme an, wir nehmen diesen riesigen Donut«, sagte ich, als ich bemerkte, wie viel Speichel inzwischen an ihm klebte.

»Sehr gern«, sagte sie. »Lassen Sie mich am besten die Leine halten.« Ich reichte sie ihr, und sie sah hinunter auf den riesigen Hund. »Komm mit mir mit, schöner Junge«, sagte sie. Bei diesen Worten folgte Kong ihr hinüber zu der Leinen-und-Halsband-Abteilung, während ich hinter den beiden hertrottete. Sie wählte ein Halsband aus (das größte, das sie hatten) und legte es ihm mühelos um den Hals. Kong gefiel es ganz offensichtlich, die Verkäuferin in seiner Nähe zu haben, und ich war mir ziemlich sicher, dass er sich von mir niemals irgendetwas so um den Hals hätte legen lassen, wie er es bei ihr tat.

»Versuchen Sie es damit«, sagte sie, während sie mir die Leine reichte. Ich folgte ihr durch das Geschäft, und obwohl Kong mich durch die Gänge zu schleudern versuchte, half das neue Halsband eindeutig, um ihn ein bisschen besser unter Kontrolle zu halten. Als wir zur Hundefutterabteilung kamen, sagte ich: »Er ist noch immer viel zu dünn, und ich bin auf der Suche nach einem richtig guten Futter, das ihm helfen wird, Gewicht zuzulegen.«

»Natürlich«, sagte die Frau. »Ich habe hier ein paar Dinge zur Auswahl, die genau das Richtige wären.« Sie erläuterte mir eingehend die verschiedenen Optionen, und ich entschied mich für einen großen Beutel Premiumfutter, das einen hohen Proteinanteil, organische Zutaten und keine Zusatzstoffe enthielt. Als Nächstes wählten wir eine große Edelstahl-Wasserschale und einen ebensolchen Fressnapf aus. Ich fand, er sollte auch sein eigenes Bett haben, einen warmen, weichen Platz zum Schlafen. Das Problem war, obwohl es davon eine ganze Reihe gab, waren nicht viele groß genug. Tatsächlich hatte nur ein einziges Neufi-Größe, und es sah aus (und kostete so viel) wie eine hochwertige Matratze. Ich nahm es vom Regal und legte es auf den Boden.

»Na komm. Setz dich auf dein neues Bett.«

Er würdigte es keines Blickes.

»Vermutlich ist er zu abgelenkt, um sich hinzulegen«, sagte die Frau in einem Versuch, mich aufzumuntern. »Aber ich bin sicher, bei Ihnen zu Hause wird er es benutzen«, ergänzte sie. »Und es ist wirklich nett von Ihnen, dass Sie ihm ein schönes Bett bieten wollen.«

Zusammen hoben wir es auf und schleppten es zur Kasse. Leider bekam ich das Bett nicht in den kleinen Kofferraum meines Wagens, daher musste ich es auf die Rückbank quetschen und dann den Hund, der ohnehin schon misstrauisch gegenüber beengten Räumen war, bitten, sich darauf zu setzen. Er weigerte sich, hinten einzusteigen, und ließ mir keine andere Wahl, als ihn vorn sitzen zu lassen. Sobald ich die Beifahrertür öffnete, kletterte er hinein und starrte geradeaus. Sein Kopf überragte meinen und berührte fast das Dach des Wagens. Wir sahen lächerlich aus, wie eine komische Zirkusnummer. Ich betete, wir mögen auf dem Nachhauseweg nicht von der Polizei angehalten werden. Zum Glück wurden meine Gebete erhört.

Wieder zu Hause angekommen, ließ ich das Bett in der Eingangsdiele stehen, nachdem er einfach an ihm vorbei ins Wohnzimmer gelaufen war. Ich brachte die Schalen in die Küche, füllte eine davon mit Wasser und stellte sie genau vor dem Türrahmen hin. Er lag am anderen Ende des Wohnzimmers und beobachtete mich, den Kopf auf dem Boden, zwischen die Vorderpfoten gesteckt. Er hatte die Augenbrauen hochgezogen, und seine großen, herabhängenden Augen waren hellwach. Trotzdem konnte ich die Bedeutung seiner Körpersprache nicht ganz lesen. Wenn Hunde Karten spielen könnten, wäre er ein exzellenter Pokerspieler.

»Hast du Durst?«, fragte ich, noch immer neben der Wasserschale kauernd.

Schweigen.

»Hast du Hunger?«

Keine Reaktion.

Ich ging zurück in die Diele und holte den Beutel mit Hundefutter. In der Küche schnitt ich ihn auf und fand einen angeschlagenen Becher, der nur darauf wartete, als Hundefutter-Schaufel wiedergeboren zu werden. Ich füllte den Napf und schlurfte dann zögernd damit ins Wohnzimmer. »Zeit fürs Abendessen«, sagte ich, während ich den Napf schüttelte. Bei dem Geräusch spannte er sich an, als würde er sich bereitmachen, aufzuspringen und wegzulaufen. Ich hatte noch nie von einem Hund gehört, der dem Geräusch von Trockenfutter, das in einen Napf geschüttet wurde, widerstehen konnte – aber dieser Hund war anders. Ich stellte den Napf auf dem Boden ab. Dann ging ich ein paar Schritte rückwärts, um ihm etwas Privatsphäre zu lassen. »Nur zu«, sagte ich. »Du kannst jetzt fressen.«

Er verharrte reglos.

Ich wartete und wartete. Und dann wartete ich noch ein bisschen länger. Der Hund fixierte mich mit einem starren Blick, der sagte: »Ausgeschlossen. Keine Chance.« Es war, als hätte ich eine Schachtel mit Nägeln auf den Boden gestellt, keine Schale mit schmackhaftem Futter. Ich wartete noch ein bisschen länger, und schließlich lenkte ich ein. »Okay. Na schön. Wie du willst. Ich lasse den Napf einfach dort stehen, und du kannst fressen, wann immer du willst.« Ich ging wieder in die Küche. Und erst als ich ihm den Rücken zugewandt hatte, während ich nach einem Platz suchte, um das Hundefutter zu verstauen, hörte ich das Geräusch dieser riesigen Pfoten, die den Wohnzimmerboden überquerten und innehielten. Pause. Ein paar Sekunden später das verräterische Geräusch: das Knurpsen von Trockenfutter. Musik in meinen Ohren. Ich stand mucksmäuschenstill da und lauschte, voller Angst, ich könnte ihn, wenn ich eine Schranktür zu laut schloss oder mich bewegte, erschrecken und er würde aufhören, zu fressen.

Während ich so dastand und lauschte, dachte ich an Jane, die Hunde liebte. Ich wusste, dass sie ihn auf den ersten Blick ins Herz schließen würde. Und ich fragte mich unwillkürlich, ob sie sich, anders als ich, auf Anhieb mit ihm verstehen würde, so wie sie es mit fast allen, die sie kennenlernte, tat. Tatsächlich hatte ich meine erste Begegnung mit der Neufundländer-Rasse, als ich mit Jane in den Flitterwochen war. Wir waren in Paris und zum Eiffelturm gefahren, um ihn zu besichtigen. In dem Park am Fuß des Turms führte eine ältere Frau einen sanft schwankenden Berg aus schwarzem Fell spazieren. Jane war völlig hin und weg von dem Hund, und wir stürzten hinüber, um mit der Besitzerin zu reden. Zehn Minuten lang malträtierten wir die französische Sprache, während wir uns beide hinknieten und das majestätische Tier tätschelten. Er war sanft und liebevoll und lehnte sich an unsere Beine und in unsere Hände. Jane war so gerührt, dass sie mich am Arm packte und mit strahlenden Augen zu mir hochsah, die sagten: »Ist das nicht einer der schönsten Hunde, die du je gesehen hast?« Wenn ich sie jetzt anrief und ihr sagte, dass ich mir einen Hund zugelegt hatte, vielleicht würde sie dann ... – ich bremste mich, bevor ich den hoffnungslosen Gedanken zu Ende führen konnte. Ich verstaute den Beutel mit Hundefutter sorgfältig in einem Schrank und schloss rasch die Tür.

Draußen im Wohnzimmer konnte ich das *knurps-knurps-knurps* noch immer hören. Ich konnte nicht länger widerstehen. Ich schlich auf Zehenspitzen zum Eingang und spähte hinein. Das Geräusch brach ab, noch bevor ich den Türrahmen verlassen hatte. Er lag vor seinem Napf und wandte das Gesicht mit ängstlicher Miene zu mir hoch.

»Tut mir leid«, entschuldigte ich mich. Warum will er vor mir nicht fressen?, fragte ich mich. Aber wenigstens frisst er.

Oder er fraß. Als ich zurück in die Küche ging und begann, mir selbst etwas zu essen zu machen, hörte ich, wie er aufstand und sich von dem Napf entfernte.

Ich wärmte mir ein paar Reste auf und wagte mich mit meiner Mahlzeit wieder zurück ins Wohnzimmer. »Ist es okay, wenn ich reinkomme?« Er lag in einer Ecke des Raums, in höchster Alarmbereitschaft, den Kopf erhoben und die Brust gereckt. Vielleicht war er nicht bereit, vor mir zu fressen, aber ich würde vor ihm essen. Ich konnte seine Augen auf mir spüren, als ich mir die Gabel an den Mund führte, aber jedes Mal, wenn ich ihn ansah, wandte er den Blick ab. Nachdem ich ein paar Bissen gegessen hatte, stand er auf und verließ das Zimmer. Wieder ein Abendessen allein, dachte ich.

Dieses Verhalten hatte für mich etwas zutiefst Verwirrendes. Was sollte einem Hund Angst davor machen, vor einem Menschen zu fressen? Die Antworten, die mir durch den Kopf gingen, steigerten meine Besorgnis darüber, wie dieses Tier womöglich behandelt worden war.

Während ich aß, lauschte ich darauf, wie Kong im Hause umherschlurfte und es ohne mich erkundete. Es war verblüffend. Er war erst seit ein paar Stunden ein Teil meines Lebens, und doch fühlte sich bereits alles anders an. Selbst wenn er nicht in meinem Blickfeld war, war die Stimmung im Haus anders. Es war ... nicht mehr leer. Es war bewohnt. Es war voll. Voller Leben. Was nicht heißen soll, dass es gänzlich angenehm war. Eine gewisse Anspannung und ein bisschen Ängstlichkeit herrschten zwischen diesem Neuankömmling und mir. Trotzdem, es war aufregend, seine Gegenwart zu spüren, und es war nett, etwas – irgendetwas – zu haben, was mich aufregte. Zum ersten Mal, seit Jane gegangen war, hatte ich Gesellschaft. Und es fühlte sich toll an.

Als ich aufgegessen hatte, holte ich das Hundebett aus der Diele, trug es nach oben und legte es in eine Ecke meines Schlafzimmers. Ich rief den Hund, damit er hochkam und es sich ansah, was sich ein bisschen seltsam anfühlte, da ich noch keinen Namen für ihn hatte. Er kam ans untere Ende der Treppe und starrte zu mir hinauf, stieg sie aber nicht hoch.

»Na komm schon, Kumpel. Komm schon hoch.« Er sah sich um, tat ein oder zwei Schritte, aber dann senkte er den Kopf und blieb stehen. Ich stieg die Treppe hinunter, und er wich zurück, um denselben Abstand zwischen uns zu wahren. Ich holte seine Leine von dem Haken neben der Tür, an den ich sie gehängt hatte, und ging zu ihm hinüber. Er ließ sie sich anlegen und sich von mir die Treppe hochführen. Oben angekommen, sagte ich: »Willkommen im ersten Stock«, und nahm ihm die Leine ab.

Anfangs rührte er sich nicht.

»Du kannst dich ruhig umsehen. Achte nicht auf die Unordnung.«

Er hielt die Nase an den Boden und schnupperte einmal kurz. Dann bewegte er sich langsam vom Treppenabsatz in den Flur. Ich ging in mein Schlafzimmer, setzte mich auf mein Bett und lauschte, während er im Bad und im Gästezimmer herumschnupperte. Schließlich sah ich einen riesigen Kopf im Türrahmen meines Zimmers auftauchen. »Hey, großer Junge«, sagte ich. »Das hier ist das Schlafzimmer. Du kannst jederzeit hier abhängen, wenn du willst.«

Er schnupperte an der Luft, als würde er nach Hinweisen suchen. Ich war fasziniert davon, wie sehr seine Nase zuckte.

»Willst du dich vielleicht in dein neues Bett legen? Es ist hübscher als meines, das heißt, wenn es dir nicht gefällt, können wir gern tauschen.« Er verstand meinen Humor nicht und starrte mich nur an, unnahbar, unergründlich. Ich hätte viel Geld dafür gegeben, zu wissen, was ihm in diesem Augenblick durch den Kopf ging. Nach einer Weile ging er wieder hinunter, und ein oder zwei Minuten später folgte ich ihm.

Der Rest des Abends verlief wie in Zeitlupe. Ich war so vertieft in ihn, dass mir jede noch so winzige Bewegung bedeutungsvoll erschien. Irgendwann rief ich Matt zurück.

»Ich weiß nicht, Matt«, sagte ich. »Ich glaube, es läuft ganz okay, aber ich weiß nicht, ob er mich besonders mag.«

»Kannst du ihm das verdenken?«, witzelte Matt.

»Schönen Dank auch, Kumpel.«

»Entspann dich. Das wird schon noch. Erdrücke ihn nur nicht, indem du ständig sagst: ›Ich bin dein bester Freund, ich bin dein bester Freund.‹«

War es das, was ich tat? Vielleicht. Vermutlich. Ja.

»Lass ihm Zeit, seine eigenen Schlüsse zu ziehen«, sagte Matt. »Genau das habe ich dich auch tun lassen, als ich dir vorgeschlagen habe, dir einen Hund zuzulegen. Du hast dir Zeit gelassen und bist dir selbst darüber klargeworden. Und letztendlich wird er dasselbe tun.«

Es war ein guter Rat. Übertriebene Aufmerksamkeit würde nur Stress für ihn bedeuten. Aber diese Logik widersprach jeder Faser meines Wesens. Ich sah ein Geschöpf, das verängstigt und aufgewühlt war, und alles, was ich wollte, war, ihn zu umarmen und ihm zu versichern, dass von jetzt an alles gut sein würde.

»Okay, Matt«, sagte ich. »Vielen Dank.«

»Keine Ursache. Wir sehen uns im Büro.«

Nachdem ich aufgelegt hatte, redete ich es mir aus, noch einmal nach dem Hund zu sehen, und schaltete stattdessen den Fernseher ein. Ein paar Minuten später stand er in der Tür. Er sah mich kurz an, dann kam er ins Zimmer und legte sich auf der gegenüberliegenden Seite hin. Ich saß auf dem Boden, nicht auf der Couch, in der Hoffnung, dass er zu mir herüberkommen würde. Er tat es nicht. So verharrten wir eine Weile. Irgendwann stand ich auf, um mir ein Glas Wasser zu holen, und er zuckte erschrocken zusammen.

»Ist ja gut, ist ja gut! Alles ist gut.« Natürlich sagte ich es viel zu laut – und machte damit alles nur noch schlimmer.

Ich kam mit meinem Wasser zurück, und der Hund lief eine Weile auf und ab. Dann tauchte dieser riesige Kopf wieder an der Türschwelle auf. Mein Neufi überquerte sie und suchte sich einen neuen Platz im Wohnzimmer, ließ sich vorsichtig nieder, als sei er sich nicht sicher, ob es ungefährlich war.

»Du kannst dich hinsetzen, wo immer du willst«, sagte ich. Ich sah zu ihm, anstatt auf den Fernseher, und schließlich schlief er ein. Selbst im Schlaf schien er sich unbehaglich zu fühlen. Er hatte die Hinterbeine unter sich angezogen, und sein Kopf ruhte auf seinen Vorderpfoten. Dieser Hund war physisch so eindrucksvoll, von außergewöhnlicher Schönheit und Ausstrahlung, aber wie er seine Grundbedürfnisse befriedigen sollte, war ihm ein Rätsel: wie er fressen, wem er vertrauen, wann und wo er schlafen sollte. Selbst als er schlief, wollte ich am liebsten die Hände ausstrecken und ihn umarmen. Aber ich tat es nicht.

Stattdessen ging ich nach oben und ins Bett. Er folgte mir nicht. Ich pfiff von meinem Zimmer aus nach ihm. Er kam nicht. Aber nach vielleicht einer Stunde hörte ich das Kratzen seiner Krallen am Fuß der Treppe, und dann hörte ich, wie er sie hochstieg. Einen Augenblick später tauchte er im Türrahmen meines Schlafzimmers auf. »Hey, großer Junge«, sagte ich. »Nur herein mit dir.«

Mit gesenktem Kopf und schwankendem Gang kam er ins Zimmer und sah zu mir hoch, als würde er über den Rand einer Lesebrille äugen – eine Miene, die ich später als eine seiner charakteristischen Eigenheiten ansehen würde. Er ging an seinem teuren Hundebett vorbei in die Zimmerecke gegenüber seinem Bett und ließ sich auf den harten Boden fallen. Es war ein Durchbruch. Ich wollte auf ihn zustürzen und ihm sagen, was für ein braver Junge er war, aber ich tat es nicht. Ich verharrte völlig reglos, die Decke bis zum Kinn hochgezogen, und lächelte vor mich hin. Und irgendwann schliefen wir beide ein.

SIEBEN

Als ich am nächsten Morgen aufwachte, war er immer noch da. »Hey«, rief ich ihm zu. »Hey, Kumpel.« Er war wach, aber er blieb, wo er war, und beobachtete mich, während ich aus dem Bett stieg und auf ihn zuging. Ich bückte mich und streckte die Hand aus, damit er an ihr schnuppern konnte. Nach ein paar Sekunden ließ er mich noch etwas näher kommen, und ich kraulte ihm sanft den Kopf. »Und, hast du gut geschlafen?« Er schien weniger angespannt als am Tag zuvor, aber seine Augen waren noch immer weit aufgerissen und argwöhnisch. »Bereit für einen Morgenspaziergang?«

Ich ging die Treppe hinunter, und vielleicht eine Minute später hörte ich, wie der große Hund ebenfalls herunterkam. Ich packte mich warm ein, und dann legte ich ihm langsam die Leine an, was er geschehen ließ, ohne zurückzuweichen. Wir gingen hinaus, und ich wartete immer wieder in der Kälte auf ihn, während er an Büschen, Laternenpfählen und Bäumen schnupperte, Stellen fand, die ihm gefielen, und seine Botschaften an die Welt verfasste. Er wusste nicht besser, wie man an einer Leine ging, als ich wusste, wie ich ihn führen sollte. Er zog mich von einem Geruch zum nächsten. Ein paar andere Hundebesitzer beobachteten das Schauspiel mit hochgezogenen Augenbrauen, aber im Großen und Ganzen verlief unser zweiter Spaziergang erfolgreich. Keine Knochenbrüche und kein ausgebüxter Hund. In dieser frühen Phase erschien mir das als echte Leistung.

»Gut gemacht, großer Junge«, sagte ich, während ich die Haustür aufsperrte. Sobald wir wieder in dem warmen Haus waren, setzte er die Inspektion seiner neuen Umgebung fort. Ich füllte seinen Napf mit Futter und rief ihn, schüttelte den Napf, damit er hören konnte, dass er voll war. Er blieb stehen, um mich zu beäugen, als ich den Napf auf dem Küchenboden abstellte, kam jedoch nicht näher. »Hier ist dein Frühstück«, ergänzte ich fröhlich, als wäre ich eine Bedienung in einem Diner, die auf ein dickes Trinkgeld aus ist. Ich habe Freunde mit Hunden, die vor Aufregung springen, wenn ihr Futter eingefüllt wird, als ob die Essenszeit der aufregendste Moment des Tages ist. Aber nicht so dieser Bursche. Nichts. Nicht einmal ein winziges Schwanzwedeln. Nur zwei große, unergründliche Augen, die mich anstarrten.

»Okay. Wie du willst. Es steht hier, falls du Hunger hast«, sagte ich. Dann ging ich nach oben, um zu duschen. Als ich ein paar Minuten später wieder herunterkam, stand er noch immer fast an derselben Stelle. Er hatte den Kopf gesenkt, und seine großen braunen Augen betrachteten mich ängstlich. »Was denn? Was ist passiert?«, fragte ich, und dann sah ich, dass die Hälfte des Futters in seinem Napf fehlte. »Braver Junge«, sagte ich. »Essen ist gut. Genau das sollst du tun. Braver, braver Junge.« Und doch blieben diese misstrauischen Augen unverändert.

Wir verbrachten den restlichen Tag, einen kalten und stillen Wintersonntag, im Haus damit, umeinander zu schleichen. Ich versuchte mehrmals, ihn zu überreden, sich neben mich zu setzen, aber er beäugte mich, als wollte er sagen: »Ich bleibe lieber, wo ich bin, schönen Dank.« Ich konnte es nicht persönlich nehmen. Auch wenn er nach wie vor Abstand hielt, erfüllten dieselben Gefühle, die ich am Abend zuvor gehabt hatte, meine Brust: dass es so wohltuend war, ihn im Haus zu haben, und dass er eine solch gute Gesellschaft war, auch wenn er ein bisschen reserviert war. Wieder wusste ich zu schätzen, dass das Haus nicht mehr leer war, und anstatt über Janes Abwesenheit nachzugrübeln, dachte ich über diesen Hund nach. Es war eine spürbare Veränderung für mich, so anders und fremdartig, wie es für den großen Hund gewesen sein muss, auf meinem Boden zu liegen.

Ich beschloss, eine Freundin einzuladen, um ihr meinen neuen Hund vorzustellen. Als sie kam, saß ich im Wohnzimmer und las, der Hund saß in der hinteren Ecke. Sie klopfte an die Tür, und das war der Moment, in dem ich ihn zum ersten Mal bellen hörte – ein tiefes, unglaublich lautes Bellen –, und mir rutschte vor Schreck fast das Herz in die Hose. »Gott, ist das laut!«, sagte ich zu mir selbst, während mein Herz wie ein Presslufthammer raste. Kong und ich standen beide auf und gingen zur Haustür. Nach ein paar Schritten blieb er stehen und starrte zu mir hoch. Zum ersten Mal bemerkte ich ein leichtes Schwanzwedeln. »Das ist ja eine ganz ordentliche Stimme, die du da hast, Kumpel«, sagte ich, während ich ihm den Kopf tätschelte. In seinen Augen glaubte ich, anstelle von Ängstlichkeit einen Anflug von Aufregung zu sehen.

Ich öffnete die Tür, und meine Freundin kam herein, gefolgt von einem kalten, winterlichen Windstoß. Ich beobachtete, wie der Hund unseren Gast neugierig musterte.

»Hi!«, sagte sie. »Da ist er ja. Wow, der ist ja wirklich groß.«

»Oh, ja«, sagte ich. »Das ist er.«

»Er wird mich doch nicht angreifen oder so, oder?«

»Nein, ich nehm's nicht an.« Nichts an dem Verhalten des Hundes schien auf Aggression hinzudeuten. »Er ist sehr sanft, und bis vor zwei Minuten war er sehr still.«

Sie blickte nicht allzu überzeugt und blieb mit dem Rücken an der Tür stehen. »Bellen tut er aber ganz schön laut. Ich wollte zuerst gar nicht hereinkommen, nachdem ich das gehört hatte.«

»Ja, das war interessant«, sagte ich. »Aber ich denke, du kannst ganz unbesorgt sein.« Ich überredete sie, hineinzukommen, und wir setzten uns ins Wohnzimmer, während der Hund in seiner üblichen hinteren Ecke herumlungerte.

Sie entspannte sich ein wenig. »Und, wie heißt er denn eigentlich?«

»Na ja«, begann ich, »ehrlich gesagt hat er noch keinen Namen. Jedenfalls keinen, der zu ihm passt oder auf den er reagiert.« Ich erzählte ihr die Geschichte von dem Mädchen bei der Pflegestelle, das ihn Kong genannt hatte. »Der Name scheint nicht zu ihm zu passen.«

»Nein«, gab sie mir recht. »Er ist vielleicht so groß wie King Kong, aber er ist nicht in Ketten und klettert nicht das Empire State Building hoch.« Inzwischen hatte sich der Hund in seiner Ecke hingelegt und seine sphinxartige Pose eingenommen.

»Genau das ist der Grund, weshalb ich seinen Namen ändern will. Er braucht einen, der zu seiner Persönlichkeit passt, nicht zu seiner Größe.«

»Wie wär's mit Thunder?«, fragte sie. »Passt zu dem Bellen, das er hat, würde ich sagen.«

»Nicht schlecht«, sagte ich, während ich zu dem Hund hinübersah. »Hey. Thunder, gefällt dir dieser Name?« Keine Reaktion.

»Oder wie wär's mit Spot?«, schlug sie als Nächstes vor. »Das ist ein irgendwie cooler, althergebrachter Hundename. Und er hat ja auch diesen großen schwarzen Fleck an der Seite.«

»Spot! Hierher, Spot!« Wieder keine Reaktion – nur Gelächter von meiner Freundin.

»Ich glaube, er braucht einen menschlichen Namen«, sagte ich. »Er hat viele menschliche Eigenschaften. Er ist wie das Kind in der Schule, das so viel größer als alle anderen Kinder und schüchtern und still ist.« Der Hund legte seinen riesigen Kopf zwischen seinen Pfoten auf den Boden, vervollständigte das Bild.

»Wie wär's mit Oscar, so wie Oscar der Griesgram in der *Sesamstraße?*« Ich war nicht überzeugt. Dieser Hund war alles andere als ein Griesgram.

Wir starrten ihn noch ein paar Minuten schweigend an, bis mir ein Name in den Sinn kam. »George«, sagte ich, und der Hund hob prompt den Kopf und schenkte mir seinen besten Robert-de-Niro-»Redest-du-mit-mir?«-Blick.

»Hast du das gesehen?«, sagte meine Freundin. »Er hat reagiert!«

»Bist du das, George?«, fragte ich. »Ist das dein Name?«

Er hielt meinem Blick stand, legte den Kopf auf die Seite und wedelte leicht mit seinem großen weißen Schwanz – etwas, was ich ihn noch nie hatte tun sehen. Von diesem Augenblick an war er George.

ACHT

Der nächste Tag war ein Arbeitstag, also musste George zum ersten Mal allein zu Hause bleiben. Mir war ein bisschen mulmig bei dem Gedanken, ihn hier zurückzulassen, aber ich wusste, dass ich es versuchen musste.

Unser morgendlicher Spaziergang, oder vielleicht sollte ich besser sagen, »morgendliches Gezerre«, verlief ohne Probleme.

Als das erledigt war, schnappte ich mir meine Wagenschlüssel, um loszufahren, aber bevor ich ging, kniete ich mich hin, um George auf Augenhöhe zu begegnen. »Okay, George. Also, so sieht es aus. Ich muss arbeiten gehen, um dieses Futter zu bezahlen, das du vor mir nicht fressen willst. Ich werde in der Mittagspause nach dir sehen, aber jetzt bist du erst einmal auf dich gestellt.« George bemerkte die Schlüssel in meiner Hand und sah mich mit seinem »Ich-gehe-nirgends-hin«-Blick gebannt an. Als ich mich zur Tür wandte, tat er nichts, und als ich draußen war und zu meinem Wagen ging, warf ich noch einmal einen verstohlenen Blick durchs Fenster. Er blieb genau dort, wo er war, ohne sich ängstlich im Kreis zu drehen, ohne überhaupt irgendeine Bewegung. Ich war mir nicht sicher, ob ich beschwichtigt oder besorgt sein sollte.

Im Büro lief alles glatt, und zum ersten Mal seit einer ganzen Weile fühlte ich mich ansatzweise ausgeglichen. Ich empfand viel

Zuneigung und Respekt gegenüber den Menschen, mit denen ich zusammenarbeitete. Nachdem Jane gegangen war, rief unser CEO, Charlie Horsey, mich regelmäßig an, um zu hören, wie es mir ging. Ich meldete mich rasch bei Charlie und erreichte seine Mailbox: »Charlie, ich bin's, Colin«, sagte ich. »Ich wollte dir nur Bescheid geben, dass dieses Wochenende jemand bei mir eingezogen ist. Ziemlich still, aber behaart, und er sabbert ein bisschen. Ruf mich zurück.« Das würde ihn zum Nachdenken bringen. Ich ging hinüber zu Matts Büro und gab ihm ein Update zu George.

»Das ist ja fantastisch!«, sagte er. »Ich bin froh, dass du ihn genommen hast.«

Matt war ebenso begeistert wie ich und hatte jede Menge Ratschläge und Tipps auf Lager. Nachdem wir alle Neuigkeiten ausgetauscht hatten, verbrachte ich den restlichen Vormittag damit, E-Mails zu beantworten, die sich übers Wochenende angesammelt hatten. Im Hinterkopf hoffte ich, dass mit George alles okay war und er nicht vor Nervosität das Haus zertrümmerte. In der Mittagspause fuhr ich nach Hause, um nach ihm zu sehen.

Als ich die Schlüssel ins Schloss der Hintertür steckte, hörte ich ein tiefes Bellen. Ich öffnete die Tür und sah George in der Küche stehen, in höchster Alarmbereitschaft – den Kopf erhoben und die Ohren aufgestellt, mit gereckter Brust und zuckender Nase. Sobald er mich erkannte, entspannte sich seine Haltung leicht, und er setzte sich, aber er kam nicht mit wedelndem Schwanz zur Tür – er warf mir nur einen Blick zu, der besagte: »Ach, du bist's. Okay.« Positiv war zu verzeichnen, dass sein Fressnapf leer war. »Hey, George. Hattest du einen schönen Vormittag?«, fragte ich, nur um misstrauisch beäugt zu werden. Ein rascher Rundgang durchs Haus bestätigte mir, dass alles genauso war, wie ich es zurückgelassen hatte – keine »Überraschungen« auf dem Boden, nichts zerkaut, keine Kratzspuren.

»Zeit für einen kurzen Ausflug in den Garten«, sagte ich, während ich die Hintertür öffnete. Er trat vorsichtig ins Freie und lief ein bisschen herum. Es war ein sehr sonniger Tag, und sein weißes Fell stach vor den Schatten, die der Zaun warf, deutlich hervor. Ich war verblüfft davon, wie auffällig er war, und ich mochte seine Andersartigkeit mehr und mehr. »Okay, Zeit, wieder ins Haus zu gehen«, sagte ich nach ein paar Minuten. Ich hätte genauso gut in den Grand Canyon jodeln können. George zog sich in eine Ecke hinten bei der Garage zurück und setzte sich mir zugewandt hin, als wollte er sagen: »Ausgeschlossen.« Die folgende Szene sollte sich in den kommenden Wochen und Monaten noch öfter wiederholen: Ich ging langsam auf ihn zu und hielt ihn sanft, aber entschlossen am Halsband fest. Es war nicht so, dass er stur war, nicht wirklich. Es war eher so, dass er sich nur bewegen wollte, wenn ich mit ihm mitkam, als wolle er von mir eskortiert werden. Ich begann, zu spüren, dass in George vielleicht mehr steckte, als man auf den ersten Blick sah.

Ich fuhr für den Nachmittag zurück zur Arbeit, und als ich nach Hause kam und den Schlüssel ins Schloss steckte, wartete ich darauf, dieses donnernde Bellen zu hören, aber es kam nichts. Völliges Schweigen schlug mir entgegen, als ich die Tür öffnete. »George?«, rief ich. Schweigen. In der Küche war er nicht. Ich suchte das Esszimmer ab – nichts. »George, ich bin zu Hause. Wo steckst du?« Der bläuliche Schimmer von der Straße warf ein schwaches Licht auf den Hund. Er saß im Wohnzimmer und starrte vor sich hin. Ich schaltete die Wohnzimmerlampe ein, und jetzt sah ich deutlich, dass er in der Ecke saß, allein, wachsam und aufrecht, wie eine Eule, die auf einem Zaun sitzt. Es war seltsam und fast unheimlich.

»Hey, Kumpel ... was tust du denn da?« Seine Augen waren so groß, und er blinzelte nicht ein bisschen. Es war, als hätte er Angst vor der Dunkelheit, wüsste aber nicht, wie er aus ihr herauskommen sollte. »Geht es dir gut?«, fragte ich, während ich mich vor ihn hinkniete und eine Hand seitlich an seinen großen Hals legte. Er ließ den Kopf prompt sinken, und zum ersten Mal überhaupt starrte er den Boden anstatt mich an. Er sah über die Maßen traurig aus. Allein und verängstigt und hoffnungslos. Niedergeschlagen.

Ich hatte gesehen, wie Teamkameraden den Kopf auf dieselbe Weise hängen ließen, nachdem sie ein wichtiges Eishockeyspiel verloren hatten. Ich kannte diesen Blick gut, und ich wusste, wie es sich anfühlte. Ich hatte selbst den Kopf auf diese Weise hängen lassen, zuletzt an dem Abend, an dem Jane gegangen war. Es erfordert ein enormes Maß an Charakterstärke, um in der Niederlage Würde zu bewahren, um sich jemandem geschlagen zu geben. Ich kraulte George sanft die Ohren und wandte meinen Kopf näher zu seinem. Das ist seitdem unser Ding geworden, unsere geheime Art, zu kommunizieren. »Es ist alles gut, George. Du bist in Sicherheit bei mir. Du bist ein braver Junge.« Er gestattete mir, ihm auf diese Art zuzuflüstern, von Angesicht zu Angesicht, auf eine Weise, die zutiefst persönlich war, und obwohl er traurig war, erlaubte er mir, näher zu kommen. Mehr als alles andere konnte ich sehen, dass er einfach erschöpft davon war, Angst zu haben. Nach ein paar Minuten änderte ich meinen Ton und fragte fröhlich: »Willst du einen Spaziergang unternehmen, großer Junge? Du wirst dich gleich besser fühlen, wenn du dein Geschäft erledigt hast.« Er hob langsam den Kopf, und wir gingen los.

Obwohl in dem Park auf der anderen Straßenseite streng genommen Leinenzwang für Hunde herrschte, ließen ein paar Hundebesitzer, die sich dort unter der Woche regelmäßig nach der Arbeit trafen, ihre Hunde frei herumlaufen. Als George und ich die Straße vor dem Haus zu überqueren begannen, sah er die Hunde umhertollen und spielen und setzte sich mitten auf der Straße hin. »George, na komm schon.« Ich zog einmal kurz an der Leine – und spürte sein »Ausgeschlossen« an meinem Arm abprallen. Allmählich begriff ich, dass das Hinsetzen und Zuschauen Georges großer Schachzug war. Ehrlich gesagt war es eine vernünftige Strategie, die ich zu respektieren begann. Das einzige Problem war, dass er mitten auf der Straße saß. George hatte sich an meine Seite geschlichen, hatte den genau gleichbleibenden Abstand aufgegeben, den er im Haus stets wahrte.

»Hier können wir nicht bleiben, großer Junge. Wir werden von einem Auto überfahren werden. Lass uns wenigstens bis zum Gehsteig gehen.« Unter Aufbietung all meiner Kraft »überzeugte« ich George, bis zum Gehsteig mitzukommen, wo er prompt wieder seine sture Sitzposition einnahm und weiter die Leute und Hunde beäugte.

In dem Park gab es ungefähr ein Dutzend Hunde unterschiedlicher Rasse, Größe und Farbe. Und es gab auch ungefähr ein Dutzend Leute unterschiedlicher Herkunft. Mehrere von ihnen bildeten Grüppchen, standen dicht beisammen, um sich warmzuhalten. Sie kannten sich alle, und sie kannten offensichtlich auch die Hunde der jeweils anderen. Die jungen Hunde waren freundlich und rangelten verspielt miteinander, knurrten theatralisch und warfen sich mit hängenden Zungen in Pose. Ein paar jagten Bällen nach, die von ihren Besitzern geworfen oder gekickt wurden, und die älteren Hunde schlenderten zögernd umher, schnupperten und hielten sich von den jungen Hunden fern. George nahm das alles in sich auf.

Schließlich lösten sich zwei junge Hunde aus der Hauptgruppe und kamen langsam zu uns herüber. Während sie George beschnupperten, der ihnen gegenüber gleichgültig zu sein schien, folgten ihnen ihre Besitzer.

»Hallo. Hübscher Hund. Wie lange haben Sie ihn schon?«, fragte ein Mann.

»Den dritten Tag heute.«

»Er ist so groß!«

Der Mann kam näher, und George schreckte prompt zurück.

»Entschuldigung«, sagte ich. »Er hat noch immer ein bisschen Angst vor Männern, sogar vor mir.«

»Keine Sorge«, sagte der Mann. Dann winkte er kurz und ging weiter, um sich zu einer anderen Gruppe von Hundebesitzern in der Nähe zu gesellen.

Dann näherten sich ein paar Frauen. Ich erklärte fröhlich, dass George ein Landseer-Neufundländer war, und ja, seine Augen seien besonders herabhängend. Und nein, nicht alle Neufis seien schwarz. Und ja, er sei ein Nothund. Und nein, er sei nicht bissig. Aber ja, er sei vorsichtig. Und nein, er sei nicht alt, nur etwas über ein Jahr, auch wenn er sich wie ein alter Mann benahm.

»Dann bist du ja noch ein Welpe«, wandte sich eine Frau an George, während sie sich hinkauerte und ihm die Ohren kraulte. Georges riesiger Schwanz wedelte langsam hinter ihm hin und her, und seine Augen leuchteten auf – die Hunde-Entsprechung eines albernen Grinsens.

Eine andere Frau kam herüber und tätschelte ihn. »Der hat ja richtig viel Fell«, bemerkte sie. Ich hatte keine Ahnung, was ich darauf erwidern sollte. Ein Pudelmischling tauchte auf und schnupperte angriffslustig an Georges Hinterteil ... und dann stieß und stupste und schnupperte er einfach immer weiter. »Der Pudel gehört mir«, ergänztc sic.

Georges Schultern versteiften sich. »Wissen Sie, ich bin mir nicht sicher, ob er es gewohnt ist, so beschnuppert zu werden. Würde es Ihnen etwas ausmachen, Ihren Hund für einen Moment zurückzurufen?«

Die Frau wandte sich zu mir um, als hätte ich sie geohrfeigt, und mit einem leicht empörten Unterton sagte sie: »Sieht aus, als ob Ihr Hund noch etwas Erziehung braucht.« Und dann marschierte sie mit ihrem Pudel davon.

Sobald sie gegangen war, sagte eine andere Frau in der Nähe: »Achten Sie gar nicht auf sie. Ihr Neufundländer ist schwer in Ordnung.«

Ich sah auf George hinunter, der sich leicht entspannt hatte, nachdem der Pudel gegangen war. Er stieß die Frau, die eben gesprochen hatte, sanft mit der Schulter an, als wollte er sagen: »Bitte streichele mich«, was sie tat.

»Wissen Sie, so gesellig habe ich ihn bis jetzt noch nie erlebt«, sagte ich. »Mich lädt er nicht ein, ihn so zu streicheln.«

»Er ist sehr süß«, sagte sie. Und bei diesen Worten kam Georges Schwanz wedelnd wieder hoch.

»Haben Sie sich schon mal überlegt, mit ihm zur Hundeschule zu gehen? Das ist gar nicht schlecht, um sich an Sie und andere Hunde zu gewöhnen.«

»Hundeschule?« Der Gedanke war mir durch den Kopf gegangen, aber ich hatte mich noch nicht genauer damit befasst.

»Ja. Das kann wirklich sehr hilfreich sein. Und Sie würden vielleicht feststellen, dass er auch lernt, Ihnen mehr zu vertrauen. Könnte gut für Sie beide sein – stimmt's, George?«, sagte sie, während sie sein Gesicht liebkoste. Er schloss die Augen und liebkoste sie seinerseits. Ich konnte nicht glauben, dass das derselbe Hund war, der in meinem Haus wie eine Statue saß, voller Angst, sich zu bewegen.

Die Frau schlug mir Who's Walking Who vor, eine Schule am südöstlichen Ende der Stadt. Die Ironie des Namens dieser Schule entging mir nicht.

»Danke, ich denke, ich werde dort anrufen«, sagte ich.

Bald darauf gingen George und ich nach Hause, und ich machte mich daran, das Abendessen vorzubereiten. Ich stellte ihm seinen Fressnapf ins Wohnzimmer. »So, bitte sehr, George. Hau rein … wenn du so weit bist.«

Ich kehrte zurück an den Küchentisch und begann mit meinem eigenen Teller. Aber George lauerte nur am Rand des Zimmers.

»Na komm schon. Du musst doch Hunger haben«, sagte ich.

Nichts. Nur diese weit aufgerissenen, starren Augen.

»Na schön«, sagte ich. Ich aß ein paar Bissen von meinem Essen und klappte meinen Laptop auf. Ich googelte Who's Walking Who. Die Schule hatte tolle Empfehlungen. Sie bot ein zehnwöchiges Basis-Gehorsamstraining für Hunde aller Altersgruppen, Größen und Formen an – was toll war angesichts der Tatsache, dass George ein XXL-Exemplar war. Der nächste Kurs begann in zwei Wochen. Ich meldete uns sofort an, und während ich das tat, hörte ich das Knurpsen von Trockenfutter aus dem anderen Zimmer.

»Bist du bereit für die Schule?«, fragte ich. Das Knurpsen brach ab.

Als Kind war ich nie besonders nervös vor dem ersten Schultag, aber als George und ich zur ersten Stunde seines – und meines – Gehorsamstrainings bei Who's Walking Who erschienen, hatte ich zugegebenermaßen ein etwas mulmiges Gefühl im Bauch. Das Gehorsamstraining fand in einem hohen Raum in der City statt, den man fälschlicherweise für ein Tanzstudio hätte halten können, wenn nicht der gummierte Boden gewesen wäre. Wir trafen erst kurz vor Beginn der Stunde ein, was nicht dazu beitrug, meine Nerven zu beruhigen, und das pure Hundechaos, das uns begrüßte, sorgte dafür, dass George zurückwich und sich hinter meinen Knien zu verstecken versuchte.

Das Erste, was mir auffiel, war die Geräuschkulisse, die uns entgegenschlug, während das Kläffen von einem Dutzend oder mehr Hunden von den Betonwänden widerhallte. Die frischen Ausdünstungen von Hundeatem hatten sich mit dem permanenten Gestank von Welpen-Malheurs zu einem beißenden Geruch vermischt, der für menschliche Nasenlöcher eine Herausforderung war. Der Ort war ein wogendes Meer von Hunden, die schnupperten, sprinteten, hechelten, im Kreis liefen und einander durch den Raum jagten. Es gab Möpse, Bichon Frisés, Zwergpudel, Jack Russells und eine stattliche Anzahl von Mischlingen. Ich sah auf George hinunter, der das Spektakel mit großen Augen misstrauisch beobachtete. Er war mit Abstand der größte Schüler im Raum.

»Alles okay mit dir, George?«, fragte ich, als er sich hinter mich duckte, eine Reaktion, die nur als eindeutiges Nein aufgefasst werden konnte. »Wir schaffen das. Wir stehen das hier gemeinsam durch«, sagte ich, während ich ihn sanft in den Raum zog.

Während wir uns einen Weg bahnten, entstand auf einmal eine spürbare Unruhe. Leute starrten den großen Jungen an, der sich auf das vordere Ende des Raums zubewegte. George hielt den Kopf gesenkt, während er am Boden schnupperte. Er ignorierte einen mittelgroßen Mischling, der auf ihn zuschoss. Wir kamen an einem großen, hageren Typen und seiner schwarz-weißen Bulldogge vorbei, und George schlug einen weiten Bogen um die beiden. Ich führte ihn hinüber zu den Trainern – einem Mann und einer Frau mit Who's-Walking-Who-T-Shirts und Gürteltaschen voller Hundeleckerlis. Die Frau hatte soeben eine ältere Dame mit einem verängstigten Dackel registriert. George fand eine besonders verlockende Stelle auf dem Boden und ließ sich auf den Bauch fallen, um sie zu lecken.

»Das muss George sein«, sagte die Trainerin, als wir an der Reihe waren. »Du bist aber ein hübscher Kerl!«

»Danke«, sagte ich. George sah nicht auf, aber als er seinen Namen hörte, begann er, mit dem Schwanz zu schlagen. Die Trainerin bückte sich, um ihm den Kopf zu tätscheln, während George sich noch immer darauf konzentrierte, unsichtbare Köstlichkeiten vom Boden zu lecken.

»Hör auf, den Boden zu lecken, und sag Hallo«, sagte ich, während ich kurz an seiner Leine zog. »Entschuldigen Sie bitte.«

Sie lachte. »Glauben Sie mir, das bin ich gewohnt.«

Ich erzählte ihr Georges Geschichte, obwohl ich alle Informationen bereits aufgeschrieben hatte, als wir uns anmeldeten. »Er ist ein Nothund, der möglicherweise misshandelt wurde, er scheint Angst vor Männern zu haben, ich bin besorgt, dass er sich nicht besonders für andere Hunde interessiert, und er zieht irgendwie ein bisschen – na ja, ziemlich viel –, wenn ich mit ihm spazieren gehe, und ...« Ich schwafelte, und ich war zutiefst erleichtert, als die Trainerin mich unterbrach.

»Keine Sorge«, sagte sie. »Ich habe alles gelesen, was Sie über ihn geschrieben haben. Er schafft das schon.«

Ich sah hinunter auf das riesige Fellknäuel auf dem Boden. Er ignorierte noch immer alles um sich herum – das Bellen, die Leute, die Hunde, die näher kamen – und konzentrierte sich noch immer wie verrückt auf die Gummimatte.

»Ist das normal?«, fragte ich.

»Alles eine Frage der Zeit. Er wird sich schon daran gewöhnen«, sagte sie. »Und Sie sich auch.«

Ich? Was sollte das denn heißen?

»Sie können ihn jetzt von der Leine lassen. Wir fangen in ein paar Minuten mit dem Kurs an.«

Ihn von der Leine lassen? War das ihr Ernst? Ich hatte George noch nie an einem öffentlichen Ort frei laufen lassen, aber sollte ich mir hier gleich mit dem Profi anlegen? Ich nahm ihm die Leine ab, erwartete beziehungsweise hoffte, dass er sich nicht allzu weit von mir entfernen würde. Aber er nahm seine Freiheit prompt wahr und begann, den Raum zu erkunden, während ich mich fragte, was ich nun tun sollte.

Ihn zu beobachten, war eine Offenbarung. Von allen Männern hielt er sich fern, aber er hatte keine Scheu vor den anwesenden Damen und machte sich forsch mit ihnen bekannt, näherte sich ihnen mit gesenktem Kopf und wedelte mit seinem großen Schwanz wie mit einem Fächer. Die Frauen, die keine Angst vor ihm hatten, tätschelten und umarmten ihn, was er sichtlich genoss, da er sich mit seinem ganzen Körpergewicht an sie lehnte, womit er hier und da für ein Aufstöhnen und schallendes Gelächter sorgte. Und er bekundete ein plötzliches und leidenschaftliches Interesse an dem kleinsten Hund im Kurs, einem winzigen Terrier, der sich in Achterschleifen zwischen Georges Beinen hindurchschlängelte. George sprang freudig auf den Vorderpfoten auf und ab, während der kleine Hund ihn umkreiste.

Besorgt, er könnte versehentlich auf den kleineren Hund treten, rief ich: »Nein! Vorsicht, George!«

Ich wollte ihn eben wieder an die Leine nehmen, als der kleine Hund zum anderen Ende des Raums davonstob und George sich völlig unbeirrt einem flauschigen weißen Bichon Frisé in seiner Nähe zuwandte. Die Bichon-Hündin wog vermutlich ganze neun Pfund – kein Vergleich zu Georges 140 –, aber sie hatte überhaupt keine Angst.

Ich sah mit einem etwas bangen Gefühl zu, in dem Wissen, dass George dem kleinen Hund mit einem einzigen Pfotenhieb Schaden zufügen könnte, aber wieder verblüffte mich George. Er neigte seinen riesigen Kopf, während er mit seinem großen Schwanz wedelte, und berührte sanft die Nase des kleinen Hundes. Er war so glücklich wie ein Gorilla mit seinem Jungen, und er verbrachte die nächsten paar Minuten vor dem Kurs damit, dem Bichon durch den Raum zu folgen, wobei er jeden und alles um sich herum, mich selbst eingeschlossen, ignorierte.

Ein paar Minuten später wandten sich die beiden Trainer in den Raum um. »Wenn ich jetzt alle um Aufmerksamkeit bitten dürfte«, rief der Trainer über das Hundegetöse hinweg. »Wir fangen jetzt an, bitte stellen Sie sich mit Ihren Hunden an der Wand gegenüber der Tür in einer Reihe auf.«

Es waren zwölf Hunde und zwölf Besitzer, und George und ich waren mit Abstand die größten Kinder in der Klasse. Die Dackelbesitzerin und ihr schüchterner, nervöser Hund ging als Erste hinüber zu der gegenüberliegenden Wand.

»George!«, rief ich, aber er tollte mit dem Bichon umher und wandte sich nicht einmal um.

Ein Jack Russell und ein paar Boston-Terrier folgten ihren Besitzern gehorsam, als sie gerufen wurden, und nahmen ihre Plätze in der Reihe ein. Die Französischen Bulldoggen, ein Labrador und die Möpse wurden von ihren Leuten mühelos zusammengescheucht und ebenfalls in der Reihe aufgestellt. Die Mischlinge taten es ihnen gleich. George lief noch immer dem Bichon hinterher, und während ich mir einen Weg durch den Raum bahnte, um ihn mir zu schnappen, wurde seine neue beste Freundin mühelos von ihrem Besitzer hochgehoben und neben dem hageren Typen mit der schwarzweißen Bulldogge in der Reihe abgesetzt. Nachdem seine neue Freundin verschwunden war, starrte George verwirrt hoch und flüchtete dann, völlig verschreckt, in eine Ecke gegenüber der Reihe.

»George!«, rief ich wieder – vergeblich. Ich wollte nicht zu ihm laufen und wie ein glückloser Besitzer dastehen, der seinen Hund nicht im Griff hatte, daher schlenderte ich langsam zu ihm hinüber und sagte: »Ist ja gut, George. Na komm.« Er ignorierte mich kurzerhand, schlug einen weiten Bogen um mich und schritt dann, wie eine Königin, die ihre Würdenträger empfängt, jedes Paar in der Reihe ab, wedelte mit dem Schwanz und sagte Hallo.

»George! Komm her. Sofort!« Nichts. Ich konnte spüren, wie ich errötete. Ich überlegte, ob ich einen Sprint hinlegen sollte, aber ich hatte das Gefühl, ich könnte alles nur noch schlimmer machen. Während George weiter Hände leckte und sich seinen großen Kopf tätscheln ließ, begannen einige der Hundebesitzer zu kichern. Schließlich hatte der Besitzer des Bichons Mitleid mit mir und hielt George so lange am Halsband fest, bis ich ihn eingeholt hatte und die Kontrolle übernehmen konnte.

»Danke«, sagte ich, während ich George zu dem Ende der Reihe schleifte, wo sie mit dem größten Kind begann.

»Okay«, sagte der Trainer. »Sieht aus, als ob wir anfangen können ... fast.« Er sah mit einem knappen Nicken auf mich und George. Jemand in der Gruppe gluckste.

Die beiden Trainer begannen den Kurs, indem sie uns das grundlegendste aller Hundekommandos beibrachten: »Sitz!« Nachdem sie uns die korrekte Art gezeigt hatten, unsere Hunde anzusprechen, komplett mit einem Handzeichen, das das verbale Kommando begleitete, wurden wir aufgefordert, das Kommando zu üben. »Fangen wir mit dem kleinen Hund an diesem Ende hier an und arbeiten uns dann zu … dem großen Jungen, George, vor«, sagte die Trainerin.

Von dem Bichon bis hin zu dem Labrador neben uns führte jeder Hund in der Reihe die Bewegung mühelos aus – jeder bis auf George. Als er an der Reihe war, ging ich die korrekte Abfolge durch, aber er weigerte sich, zu gehorchen. Nicht dass er es nicht konnte. George liebte es, sich hinzusetzen und Dinge zu beobachten und anzusehen – zu seiner eigenen Zeit. Er wollte es nur nicht tun, wenn er das Kommando dazu bekam.

»Entschuldigung«, sagte ich, als es beim ersten Mal nicht klappte. »Wir versuchen es gleich noch einmal. Sitz, George. Sitz! Si-i-i-i-i-itz! George, SI-I-I-I-I-ITTTTTTZ!«

Schließlich, mit unbehaglicher Miene, setzte er sich – für eine Sekunde. Dann kam sein riesiges Hinterteil hoch und wieder kicherte jemand. Die anderen Besitzer fanden das hier offenbar witzig; ich hingegen fand es alles andere als das. Die Trainerin kam herüber. »Versuchen Sie, sich auf seine Höhe hinunterzulassen, und befehlen Sie es ihm mit fester, bestimmter Stimme«, sagte sie. Sie machte es vor, und natürlich senkte sich Georges Hinterteil so folgsam, als wäre er ein trainierter Showhund. Bei meinen neun oder zehn Versuchen danach machte er die Bewegung insgesamt einmal. Ein einziges Mal.

»Gut!«, sagte die Trainerin in einem übertrieben fröhlichen Ton. »Sie machen das schon sehr gut. Geben Sie nicht auf. Seien Sie einfach geduldig«, sagte sie, während sie mich anlächelte und George für seine »brillante« Leistung tätschelte. George wedelte fröhlich mit dem Schwanz, und sobald sie weitergegangen war, um einem anderen Hund zu helfen, hob er seinen Hintern wieder, nur um mich zu ärgern.

Das nächste Kommando war »Platz!«. Die Hunde sollten sich zuerst setzen und dann angeleitet werden, indem wir auf den Boden klopften, kurz an der Leine zogen und sanft ihre Schulter drückten. Es gab ein Leckerli und ein Lob, wenn sich der Hund erfolgreich auf den Boden gelegt hatte. Während die Klasse zu üben begann, hörte ich begeisterte Rufe – »Braves Mädchen!« oder »Ja! Du bist so schlau. Braver Junge!« Die Besitzer der kleineren Hunde mussten die Schulter ihrer Lieblinge kaum drücken; sie sagten nur »Platz!«, und ihre folgsamen kleinen Hündchen streckten sich zu den Füßen ihrer Besitzer bäuchlings auf dem Boden aus.

Für mich war es, als würde ich einen nassen Zementsack kommandieren. George wollte nichts davon wissen. Und vergessen Sie dieses neue Kommando »Platz!«; wir hatten noch immer alle Mühe, das mit dem »Sitz!« hinzukriegen. Und was noch schlimmer war, George wollte mich nicht einmal ansehen, während ich mit ihm redete.

Wieder kam die Trainerin herüber. »Klappt es nicht?«

Ich hasse es absolut, in irgendetwas schlecht zu sein, und glauben Sie mir, ich bin in vielen Dingen schlecht – Yoga, Singen, Tanzen, um nur einige zu nennen –, daher hatte ich ein bisschen Erfahrung mit peinlichen Misserfolgen in der Öffentlichkeit. Aber das hier war ein ganz neuer Tiefpunkt. Ich war eindeutig ein erbärmlicher Hundeführer, etwas, was noch offensichtlicher dadurch wurde, dass ich einen Hund hatte, der mehr auf die Waage brachte als die meisten anderen Schüler zusammen, einen Hund, der entschlossen war, mich komplett zu ignorieren.

Das Einzige, was mir zu meiner Rechtfertigung einfiel, war eine lahme Ausrede: »Vermutlich tut er sich schwer damit, weil er so groß ist und, ähm, nicht so wendig wie die kleineren Hunde hier.« Sobald mir die Worte über die Lippen gekommen waren, kam ich mir noch idiotischer vor.

Während ich betreten auf den Boden starrte, nahm mir die Trainerin die Leine aus der Hand und zog kurz an ihr, damit George sich aufrichtete. George nahm prompt Haltung an und schaute ihr in die Augen. »Sitz!«, sagte sie. Nur ein einziges Mal.

George ließ sich mit dem Hinterteil auf dem Boden nieder, den Kopf erhoben und die Brust gereckt, als hätte er soeben den Titel »Star des Tages« verliehen bekommen.

Die Trainerin lächelte, wies, ohne eine Sekunde zu zögern, mit einer schwungvollen Handbewegung auf den Boden und sagte mit fester, aber sanfter Stimme: »Platz!«

George ließ prompt seinen riesigen Körper auf dem Boden nieder, während er den Blickkontakt zu ihr hielt. Seine Ausführung des Kommandos war tadellos.

»Braver Junge, George. Braver Junge!«, sagte sie, während sie sich auf ein Knie fallen ließ, um ihm die Ohren zu kraulen. George sah sie mit neugierigen Augen an, die zu fragen schienen: »Was als Nächstes?«

»Das war verblüffend«, sagte ich. »Und peinlich. Warum will er das nicht tun, wenn ich es ihm sage?«

»Na ja ...«, begann sie, und schien zu überlegen. »Erstens einmal ist er ein sehr kluger Hund, und ich glaube, er versteht, was wir ihm beizubringen versuchen.«

»Das heißt, er ist nicht ›langsam‹ ...«

»Nein, überhaupt nicht – er ist sehr aufgeweckt«, sagte sie.

»Warum will er dann nicht hören, wenn ich ihn auffordere, bestimmte Dinge zu tun?«

»Hinter diesen Augen geht viel vor sich, Colin«, sagte sie. »Sie dürfen diese Weigerung nicht persönlich nehmen. Trotz gegenüber dem Besitzer ist bei Hunden, die Vernachlässigung oder Misshandlung erfahren haben, leider ein häufiges Verhalten. Vermutlich hat es nichts mit Ihnen zu tun. Und es ist offensichtlich, dass er Frauen Männern vorzieht.«

Na toll, dachte ich. Ich habe einen Hund mit geschlechtsbezogenen Vorurteilen. Einen riesigen Hund mit geschlechtsbezogenen Vorurteilen, und ich habe das Geschlecht, gegen das er Vorurteile hat. Das ist nicht gut.

»Kann ich irgendetwas tun, um das zu beheben?«

»Sie tun es bereits. Indem Sie ihn hierher gebracht haben. Das ist der erste Schritt. Alles andere wird er irgendwann selbst herausfinden.« In diesem Moment rollte sich George auf den Rücken und entblößte seinen Bauch.

»Und noch etwas«, fuhr sie fort. »Er wird eine Weile brauchen, um Vertrauen zu Ihnen zu fassen. Versuchen Sie einfach, geduldig zu sein. Richtig geduldig.«

»Aber …« Ich wollte ihr eben schon einen ganzen Haufen Fragen dazu stellen, was ich tun sollte und was nicht, ob ich zu Hause alles richtig machte und ob ich ihn richtig ausführte, was es bedeutete, wenn er dieses oder jenes tat, aber George wählte genau diesen Augenblick, um wieder auf alle viere zu springen und mitten in die Übung eines niedlichen kleinen Hundes und seines Besitzers zu platzen, die ein paar Meter weiter standen.

»Ich mache das«, sagte die Trainerin, rief sanft Georges Namen und reichte mir seine Leine, als er prompt zu ihr zurückkam und an ihrer Seite bei Fuß stehen blieb.

»Bei ihm wird viel Arbeit nötig sein, aber ich glaube, Sie haben da einen ganz besonderen Hund«, sagte sie, bevor sie die Reihe weiter entlangging.

Ich war nicht überzeugt. »Danke«, sagte ich.

Der Rest der Stunde war eine einzige Katastrophe. George festigte seine Rolle als Klassenclown, wobei ich als sein gedemütigter Stichwortgeber fungierte. Jedes Mal, wenn ich die Hand von seinem Halsband nahm, fand er irgendeinen Hund, der ihn interessierte, und ging aufgeregt zu ihm hinüber, um ihn zu begrüßen. Irgendwann, vielleicht, weil er eine potenzielle Lerngelegenheit sah, ging der Trainer dazwischen, um zu versuchen, vernünftig mit ihm zu reden. George huschte davon auf die andere Seite des Raums. Als die Trainerin übernahm, rollte sich George auf den Rücken und bettelte sie an, ihm den Bauch zu kraulen. Beim Anblick von Georges riesigem weißen Bauch musste sie laut lachen, und ihr Kommando, wie immer es lautete, ging unter, während sie ihn zum, wie es schien, hundertsten Mal streichelte. Meine menschlichen Gegenüber im Raum sahen mit unterschiedlich großer Belustigung zu.

Als die Stunde schließlich zu Ende war, war ich fix und fertig. Ich nahm an, dass die Trainer es auch waren, und als die Trainerin sich von George verabschiedete, nutzte ich den Moment, um eine Entschuldigung vorzubringen.

»Es tut mir wirklich leid«, sagte ich. »Offenbar sind wir - bin ich - hier nicht besonders gut. Vielleicht ist es besser, wenn wir nächste Woche nicht kommen. Ich will die anderen Hunde und ihre Besitzer nicht durcheinanderbringen.«

»Unsinn«, entgegnete die Trainerin. »Das war Georges erste Stunde. Nächste Woche wird er seine Sache schon besser machen – stimmt's, George?« Bei diesen Worten setzte sich George prompt und perfekt hin. »Sehen Sie? Er ist ein kluger Hund. Er braucht nur etwas Zeit, um es herauszufinden. Die brauchen Sie beide.«

Ich hoffte, dass sie recht hatte. Wenn ich der mit dem Schwanz gewesen wäre, dann wäre er jetzt eingezogen gewesen.

Den Rest der Woche verbrachten George und ich damit, fleißig »Sitz!« und »Platz!« zu üben. Wir übten jeden Tag mindestens zehnmal auf unseren morgendlichen und abendlichen Spaziergängen. Manchmal verstand er es; dann wieder sah er mich an, als wollte er sagen: »Warum setzt *du* dich nicht hin?« Der Erfolg war sieben Tage hintereinander völlig willkürlich, aber Willkür war besser als nichts, und ich fühlte mich ein wenig ermutigt.

Zur nächsten Kursstunde waren wir früh dran, und während wir auf das Eintreffen der anderen Teilnehmer warteten, sagte ich: »Okay, George. Du wirst heute im Kurs ein braver Junge sein, und ich muss lernen, dir zu vertrauen. Geh und amüsiere dich.« Ich befürchtete insgeheim dieselben Probleme, die wir in der Woche zuvor gehabt hatten, während ich George von der Leine ließ, damit er frei herumlaufen und sich mit den anderen Hunden anfreunden konnte. George fand seine Bichon-Freundin und begrüßte sie Nase an Nase, während sein knapp einen Meter langer Schwanz nur einen Bruchteil so schnell wie der Minischwanz des Bichons wedelte. Einen Augenblick später warf sich George auf den Boden und rollte sich über eine Schulter auf den Rücken, und drei oder vier andere kleine Hunde kamen prompt angelaufen und begannen, an ihm zu schnuppern und zu lecken und ihn schwanzwedelnd zu umkreisen. Die ganze Zeit schlug Georges schwerer Schwanz im Takt dazu auf den Boden. Ein Chor von »Aa-a-a-a-hs« brach aus, und auf einmal zückten die anderen Hundebesitzer ihre Handys, um Fotos von diesem Schauspiel zu schießen. Vielleicht war er letztendlich doch kein so großer Störfaktor.

In den nächsten paar Wochen gingen George und ich weiterhin zu dem Kurs, und wenngleich ich zugebe, dass ich mich im Laufe der Zeit allmählich entspannte, kann ich nicht behaupten, dass ich nicht zu Beginn jeder Stunde vor Aufregung feuchte Hände hatte, was gegen Ende der Stunde immer noch der Fall war. George war eher eine Nebenshow als ein Schüler, und auch wenn er tatsächlich ein paar Dinge lernte, war nicht ganz klar, ob man das wirklich als »Gehorsam« bezeichnen konnte.

George setzte sich noch immer mit wechselndem Erfolg hin, was hieß, dass er es bei jedem dritten oder vierten Versuch tat. Die anderen Hundebesitzer im Kurs beobachteten unsere angespannten Zweikämpfe, während viele von ihnen ihr Kichern oder ihre Ungeduld unterdrückten. Die Trainerin kam mir oft zu Hilfe, nur um mir zu beweisen, dass George es in sich hatte.

Seine reifste Leistung erzielte George jedoch ein paar Wochen später bei unserem Versuch, den »Rückruf ohne Leine« zu lernen.

Wir standen alle in einer Reihe an der Wand, während der Trainer seine Anweisungen gab, als George auf einmal in die Mitte des Raums schlenderte und vor der ganzen Klasse langsam einen riesigen Haufen setzte. Nicht sein bester Auftritt.

Am Ende dieser Stunde kam die Trainerin auf uns zu. Ich war mir sicher, dass sie uns diesmal bitten würde, nicht mehr wiederzukommen, aber stattdessen sagte sie: »Ich habe diese Woche ein bisschen recherchiert und Georges Probleme mit ein paar Kollegen erörtert.«

»Ach ja?«, erwiderte ich, während ich – erfolglos – versuchte, George bei Fuß zu halten.

»Wir glauben, Sie müssen aufhören, sich auf verbale Kommandos und Handzeichen zu verlassen, und anfangen, körperlicher mit ihm umzugehen.«

»Körperlich?« Wollte sie, dass ich ihn schlug? Ich war verblüfft und empört über ihren Vorschlag. »Das werde ich nicht tun«, sagte ich.

»Nein, nein ... ich meine, körperlich auf eine sanfte Art. Ich meine Zuneigung. Sie müssen zuneigungsvoll mit ihm umgehen.«

Sie hielt einen Moment inne, um mich das verdauen zu lassen.

»Neufundländer sind eine sehr sensible Rasse. Sie lesen viel in den Tonfall, selbst in die Haltung und die Körpersprache hinein. Daran müssen Sie arbeiten.«

Ich ging noch mehr in die Defensive. »Aber ich gehe so sanft mit ihm um, und ich habe immer darauf geachtet, in seiner Nähe keine plötzlichen Bewegungen zu machen. Ich kraule ihm den Kopf und die Ohren, wenn er mich lässt.«

»Das ist ja auch ein guter Anfang«, sagte sie, »aber Sie könnten ihm gegenüber ruhig noch ein bisschen mehr Zuneigung zeigen.« Sie hielt wieder einen Moment inne. »Umarmen Sie ihn?«

»Na ja, nein ... noch nicht. Er will nicht einmal vor mir fressen, geschweige denn, sich von mir umarmen lassen.«

Die Trainerin nickte langsam und sah auf George hinunter, der reglos dastand und uns beide anstarrte. »Er muss Liebe von Ihnen spüren. Sein Vertrauen in Männer muss wiederhergestellt werden.« Ich stand da und dachte über das nach, was sie soeben zu mir gesagt hatte, in einem Raum voller Leute und Hunde. »Sie müssen sich emotional mehr öffnen. Sie müssen lernen, Liebe zu zeigen.« Auf einmal fühlte ich mich sehr allein. Es war fast derselbe Rat, den Dr. Hamer mir vor nicht allzu langer Zeit gegeben hatte.

Ich spürte, wie ich errötete, während ich in Georges großes, freundliches Gesicht und seine traurigen Augen sah. Ich hatte ihn seit dem Augenblick umarmen wollen, in dem ich ihn zum ersten Mal gesehen hatte, und doch hatte ich mich immer beherrscht. Vielleicht hätte ich das nicht tun sollen. Aber, um ganz ehrlich zu sein, ich hatte mich mein Leben lang schwer damit getan, körperliche Zuneigung zu zeigen. Ich war in einer Familie aufgewachsen, in der man sich nicht wirklich umarmte. In den letzten paar Monaten ohne Jane war das nur noch schlimmer geworden. Ich wollte George helfen. Das wollte ich wirklich. Und ich nehme an, tief in mir wollte ich vielleicht auch, dass er mir half.

Ich ließ mich vor ihm auf die Knie fallen und legte meine Stirn an seine, nahm seinen Kopf in meine Hände. Ich konnte seinen warmen Atem an meiner Wange spüren, während ich meine Arme um seinen Hals und seine Schultern schlang. Anstatt zurückzuzucken, was ich eindeutig von ihm erwartet hatte, lehnte er sich an mich und leckte mir sanft das Gesicht.

»Na bitte. Sehen Sie?«, sagte die Trainerin. »War das so schwer?«

Ich musste die Augen schließen, um zu verhindern, dass mir die Tränen herunterliefen.

Nach noch ein paar Kursstunden begann George zu zeigen, wie viel tatsächlich hinter diesen herabhängenden Augen vor sich ging.

Ich ließ mich jetzt regelmäßig auf seine Höhe hinunter, um ihn zu umarmen und ihm ins Ohr zu flüstern. Er reagierte, indem er mich sanft ableckte und manchmal seinen großen Kopf auf meine Schulter legte. Mir fiel auf, dass sich sein Selbstbewusstsein verbesserte, zusammen mit seinem Bedürfnis, Dinge mit mir zusammen zu tun. Vielleicht funktionierte diese Zuneigungsgeschichte ja tatsächlich.

Anstatt regelmäßig im Kurs zu stören, wurde George langsam aufmerksamer und machte bei den Übungen mit. Das verhinderte allerdings nicht einen gelegentlichen »George-Moment«, bei dem er versehentlich einen der anderen Hundeführer anrempelte, wenn wir eine Aufgabe ohne Leine übten. Hin und wieder stieß er dabei einen anderen Teilnehmer um, aber diese waren eher verblüfft als verletzt. George ließ jedes Mal den Kopf hängen, wenn er sah, was er angerichtet hatte, als sei er völlig verwirrt darüber, wie sein »winziger« Körper solch ein Resultat hervorrufen konnte.

Darüber hinaus lernte George auch seine Grenzen kennen und hörte sogar auf stichwortartige Anweisungen. Jedes Mal, wenn ein Trick eingeführt oder wiederholt wurde, riefen die Trainer einen Hund vor die Klasse, um ihn zu demonstrieren. Sie versuchten, für ein bisschen Abwechslung zu sorgen, indem sie nicht jedes Mal denselben Hund drannahmen, aber unterm Strich waren es doch meistens drei oder vier kleinere Superhunde – darunter Georges Freundin, der Bichon Frisé.

Sie war ein Profi. Sie beherrschte nicht nur alle Grundkommandos, sie konnte auch auf den Hinterbeinen balancieren, wenn sie dazu aufgefordert wurde. Hin und wieder, wenn Besitzer und Hund gelangweilt von den normalen Übungen waren, trainierten sie ausgefeiltere Tricks. Ich hätte ihnen ein paar Dollar gegeben, wenn sie einen Hut hätten herumgehen lassen. In der Zwischenzeit war ich einfach froh, wenn George es schaffte, sich zu setzen oder hinzulegen oder zu kommen, wenn ich ihn rief.

Er ließ nach wie vor bescheidene Fortschritte erkennen, und auch wenn es unwahrscheinlich war, graute mir bei dem Gedanken,

George könnte eines Tages als Demohund nach vorn gerufen werden. Doch dieser Tag kam tatsächlich – in der sechsten Woche, als die Trainerin eine Sitz-und-bleib-Übung zeigen wollte. Sie ließ den Blick durch die Klasse schweifen und sagte: »George, warum kommst du nicht vor und zeigst uns, wie das hier geht?«

»Oh, nein«, murmelte ich. Ich hatte George an der Leine, als sie ihn rief, und sobald er seinen Namen hörte, versuchte er, mich zu ihr zu zerren, und wackelte aufgeregt mit dem Hinterteil. Ich blieb mit Mühe an Ort und Stelle. Der ganze Kurs lachte. »Sind Sie sicher, dass Sie George wollen?«, fragte ich, während ich verzweifelt versuchte, ihn zurückzuhalten.

»Aber ja«, antwortete sie. »Er kann das. Stimmt's, George?« Er antwortete, indem er mich das restliche Stück durch den Raum zu der Trainerin schleifte. Ich reichte ihr die Leine. »Er gehört ganz Ihnen.«

Sitz-und-bleib-Übungen sind so einfach, wie sie klingen. Der Hund wird aufgefordert, sich zu setzen. Wenn er gehorcht, wird er aufgefordert, zu bleiben, und dann zieht sich die Person, die die Kommandos gibt, langsam zurück, während der Hund sich nicht vom Fleck rührt. Viele Hunde werden ängstlich, wenn ihre Besitzer sich von ihnen entfernen, und sie machen dieser Angst Luft, indem sie sich ganz langsam vorwärtsbewegen oder einfach zu ihrem Besitzer stürmen, bevor sie gerufen werden.

George und ich hatten die Sitz-und-bleib-Übung viele Male trainiert. Manchmal klappte es, aber meistens lief es nicht so gut. Hin und wieder blieb er für eine Weile sitzen, aber wenn ich ihm das Kommando gab, zu kommen, schoss er in irgendeine Richtung, nur nicht meine, davon.

Aber jetzt, auf Kommando der Trainerin, führte er die Aufgabe einwandfrei aus; er blieb nicht nur dort, wo er sollte, sondern saß würdevoll und wunderschön da, den Kopf erhoben und den Blick auf sie geheftet.

»Komm her!«, rief sie nach einer schieren Ewigkeit. George tänzelte zu ihr hinüber und setzte sich vor sie hin. Als sie ihm ein Leckerli gab, wandte er sich um und grinste mich an, als wollte er sagen: »Siehst du? Ich habe das verstanden.«

Ich müsste lügen, würde ich sagen, dass es mir nicht einen leichten Stich versetzte, dass er sich bei ihr besser benahm als bei mir. Ich dachte, wir seien dabei, ein gutes Team zu werden, aber Augenblicke wie dieser ließen mich daran zweifeln. Wenigstens war er zufrieden mit sich – er stolzierte für den Rest der Stunde mit geschwellter Brust umher, als würde ihm der Raum gehören. Als die Trainerin ihn zu mir zurückbrachte, lächelte sie und sagte: »Er macht sich schon so viel besser. Er ist eindeutig offener für Anweisungen geworden. Sie sind auf einem guten Weg.«

»Danke«, sagte ich. »Wir geben uns beide große Mühe.« George saß da, mit erhobenem Kopf und wedelndem Schwanz.

Obwohl mir auffiel, dass er mir inzwischen von allein durchs Haus zu folgen begann, war der Rückruf innerhalb und außerhalb des Kurses noch immer ein Problem. Ich las so viele Bücher wie möglich über Hunde – vor allem Neufundländer – und erfuhr, dass es bei Neufis nichts absolut Ungewöhnliches war, dass der Rückruf nicht einwandfrei klappte. Viele kommen nicht, wenn sie gerufen werden, aber sie wollen auch nicht allzu weit von ihren Besitzern entfernt sein. Kleine Belohnungen in Form von Leckerlis wurden empfohlen, aber angesichts der Tatsache, dass George noch immer nicht vor mir aus seinem Napf fressen wollte, war ich ein bisschen skeptisch.

Während wir im Kurs übten, befahl ich George, Sitz zu machen und zu bleiben, und dann ging ich auf die andere Seite des Raums und rief ihn. Wenn er kam, belohnte ich ihn mit einem Leckerli, das er manchmal fraß und manchmal nicht. Andere, eher futtermotivierte Hunde schienen die Dinge schneller zu lernen. George lernte, was er lernen sollte, nicht von einem Verlangen nach Futter, sondern indem er seine Kurskameraden beobachtete und langsam, nach und nach, auf mich achtete.

Ein paar Wochen später war er zwar noch immer nicht der Beste, aber er begriff allmählich den Sinn des Kurses: dass wir hier waren, um gemeinsam Dinge zu lernen – und dass er Lob und Umarmungen bekam, wenn er sich von Zeit zu Zeit entschied, auf mich zu hören. Während er sich durch verschiedene Kommandos arbeitete, sah er, wie glücklich es mich machte und mit wie viel Liebe und Zuneigung ich ihn überschüttete, wenn er tat, was von ihm verlangt wurde, und das Lob allein schien ihn zu motivieren. Dass er ein bisschen schwer von Begriff war, machte bald einen Teil seines Charmes aus, ein Element dieses Bergs von einer Persönlichkeit, das er unter all seiner Ängstlichkeit verborgen hatte. Ich war innerlich zutiefst stolz auf seine Fortschritte und konnte nicht umhin, diese sanfte, süße Unbeholfenheit zu lieben, die seine Persönlichkeit allmählich zu prägen begann.

An unserem letzten Kursabend hatten wir unsere denkwürdigste Übung, und diesmal nicht, weil sie in einer Katastrophe endete. Für diese Aufgabe versammelten sich alle Leute und Hunde in der Mitte des Raums, und die Besitzer und ihre angeleinten Hunde wuselten in einem dichten Gedränge ziellos umher. Auf einer Seite dieser massiven, geballten Ablenkung hielt ein Trainer den Hund, der an der Reihe war, während der Besitzer dieses Hundes auf die andere Seite des Raums ging und sich hinter einen Wandschirm kauerte, sodass der Hund den Besitzer nur hören, aber nicht sehen konnte, wenn er gerufen wurde.

Angesichts der Tatsache, dass Georges Reaktion darauf, gerufen zu werden, selbst wenn er mich perfekt sehen konnte, nur die Hunde-Entsprechung eines Schulterzuckens war, schätzte ich unsere Erfolgschancen bei dieser Übung als nicht sehr gut ein. Dieses Gefühl verstärkte sich, als die ersten Hunde, die neue Übungen im Allgemeinen im Handumdrehen lernten, als hätten sie ihr Leben lang nichts anderes getan, Probleme damit hatten, ihre Besitzer zu finden. Während George und ich in der Mitte des Raums umherwuselten, konnte ich die Besitzer hören, die ihre Hunde anflehten, zu ihnen zu kommen, aber die Hunde blickten oft verwirrt und brachen in Panik aus, bevor sie schließlich, manchmal erst Minuten später, ihre Besitzer auf der anderen Seite des Raums fanden. Ausgeschlossen, dass George darin gut sein würde. Er und ich hatten ein Riesenproblem.

Als wir an der Reihe waren, nahm ich meinen Platz hinter dem Wandschirm ein, und der Trainer zeigte mir, wo ich hervoräugen konnte, um Georges Reaktionen zu beobachten, ohne von ihm gesehen zu werden. Er war bei der Trainerin an der Leine, auf der anderen Seite des Raums, und er versuchte fröhlich, ihren Hals zu liebkosen und ihr Gesicht zu lecken. Ich rief ihn, wie man uns angewiesen hatte, in einem eindringlichen Ton. Er hörte prompt auf, ihr Gesicht zu lecken, hob den Kopf und begann, den Raum mit den Augen nach mir abzusuchen. Als die Trainerin ihn losließ, erwartete ich, dass er sofort wieder anfangen würde, ihr Gesicht zu lecken, aber stattdessen suchte er weiterhin aufmerksam den Raum mit den Augen ab.

»George!«, rief ich. »Komm her!« Diesmal schnellte sein Kopf zu dem Wandschirm herum, und er steuerte entschlossen auf mein Versteck zu. Tatsächlich war er so entschlossen, dass er gar nicht darauf achtete, wen er auf dem Weg zu mir anrempelte oder umstieß. Er hatte eine klare Ansage erhalten. Ich war überrascht. Als er näher kam, rief ich noch einmal, und er begann zu laufen. Er schoss um den Wandvorhang und rannte genau gegen mich. Mit wedelndem Schwanz begann er, wie wild mein Gesicht zu lecken, während ich auf dem Rücken lag. Er war so glücklich, dass er mich gefunden hatte – aber nicht annähernd so glücklich wie ich.

»Braver Junge! Gut gemacht, George!«, sagte ich, während ich ihn zu einer lebhaften Umarmung an mich drückte. Er wedelte noch wilder mit dem Schwanz und schlabberte mich noch heftiger ab, und als ich ihn schließlich losließ, marschierte er mit ebenso stolzgeschwellter Brust wie damals, nachdem er die Sitz-und-bleib-Übung geschafft hatte, zurück zu der Trainerin und dem Rest der Gruppe. Er hatte mich schneller und entschlossener gefunden, als irgendeiner der anderen Hunde im Kurs an diesem Tag seinen Besitzer gefunden hatte. Ich war so stolz. All die Frustration der ersten Kursstunden war in diesem Moment wie weggeblasen.

Später an diesem Abend, als sich die letzte Kursstunde ihrem Ende näherte, wurden Auszeichnungen für besondere Fähigkeiten verliehen – wie zum Beispiel »Bester Sitz-Macher«, »Ausdauerndster Bleib-Macher«, »Bester Leinengänger«. Ich erwartete nicht, dass George irgendeine Auszeichnung gewinnen würde, und unterhielt mich leise mit dem Besitzer des Bichons, der soeben eine Auszeichnung als »Schnellster Lerner« gewonnen hatte. George und der kleine Hund lagen Seite an Seite zu unseren Füßen. Auf einmal hörte ich, wie »George!« gerufen wurde, gefolgt von lautem Applaus und sogar ein paar Jubelrufen und einem vereinzelten Bellen hier und da. Auch George hörte seinen Namen, sprang auf und zerrte mich hinüber zu der strahlenden Trainerin. Sie hielt ein offiziell aussehendes Zertifikat in den Händen, nur dass in den Ecken zwei Zeichentrickhunde zu sehen waren. Ganz oben war das Logo der Schule, und in der Mitte stand mit großen roten Filzstiftbuchstaben geschrieben:

George
Schüler mit den größten Fortschritten

In der Ecke links unten befand sich ein handgemaltes Herz. George rollte sich über eine Schulter auf den Rücken und präsentierte dem ganzen Raum seinen Bauch. »Braver Junge! Gut gemacht, George!«, sagte die Trainerin, während sie ihm den Bauch kraulte. Er schlabberte das Lob und den Beifall der restlichen Gruppe auf.

»Und Sie haben Ihre Sache auch sehr gut gemacht«, ergänzte sie, während sie mich breit anlächelte.

»Danke«, sagte ich und lächelte noch breiter zurück.

Im Laufe der Jahre hatte ich das Glück, ein paar Auszeichnungen zu gewinnen, sowohl als Sportler als auch als Marketingfachmann. Aber von allen Auszeichnungen, die ich gewonnen – oder mitgewonnen – habe, kann ich aufrichtig sagen, dass dieses handgeschriebene Zertifikat mich am glücklichsten gemacht hat.

George darf zum ersten Mal frei am Strand herumlaufen.
(Huntington Beach, Kalifornien, 2009)

George, Todd und ich auf dem Weg nach Kalifornien.
Weil George nicht hinten sitzen will, muss ich mich in die Mitte quetschen.

Mein Großvater und ich ein paar Wochen vor seinem Tod. Er war damals 91 und ich 42 Jahre alt.

Kurze Verschnaufpause,
bevor es wieder in die Wellen geht.

George in seinem Element.

George und ich warten zusammen auf die nächste Welle.
George hält dabei wie immer direkten Augenkontakt.

Was gibt es Schöneres, als sich nach einer Runde surfen trocken zu schütteln?

George und ich beim »Surf City Surf Dog«-Wettbewerb 2010, Huntington Beach, Kalifornien.

Ganz der Rettungsschwimmer – George leitet mich sanft an der Hand aus dem Wasser.

Wer behauptet, dass alte Hunde keine neuen Tricks mehr lernen können?

Eines meiner Lieblingsfotos! Es spiegelt unsere Freundschaft und unsere gemeinsamen Tage am Strand perfekt wider.

George trifft andere gut gekleidete Surf-Hunde beim »Surf City Surf Dog«-Wettbewerb.

George ist zwar ein großer Landseer-Neufundländer, hält sich aber für einen kleinen Schoßhund.

George und sein bester Freund Charlie.

NEUN

Und einfach so machten wir Fortschritte. George und ich kamen uns langsam näher, und wir begannen, einander zu vertrauen – ein wenig. Im Laufe der nächsten paar Monate war unsere gemeinsame Zeit zu Hause von zwei Arten von Interaktionen geprägt: langsame, bewusste Bewegungen und sanfte, aufmunternde Äußerungen.

Ich behandelte George mit einem Maß an Feingefühl, das vermutlich ein bisschen übertrieben war, aber im Gegenzug begann er, seine Persönlichkeit und unerwartete Eigenheiten erkennen zu lassen, angefangen mit der Tatsache, dass er eindeutig keine Ahnung hatte, wie groß er wirklich war. Er stieß Stühle im Haus um, und dann wandte er sich um und sah sie an, als wollte er sagen: »Wer war das denn?« Er schien absolut kein Bewusstsein dafür zu haben, wo sein eigener Schwanz oder seine Schulter – ganz zu schweigen von seinem Kopf – waren. Vor allem der Schwanz hatte offenbar magische Kräfte, von denen George keine Ahnung hatte. Der Schwanz konnte fast alles, was auf dem Couchtisch stand, wegfegen, umstoßen, zertrümmern, entzweibrechen und hinunterschleudern. Eine Glasvase, Plastikflaschen (geöffnet natürlich) und hin und wieder eine halb geleerte Flasche Bier oder ein Glas Wein gingen dank Georges magischem Schwanz zu Boden. Er fegte sogar unauffällig meine Schlüssel vom Tisch. Ich fand sie unerwartet unter dem Sofa – eine Stunde, nachdem ich sie brauchte und die Suche bereits aufgegeben hatte.

George besaß zudem die Angewohnheit, sich in Räume zu zwängen, neben denen der Kofferraum eines Smarts riesig aussehen würde. Oft zwängte er sich zwischen den Couchtisch und die Couch, und dann, in dieser bewegungsunfähigen Lage, sah er mich an, als wollte er sagen: »Wie kann es sein, dass ich hier nicht hineinpasse?« Hin und wieder wagte er sich unter den Esstisch und verhedderte seinen Körper und seine Beine in dem Dschungel aus Stuhlbeinen und Sprossen. Dann stieß er einen seiner seltenen Belllaute aus, die ich als »Hilf mir! Ich stecke unter dem Tisch fest und komme nicht mehr heraus!« deutete. Wenn ich nicht sofort kam, begann er, allein herauszukrabbeln und die Stühle und den Tisch mitzuschleifen.

Im völligen Gegensatz zu seiner Größe fraß er wie ein winziges, zierliches Hündchen, Bissen für Bissen, knabberte ein wenig und verschwand dann für eine Weile. »George, bist du etwa eine Ballerina im Körper eines Neufundländers?« Keine Reaktion.

Aber das Beste von allem war die Art, wie er schlief. Anders als die meisten Hunde, die sich im Allgemeinen ein paarmal im Kreis drehen und sich dann vorsichtig auf dem Boden niederlassen, ließ sich George, wenn er entschied, dass er sich hinlegen wollte, einfach fallen und rollte die Schultern wie ein Hollywood-Stuntman. Sobald er lag, streckte er sich für ein paar Minuten flach auf der Seite aus und setzte all dem dann die Krone auf, indem er sich auf den Rücken warf, die Beine in alle Richtungen gespreizt, den Bauch genau zur Decke gerichtet. »Sehr würdevoll, George. Das nenne ich eine vornehme Pose.« Aber die Wahrheit ist, es machte mich sehr glücklich, zu sehen, wie er sich vor mir allmählich entspannte. Er hatte keine Angst mehr, dass ich ihm etwas antun würde.

Sobald er sich eine Weile ausgestreckt hatte, fanden seine schlaksigen Gliedmaßen wieder den Weg unter ihn, und er rollte sich auf dem Boden zusammen, wobei er natürlich den Großteil davon einnahm. Jetzt war es Zeit für ein Nickerchen. Nachdem er es sich bequem gemacht hatte, sank er in den schweren Schlaf von Riesen und blieb stundenlang so liegen. Dann, sobald der ausgedehnte Schlummer beendet war, erwachte er mit einem Satz wieder zum Leben und warf mir einen erfrischten und verblüfften Blick zu, der zu sagen schien: »Ich weiß ja nicht, was passiert ist, aber ich fühle mich eindeutig ausgeruht. Lass uns spazieren gehen.«

»Na klar, George«, sagte ich dann zu ihm. »Zeit für den Park.« Und dann gingen wir beide zur Haustür, wo ich ihm mühelos die Leine anlegte, während er im Takt eines rhythmischen Hämmerns mit dem Schwanz wedelte, der dabei entweder die Tür oder die Wand oder mich traf.

Im Hundepark hatte ich sogar angefangen, ihn von der Leine zu lassen. Das erste Mal war ein bisschen nervenaufreibend, da man, auch wenn er bei den Übungen im Gehorsamstraining seine Sache gut gemacht hatte, unmöglich wirklich wissen konnte, was er mit seiner neu gewonnenen Freiheit draußen anfangen würde. Ich war nicht besorgt, dass er sich mit anderen Hunden anlegen würde, aber ich konnte die Befürchtung nicht abschütteln, dass er von irgendetwas erschreckt werden und in vollem Tempo in den Verkehr auf der belebten Querstraße unterhalb des Parks rennen könnte. Ich baute vor, gab den anderen Hundebesitzern im Park Bescheid, dass ich ihn von der Leine lassen würde, und bat sie, gut zehn Minuten ein Auge auf ihn zu haben, bevor ich ihn am Halsband festhielt und ihm die Leine abnahm.

Die ersten paar Sekunden stand er einfach nur da und sah zu mir hoch: »Und was jetzt?« Dann senkte er die Nase zum Boden und begann, zu schnuppern. Auch wenn er nicht, so wie andere Hunde, von seinem Magen getrieben wurde, benahm sich George wie ein Beagle, wenn es um Gerüche ging; er aalte sich in ihnen mehr, als es die meisten Hunde tun. Mit gesenkter Nase lief er hinüber zu ein paar Büschen und begann, ihren Geruch in sich aufzunehmen. Dann lief er weiter zu einem Baum und dann noch einem, wieder ein paar Büschen, einem Spielplatzgerät und wieder zurück zu den Bäumen. Hin und wieder näherten sich ihm ein paar andere Hunde, schnupperten an seinem Gesicht und seinem Hinterteil und sprangen dann in die Beugepose, die Hunde einnehmen, um zu sagen: »Lass uns spielen.« George schien verwirrt von der Körpersprache und nicht interessiert an seinen Artgenossen. Er beäugte jeden potenziellen Spielgefährten eine Sekunde lang fragend und schnupperte dann wieder weiter.

Ich gab ihm ungefähr fünf Minuten allein, bevor ich ihn zurückrief. Er kehrte zurück zu dem ersten Gebüsch, vergrub für eine Weile die Nase darin und begann dann, sich weiter von mir zu entfernen. Als er ungefähr dreißig Meter entfernt war, wurde ich ein bisschen nervös und begann, auf ihn zuzugehen. Er sah zu mir zurück, lief aber fröhlich weiter. Er rannte nicht, und er sah nicht so aus, als ob er zu entkommen versuchte; er benahm sich einfach nur trotzig, als wollte er sagen: »Hör zu, ich muss hier noch ein bisschen herumschnuppern, also lass mich einfach in Ruhe, Mann.«

»Okay«, sagte ich. »Lauf nicht zu weit weg.« Ich ließ ihn noch ein bisschen weiter davonschlendern, aber als er keine Anstalten machte, stehen zu bleiben, beschleunigte ich meine Schritte. »George!« Er kam noch immer nicht zu mir zurück, aber diesmal blieb er stehen und wartete. Ich schloss den restlichen Abstand zwischen uns, und er starrte mit einem großen Fragezeichen in den Augen zu mir hoch. »Du kannst nicht einfach von mir davonlaufen, George«, schalt ich ihn sanft. »Ich mache mir Sorgen um dich.« Er lehnte sich an mich und leckte meine linke Hand. Ich hielt ihn mit der rechten am Halsband fest. »Na komm, gehen wir«, sagte ich. Ich führte ihn zurück zu der Stelle, wo die anderen Hunde spielten. Er leistete keinen Widerstand und blieb bei mir, bis es Zeit war, nach Hause zu gehen.

Die nächsten paar Tage verliefen etwas besser, und George schaffte es schließlich, zu kommen, wenn er gerufen wurde.

Normalerweise musste ich das Kommando ein paarmal wiederholen, aber ich war so froh, dass er tatsächlich auf mich hörte, und die Visionen, wie mein schöner, großer Neufi in den Verkehr hinauslief, begannen, in meinem Kopf zu verblassen. Der Hundepark wurde zu einem Ort, auf den wir uns beide freuten. George genoss es, herumzuschnuppern und neue Hunde kennenzulernen, und für mich war es eine Gelegenheit, mit Leuten aus meiner Nachbarschaft in Kontakt zu kommen. Small Talk über Hunde oder das Wetter war für mich ehrlich gesagt hilfreich, um langsam mal wieder zwischenmenschlichen Kontakt zu knüpfen. Da sich die Unterhaltung in unserer Gemeinschaft hauptsächlich um unsere vierbeinigen Gefährten drehte, fragte mich niemand nach Jane. Der Ausflug war eine geringe Belastung, und mit der Zeit wurde er sogar angenehm. Außerdem ersetzten unsere täglichen Spaziergänge allmählich meine Soloabende auf der Veranda hinter dem Haus mit einem Drink und vielen Zigaretten. Ich begann, mich ein bisschen wohler mit mir selbst zu fühlen. Und es war schwer, einen Tag als schlecht anzusehen, wenn George an der Haustür schwanzwedelnd auf mich wartete, bereit, mir das Gesicht zu lecken und mir meine Sorgen zu nehmen.

Abends, wenn ich nur noch erschöpft ins Bett fallen wollte, nahm er seinen üblichen Platz auf dem Boden, in der Nähe meines Betts, ein. Aber egal, wie unbequem es für ihn wurde, er benutzte nicht ein einziges Mal sein teures Hundebett. Es setzte weiter auf dem Boden Staub an wie ein Museumsstück.

Unser einziger Rückschlag ereignete sich ein oder zwei Wochen, nachdem ich George im Park zum ersten Mal von der Leine gelassen hatte. Es gab einen Mann, der oft in den Park ging, um seine Hunde auszuführen, der aber nie mit irgendjemandem redete oder sich der Hauptgruppe auch nur näherte. Er war mittelgroß, und er trug eine

Brille mit getönten Gläsern und einem schmalen Rahmen, aber abgesehen von der Brille war er einer der unscheinbarsten Menschen, die ich je gesehen habe. Sein einziges auffälliges Merkmal waren die beiden schneeweißen Pyrenäenhunde, beide fast genauso groß wie George, die er Seite an Seite spazieren führte, ohne sie je von der Leine zu lassen.

In den zweieinhalb Monaten, seit ich den Park zweimal täglich besuchte, war es vielleicht das vierte Mal, dass ich ihn sah. Er kam von der Straße, in der ich wohnte, in den Park und ging hinüber zu einem Fußballfeld etwa vierzig Meter von dort entfernt, wo ich stand und mit einer Handvoll anderer Hundebesitzer redete. George war bereits auf dem Feld und erkundete es allein, und während der Mann es überquerte, begann George, sich für die Hunde zu interessieren, und schlenderte zu ihnen hinüber. Da ich George inzwischen etwas mehr vertraute, blieb ich, wo ich war, während er hinüberging, um sie zu begrüßen. George war etwa drei Meter entfernt, als einer der Pyrenäenhunde auf ihn zuschoss. Im nächsten Augenblick hatte der Pyrenäenhund das Ende seiner Leine erreicht und blieb stehen, knurrte, fletschte die Zähne und versuchte angestrengt, auf George loszugehen, während der Mann ihn festhielt. Der zweite Hund hielt sich zurück und sah dem Tumult zu.

George hatte sich bislang immer nur als freundliche, schüchterne und sanfte Seele gezeigt, trotz seiner Größe und Kraft. Er hatte überhaupt keine Aggression erkennen lassen, weder in der Hundeschule noch im Park, wenn ich ihn von der Leine ließ. Wenn er einem aggressiven Hund begegnete, selbst einem, der nur einen Bruchteil seiner Größe hatte, wich George jedes Mal zurück und ließ den anderen Hund ohne Angriffsziel stehen. Er erwiderte niemals etwas und bellte nie, wenn er konfrontiert wurde. Bis auf dieses Mal.

George donnerte den beiden Pyrenäenhunden ein tiefes Bellen entgegen. Als ich ihn hörte, lief ich auf den Mann zu, der an der

Leine zerrte, um seinen einen wütenden Hund fort von George und zurück zu seinem ruhigeren Gefährten zu bugsieren. Ich hatte nicht mehr als fünf Schritte getan, als ich hörte, wie der Mann George irgendetwas zubrüllte, das sich nach »Verschwinde!« anhörte. Dann rannte er auf George zu und versuchte, ihm einen brutalen Tritt gegen den Kopf zu verpassen.

George sah den Schlag kommen und schaffte es, sich wegzuducken, und der Stiefel verfehlte ihn um wenige Zentimeter. Ich war noch immer dreißig Meter entfernt, daher rannte ich los, während ich brüllte: »Was zum Teufel tun Sie denn da?« George hatte sich umgewandt und stürmte mit weit aufgerissenen Augen auf mich zu, aber erst, nachdem der Typ ihn ein zweites Mal zu treten versucht hatte.

»Nehmen Sie Ihren Hund an die Leine!«, brüllte der Mann, als ich näher kam. »In diesem Park herrscht Leinenzwang.« Seine beiden Hunde knurrten jetzt und fletschten die Zähne, als ich mich näherte. Währenddessen lief George an mir vorbei und blieb zehn Meter hinter mir verängstigt stehen.

»Sind Sie übergeschnappt?«, entgegnete ich. »Ihre Hunde verhalten sich aggressiv, und Sie wollen meinen Hund treten, weil er zurückbellt?«

»Mein Hund ist angeleint. Er kann tun, was er will«, brüllte er. »Ihr Hund ist nicht angeleint! Ich werde Sie anzeigen!«

Nicht dass mich ein Jahr Therapie zu einem Experten machte, aber ich würde jederzeit bezeugen, dass dieser Typ durchgeknallt war. Ich wandte mich um, um mich zu vergewissern, dass mit George alles okay war. Er stand noch immer weit hinter mir und beobachtete die Szene. »Machen Sie doch, was Sie wollen«, rief ich angewidert über die Schulter, während ich auf George zuging.

Als ich ihn erreichte, hatte er den Kopf gesenkt und den Schwanz eingezogen. Er zitterte am ganzen Körper. Der Typ kam, immer noch brüllend, mit seinen beiden großen Hunden auf uns zu, aber ich ignorierte ihn und bückte mich, um stattdessen mit George zu reden. »Es ist alles gut«, sagte ich, während ich ihm den Kopf tätschelte. »Es ist alles gut.« George beugte sich näher vor, als wollte er sich unter mir verstecken. Ich versuchte, ihn zu beschwichtigen, aber er hörte nicht auf zu zittern. Ich leinte ihn wieder an.

»Ich hole die Polizei!«, hörte ich den Mann hinter mir. Ich spürte, wie die Wut in mir hochkroch.

»Ach ja? Sie haben versucht, meinem Hund etwas anzutun. Es grenzt an ein Wunder, dass ich Sie nicht grün und blau geschlagen habe.«

Meine Drohung war nicht ernst gemeint – auch wenn ich sie sehr gern wahrgemacht hätte –, aber sie hatte den gewünschten Effekt. Schließlich wandte sich der Mann mit seinen Hunden ab und flüchtete aus dem Park. George hatte sich hinter mir hingelegt und den Kopf zwischen den Pfoten vergraben, noch immer zitternd. Ich setzte mich neben ihm auf den Boden und beugte mich hinüber, um ihn zu umarmen.

»Ist ja gut, großer Junge. Niemand wird dir etwas antun. Nie wieder, George. Das werde ich nicht zulassen.« Ich spürte, wie sich ein großer Kopf an meine Brust kuschelte, verzweifelt bemüht, sich unter mir zu verkriechen. Alle anderen im Park hatten zumindest einen Teil dieses Zusammentreffens gesehen, und während ich mit George dasaß, der sich in mir vergrub, kamen ein paar Leute herüber.

»Geht es George gut?«, fragte einer von ihnen.

»Ja, ich denke schon. Die Tritte haben ihn nicht getroffen, aber es war knapp. Ich glaube, er ist nur richtig verängstigt.«

»Dieser Typ ist verrückt«, sagte jemand anders. »Solche Nummern hat er schon früher gebracht.« Ich empfand das nicht als besonders tröstlich.

Ich ließ George etwas Zeit, um wieder zu sich zu kommen, und dann überredete ich ihn, aufzustehen, und ging mit ihm langsam eine Runde durch den Park. Andere Hundebesitzer kamen, um sich nach ihm zu erkundigen, und hatten ein paar tröstliche und aufmunternde Worte für mich, und viele ihrer Hunde schienen dasselbe zu tun, was nett war, aber George war völlig aufgewühlt. Er sah immer wieder hinter sich und interessierte sich nicht mehr dafür, herumzuschnuppern oder neue Hundefreunde kennenzulernen. Ich brachte ihn nach Hause, und als wir ankamen, kroch er in eine Ecke des Wohnzimmers und legte sich auf den Boden.

Als es Zeit für sein Abendessen war, brachte ich ihm seinen Fressnapf hinüber. »Hier, bitte sehr, George.« Er wandte seine großen, herabhängenden Augen um, um mich anzusehen, und als ich den Napf abstellte, seufzte er und wandte sich ab.

An diesem Abend fraß er nichts. Nicht ein Knurpsen war zu hören, nicht einmal, wenn ich das Zimmer verlassen hatte. Und am nächsten Morgen, als ich seine Leine nahm, um ihm zu sagen, dass es Zeit für seinen Spaziergang war, trottete er auf unserem Weg zur Tür nur langsam hinter mir her.

»Was ist los, großer Junge? Willst du heute nicht in den Park gehen?« Überhaupt kein Blickkontakt.

»Wir müssen dorthin zurück, George. Wenn wir es nicht tun, hat der Idiot gewonnen. Na komm schon.« Ich tätschelte ihn freundlich und legte ihm die Leine an.

Ich entschied, mit ihm durch die Nachbarschaft zu gehen anstatt sofort in den Park, und er schien heilfroh, dass wir nicht die gewohnte Richtung einschlugen. Wir begegneten keinen bekannten Gesichtern – willkommenen oder anderen –, George erledigte sein Geschäft, und als wir wieder zu Hause ankamen, hörte ich ihn ein bisschen an seinem Trockenfutter knabbern, bevor ich zur Arbeit fuhr.

An jenem Abend wusste ich, dass wir uns dem Park wieder stellen mussten. Ich ließ George lange Zeit, sich zu akklimatisieren, bevor ich ihn von seiner Leine befreite. Als ich es schließlich tat, blieb er dicht bei mir und stand buchstäblich nur herum. Er schnupperte nicht und spielte nicht mit den anderen Hunden, und als ich ihm die Leine wieder anlegte, schien er regelrecht erleichtert.

George brauchte ein paar Tage, bis er sich wieder wie er selbst benahm. All die Fortschritte, die wir erzielt hatten, seit er in mein Haus gekommen war, schienen zunichtegemacht – er fraß kaum noch, versteckte sich in den Ecken des Hauses und war sichtlich verängstigt. Aber einen wichtigen Unterschied gab es: Er zuckte nicht mehr vor mir zurück. Tatsächlich tat er genau das Gegenteil. Abends, während ich arbeitete oder fernsah, legte er sich neben mich auf die Couch; er kletterte zu mir ins Bett und schlief genau neben mir. Draußen in der Welt klebte er an meiner Seite, in der perfekten »Bei Fuß«-Position, die ich ihm im Gehorsamstraining immer beizubringen versucht hatte. Vielleicht sah ich neben irgendeinem Verrückten, der ihn treten wollte, auf einmal nicht mehr so schlimm aus. Oder vielleicht war er auch einfach nur froh, dass ich mich für ihr eingesetzt hatte. Wie auch immer, nachdem er ein paar Tage einen Eiertanz aufgeführt hatte, fand er eine Art, mich wissen zu lassen, dass es ihm endlich besser ging.

Ich saß im Wohnzimmer und sah fern, als ich auf einmal ein Knurren aus dem ersten Stock des Hauses hörte. George knurrte nie, daher war ich irgendwie verwirrt, und schließlich wurde ich besorgt. Ich stieg in den ersten Stock hoch und steckte den Kopf in das Badezimmer am oberen Ende der Treppe, von wo ich das Geräusch ungefähr gehört zu haben glaubte. Toilette, Dusche und Badewanne – alles sah normal aus, aber George war nirgends zu sehen.

Ich war auf dem Weg zum Gästezimmer, als ich es wieder hörte – ein Rumpeln, das laut genug war, um das Haus in seinen Grundfesten zu erschüttern, und das eindeutig aus dem Badezimmer kam. Ich ging zurück zum Badezimmer und diesmal ganz hinein. Ich spähte über den Rand der Wanne, und da lag George, im Tiefschlaf, flach auf dem Rücken, seine schlaksigen Beine von sich gestreckt. Sein riesiger Kopf lag schräg auf der Seite, und sein großer, geöffneter Mund und seine nasse Nase waren an die Wand der Badewanne gedrückt.

Er holte einmal tief Luft, und als er sie wieder ausstieß, schnarchte er, genau gegen die Seite der Wanne. Das ganze Ding vibrierte und verstärkte das Geräusch, und das war es – das tiefe Nebelhorntuten, das ich von unten gehört hatte.

Ich lachte so laut auf, dass ich George weckte – wieso sein eigenes Schnarchen es nicht getan hatte, war mir ein Rätsel. Er sprang aus der Wanne, mit wedelndem Schwanz, und sah neugierig zu mir hoch, als wollte er sagen: »Was habe ich verpasst? Was war denn so witzig?«

Ich bückte mich und umarmte ihn fest. »Geht es dir besser ... Schnarchnase?«, fragte ich. Als ich das *klopf, klopf, klopf* seines glücklichen Schwanzes auf dem Fliesenboden hörte, wusste ich, dass die Antwort ein entschiedenes Ja war.

ZEHN

Das Zusammensein mit George brachte ein gewisses Gleichgewicht in mein Leben, eine Ausgeglichenheit, die ich schon lange nicht mehr empfunden hatte. Ich hatte tatsächlich einen Grund, jeden Abend Feierabend zu machen, und etwas Positives, worauf ich meine Energie richten konnte, wenn ich nach Hause kam. Und George machte weiter Fortschritte. Wir waren viel entspannter miteinander, und ich konnte erkennen, dass er sich freute, mich zu sehen, wenn ich am Ende des Tages zur Tür hereinkam. Ich freute mich auf jeden Fall auch, ihn zu sehen.

Aber das hielt mich nicht davon ab, tagsüber hart zu arbeiten. Ich liebte meinen Job, und ich brauchte immer noch eine Ablenkung von meinen Gedanken an Jane, die größtenteils nicht sehr hilfreich waren. Im Frühjahr 2009, als ich zu meinem alljährlichen Job-Review nach New York flog, war die Wirtschaft angeschlagen, und in den Zeitungen standen ständig Berichte über umfangreiche Stellenstreichungen in Unternehmen. Obwohl ich mehrere große Projekte entwickelt und ein gutes Verhältnis zu Kunden und Kollegen hatte, war ich ein wenig besorgt wegen meines bevorstehenden Reviews. Eines stand fest: Ich brachte keines meiner persönlichen Probleme mit zur Arbeit. Um genau zu sein, arbeitete ich, um mich abzulenken, doppelt so hart, seit Jane gegangen war. Trotzdem, in einer schwierigen wirtschaftlichen Lage ist alles möglich, und es fiel mir schwer, nicht nervös zu sein, als ich meinen Koffer packte, während mein großer Hund jeden meiner Schritte beobachtete.

Es würde das erste Mal sein, dass ich George allein ließ, und auch das war beunruhigend. Ich brachte ihn zu einer bestens empfohlenen Hundepension. Es war nur für eine Nacht, sagte ich mir immer wieder. Es würde ihm gut gehen. Als ich ihn am Empfang anmeldete, lehnte er sich an mich, und ich konnte spüren, wie er zitterte. Ich kniete mich hin und nahm seinen Kopf in meine Hände. »Es ist alles gut«, sagte ich. »Ich werde zurück sein, bevor du es überhaupt mitkriegst.« Seine Augen bohrten sich in meine, mit einem panischen Blick, der mir das Herz brach. Wie konnte ich ihm das antun?

Ein männlicher Mitarbeiter der Hundepension nahm mir die Leine ab. »Okay, George«, sagte er. »Komm mit mir mit. Wir werden eine tolle Zeit zusammen haben.« Das war der Moment, in dem George sich auf den Boden warf und uns seinen inzwischen vertrauten »Ich-werde-mich-nicht-vom-Fleck-rühren«-Blick zuwarf.

»Er hat irgendwie Angst vor Männern«, sagte ich. Der Typ beäugte mich, als hätte ich nicht alle Tassen im Schrank. Während er Georges entschlossenen Blick und seine stämmige Gestalt, die fest am Boden klebte, neu abschätzte, hatte die Empfangsangestellte eine Idee.

»Geh und hol Jennifer«, sagte sie.

Jennifer kam und beschwichtigte George mit großem Geturtel, und George folgte ihr – wenn auch widerstrebend – zu seinem Zuhause auf Zeit.

»Wiedersehen, George«, sagte ich. Er wandte den Kopf für einen letzten Blick in meine Richtung, bevor er den Raum verließ. Wie könnte ich ihm erklären, dass ich nicht für immer wegging? Ich konnte es nicht.

»Bis morgen«, sagte ich. Und dann fuhr ich zum Flughafen.

Einige Stunden später traf ich in der Firmenzentrale von MKTG in Chelsea Market, einem hippen, historischen Stadtteil am Rande des Hudson River im Südwesten von Manhattan, ein. Ich verbrachte den Großteil des Vormittags damit, mit Bekannten Neuigkeiten auszutauschen und bei ein paar Projekten nachzuhaken, und klopfte dann, kurz vor Mittag, an Charlie Horseys Tür.

Charlie war mein Boss und CEO bei MKTG. Er ist einer der klügsten Köpfe in der US-Werbebranche, aber auf den ersten Blick sieht er aus wie der Typ von nebenan: groß, gepflegt, lässig gekleidet in einem dunklen Sakko, Jeans und einem Button-down-Hemd. Dazu trägt er ausgesprochen farbenfrohe Nike-Treter. Charlie ist die Art Boss, die in einer Brainstorming-Session sitzen und sich Strategien anhören kann, die Leute über Wochen, sogar Monate hinweg entwickelt haben, und dann eine bessere aus dem Ärmel schüttelt, während sie es gleichzeitig schafft, niemanden zu kränken. Er ist hart, aber gerecht, und wahnsinnig intelligent.

»Colin, schön, dich zu sehen! Komm rein«, sagte er, während er mich umarmte und in sein Büro schob. Ich erkundigte mich nach seiner Frau und seinen vier Kindern; er wusste, dass Jane gegangen war, und tat mir den Gefallen, nicht zu viele Worte darüber zu verlieren. Stattdessen erzählte ich ihm alles über George.

»Also ein Hund, ja?«, fragte er.

»Oh, ja. Es ist toll, ihn um mich zu haben. Er ist eine richtig gute Gesellschaft.«

Wir redeten noch über ein paar andere Dinge, und dann, nachdem wir alle Neuigkeiten über unser Privatleben ausgetauscht und ein paar geschäftliche Angelegenheiten besprochen hatten, öffnete er einen Ordner auf seinem Schreibtisch.

»Also«, sagte er mit einem breiten Grinsen. »Bereit für den Review?«

»So bereit, wie's nur geht.«

»Als Erstes möchte ich sagen, dass mir durchaus bewusst ist, welche Herausforderung es bedeutet, ein neues Geschäft in Kanada aufzubauen – vor allem in einem Jahr wie diesem –, und dass wir wirklich zufrieden mit den Kontakten sind, die du geknüpft hast.«

Er hielt einen Augenblick inne. »Du wartest auf das Aber?«

Ich nickte.

»Na ja, das Aber ist, dass die Fortschritte, die du erzielt hast, nicht ganz das sind, was wir uns erhofft hatten.«

Er hatte recht. Alle hatten zu kämpfen, und mein Büro war keine Ausnahme.

»Charlie, mir ist bewusst, dass es besser laufen könnte, aber ...«

Bevor ich meinen Satz zu Ende führen konnte, unterbrach mich Charlie. »Wir haben soeben eine Agentur in Los Angeles übernommen«, sagte er. »Wir glauben, dass der Markt dort weitaus vielversprechender ist als das, was wir im Moment in Kanada vorfinden.«

Mir wurde mulmig. Das schlimmstmögliche Szenario würde eintreten. Er würde das Büro in Toronto schließen – ich würde meinen Job verlieren.

Charlie musterte mein Gesicht einen Moment. »Dieses neue Büro in L.A. eröffnet uns tolle neue Möglichkeiten. Wir brauchen jemanden, der den Laden dort schmeißt, der unsere Kultur und die Art, wie wir Geschäfte machen, umsetzt. Ich habe entschieden, dass diese Person du sein solltest.«

Ich war mir sicher, dass ich falsch gehört, falsch verstanden, falsch irgendwas hatte. »Wie bitte?«

»Colin, wir versetzen dich nach Los Angeles.«

»Los Angeles, Kalifornien?«

»Nein, das andere Los Angeles, das in Wisconsin«, sagte er lachend. »Natürlich Kalifornien.«

»Ich ziehe nach L.A.?«

»Du hast die Erfahrung, du gehst toll mit Kunden und Mitarbeitern um, und wir brauchen dort draußen eine Führungskraft vor Ort, die uns helfen kann, diese Fusion zu steuern.« Er beugte sich vor und dämpfte seine Stimme. »Es wird für dich persönlich toll sein, und es ist genau der richtige Augenblick in deinem Leben für einen solchen Neuanfang.«

Er ließ mich das verdauen und fuhr dann fort: »Außerdem bist du zwar Eishockeyspieler, aber du siehst aus wie ein Surfer. Du wirst dort richtig gut hinpassen.«

Dieses ganze Gespräch war surreal, als würde ich nur zuhören. »Das heißt, ich gehe nach L.A.?«

»Ja!« Er streckte eine Hand aus, um meine zu schütteln. »Wir werden mit deinem Arbeitsvisum alles klären. Wir wollen dich so bald wie möglich dort haben. Willkommen in Amerika, mein Freund. Bist du dabei?«

Als Kind, das in einer Kleinstadt aufwuchs, hatte ich mir nie vorgestellt, eines Tages in einem schicken Büro in New York City zu sitzen und darüber zu reden, einen Job als Führungskraft in Los Angeles, Kalifornien, anzunehmen. Ich dachte an meinen Großvater. Ich dachte an unsere Spaziergänge am Strand und wie er meinen Bruder und mich immer lehrte, dass harte Arbeit sich auszahlt und dass es gut ist, neue Herausforderungen anzunehmen. In diesem Moment wünschte ich, ich hätte ihn anrufen können, nur um seine Stimme zu hören.

Ich glaube, er wäre stolz gewesen. Und ich wusste auch, dass Charlie recht hatte mit dem Neuanfang.

Ich lächelte und sah Charlie an. »Okay. Ich bin dabei«, sagte ich, während ich die Hand ausstreckte und seine ergriff.

»Wunderbar! Du fängst in sechs Wochen an. Wir haben dir ein Haus in Hermosa Beach angemietet. Paul wird dir mit dem Visum und dem Finanzkram helfen. Noch irgendwelche Fragen?«

»Nur eine«, sagte ich. »Ist das Haus groß genug für einen über sechzig Kilo schweren Hund?«

ELF

Nach dem Abendessen und einer kleinen Feier mit Charlie und ein paar anderen Kollegen nahm ich am nächsten Morgen einen Flug nach Hause und fuhr zu der Hundepension, um George abzuholen. Allmählich drang es zu mir durch, dass ich mich bereit erklärt hatte, in die USA zu ziehen, nach Los Angeles, eine Stadt, die ich bislang nur aus Filmen kannte.

Auf dem Rückflug dachte ich über George nach. Wie würde er es verkraften, schon wieder umzuziehen? Und was war mit dem Wetter? Würde es zu warm für ihn sein? Wir fanden allmählich immer besser zueinander, und inzwischen hatten wir eine Routine in Sachen Spaziergänge, Essen, Schlafen und so vielen Umarmungen, wie ich ihm jeden Tag geben konnte. Hunde mögen klare Strukturen, und ich hatte den Verdacht, dass George sie sogar noch mehr mochte als die meisten Hunde. Und nun war ich im Begriff, ihn quer über den Kontinent in ein neues Zuhause zu verfrachten, eine neue Stadt, ein neues Land, sogar ein neues Klima.

Ich bog zu der Hundepension ein, all diese Gedanken im Kopf – und noch einen mehr: Ich vermisste ihn und konnte es kaum erwarten, ihn zu sehen. Ob er mich auch vermisst hatte?

»Wir holen ihn gleich«, sagte die Empfangsangestellte. »Er war ein sehr braver Junge.«

Sobald George mich entdeckte, flippte er vor Aufregung aus. »George!«, sagte ich. Ich kniete mich auf den Boden, und er schoss auf mich zu und warf mich fast um. »Ist das schön, dich zu sehen«, sagte ich. Ich vergrub den Kopf an seinem Hals, während er mir das Gesicht leckte. Er wedelte so wild mit dem Schwanz, dass sein ganzes Hinterteil hin und her wackelte, und als ich wieder aufstand, sprang er hoch und legte seine großen Pfoten zu einer bärenhaften Umarmung auf meine Schultern. Er sah mir in die Augen und begann dann, mein Gesicht zu lecken. Er warf mich fast wieder zu Boden. Ich konnte nur lachen.

»Ich habe dich auch vermisst, großer Junge!«

Die Mitarbeiter der Hundepension sahen zu, wie der große Hund weiter aufgeregt herumtänzelte, auf den Boden sprang und sich in einem engen Kreis drehte. Ich bedankte mich bei ihnen und zog sanft an Georges Leine. »Gehen wir, Kumpel«, sagte ich. »Gehen wir nach Hause. Ich habe große Neuigkeiten für dich.«

Während wir uns auf dem Nachhauseweg durch den Großstadtverkehr schlängelten, erzählte ich ihm laut von dem Meeting in New York. Ja, genau: Ich redete mit meinem Hund. Er legte den Kopf auf die Seite und hörte mit verzückter Aufmerksamkeit zu. »George, wir ziehen nach Los Angeles.« Ich erzählte ihm in allen Einzelheiten von dem neuen Job, was gut daran war und was mir Sorgen bereitete. Ich erzählte ihm von meinem Arbeitsvisum und dem Timing und dass wir ein neues Zuhause am Strand haben würden. Na ja, ich bin nicht so verrückt, zu glauben, dass George verstand, was ich sagte, aber er war zweifellos ein guter Zuhörer, und es half mir, alles in Worte zu fassen.

»Wir sind da, George«, sagte ich, während wir in meine Auffahrt einbogen. Ich öffnete die Tür, und George trottete sofort ins Haus – unser Haus. Binnen weniger Minuten waren wir wieder in unserer sehr behaglichen häuslichen Routine, unbeschadet von unserer ersten getrennt verbrachten Nacht.

Die eineinhalb Monate zwischen dem Tag, an dem ich den Jobwechsel angeboten bekam, und dem Tag, an dem George und ich Toronto tatsächlich verließen, rauschten nur so an mir vorüber. In der Arbeit regelte ich alle noch offenen Angelegenheiten und machte mich mit den Fallstudien der Los-Angeles-Kunden vertraut. Zu Hause überlegte ich, was ich mitnehmen sollte und wie ich es nach Kalifornien transportieren sollte, und ich befasste mich damit, wie man einen Hund über die Grenze brachte.

Und ich musste mir Gedanken machen, was mit dem Haus geschehen sollte – einem Haus, das Jane und ich noch immer gemeinsam besaßen. Ich entschied, dass es das Beste war, es zu verkaufen, aber das hieß, dass ich Jane kontaktieren musste. Wir waren inzwischen seit über einem Jahr getrennt und hatten seit dem Ende der Paartherapie kaum noch miteinander gesprochen. Hin und wieder hatte ich irgendein tiefgründiges Erlebnis und verspürte das Bedürfnis, ihr davon zu erzählen. Vor allem, nachdem ich George bekommen hatte, wollte ich sie anrufen und sagen: »Weißt du was? Ich habe mir einen Neufundländer zugelegt, und er ist toll!« Aber letztendlich bremste ich mich, denn die Person, mit der ich so unbedingt wieder Verbindung aufnehmen wollte, gab es nicht mehr – jedenfalls nicht für mich –, und ich wusste, wenn ich den Kontakt zu ihr suchte, würde ich mich danach nur noch einsamer fühlen als vor dem Anruf.

Aber diesmal war es etwas anderes. Diesmal rief ich Jane aus praktischer Notwendigkeit an. Da ich ihre neue Nummer nicht hatte, rief ich sie in der Arbeit an. Ich war darauf eingestellt, eine Nachricht zu hinterlassen, aber sie nahm bei meinem ersten Versuch ab.

»Jane am Apparat.« Es war dieselbe Stimme, die ich kannte und liebte, aber es klang seltsam, sie nach all der Zeit zu hören.

»Hi, ich bin's«, sagte ich. »Wie geht es dir?«

»Was gibt's?«, fragte sie. Ich konnte keine Emotion in ihrer Stimme hören.

Ich kam sofort zur Sache. »Ich habe einen neuen Job. Ich bin befördert worden und werde nach Los Angeles ziehen. Ich glaube, wir müssen das Haus verkaufen.«

»Oh«, sagte sie. »Okay.«

Wir klärten die Details rasch und leicht. »Passt dir das?«

»Passt«, antwortete sie.

»Na ja, ich nehme an, das war's dann.« Ich hielt einen Moment inne. Ich wünschte mir so sehr, dass sie mich fragte, wie es mir ging, was es sonst Neues gab – irgendetwas. Es war eine törichte Hoffnung.

»Okay, na ja – das war's dann wirklich. Mach's gut, Jane.« Ich legte auf, ohne abzuwarten, dass sie sich ebenfalls verabschiedete.

Als ich auflegte, lag George neben mir auf der Couch, das Hinterteil mir zugewandt. Mit großer Entschlossenheit wandte er seinen schweren Körper um, sodass er den Kopf in meinen Schoß legen konnte.

»Du bist ein braver Junge, George«, sagte ich. Und anstatt zusammenzubrechen, wie ich es nach einem solchen Gespräch mit Jane erwartet hatte, kraulte ich seine großen, samtigen Ohren und fühlte mich ... okay. Ich war noch immer angespannt, ich war noch immer verletzt, und ich war eindeutig traurig, aber ich war nicht gebrochen. Und ich würde nicht untergehen, diesmal nicht.

Während ich dort saß, dachte ich daran zurück, wie mein Großvater mir das Schwimmen beigebracht hatte. Ich konnte nicht mehr als ein paar Jahre alt gewesen sein. Er nahm mich bei der Hand und ging mit mir ins Meer hinaus. »Es ist gar nicht so kalt«, sagte er augenzwinkernd, in dem vollen Wissen, dass es das war. Und als das Wasser zu tief wurde, ließ er mich meine Arme um seinen Hals schlingen, damit ich lernte, in seinem Kielwasser zu treiben. Als Erwachsener begriff ich, dass das genau die Art war, wie er sich im Zweiten Weltkrieg eine Tapferkeitsmedaille verdient hatte.

Verwundete alliierte Soldaten, die beim Juno Beach zu ertrinken drohten, schlangen ihm die Arme um den Hals, und er schwamm mit ihnen durch das Maschinengewehrfeuer ans rettende Ufer. Das tat er mehrere Male, bis er schließlich den Befehl erhielt, aufzuhören und im Landesinneren Schutz zu suchen.

»Es ist alles gut, mein Junge«, sagte er zu mir, während ich mich an seinen Hals klammerte, aber ich hatte nie Angst, weil ich bei ihm war. Als ich älter war, brachte er mir bei, unter Wasser die Luft anzuhalten.

»Vergiss nicht – behalte immer die Augen offen.«

»Aber, Grandpa, das brennt.«

»Es tut nur für eine Sekunde weh. Und dann gewöhnst du dich dran.«

Da ich wusste, dass er die Wahrheit sagte, da ich ihm vertraute, versuchte ich es. Und er hatte recht. Es war unangenehm, aber nicht lange. Bald legte sich das Brennen, und eine ganz neue Unterwasserwelt tat sich vor meinen Augen auf.

Mein großer Umzug nach L.A. nahte, daher musste ich Dr. Hamer von meinem Wohnortwechsel in Kenntnis setzen und mir irgendeine Art Perspektive verschaffen. Ich wollte herausfinden, ob ich damit klarkommen würde, ob ich wirklich bereit für solch eine große Lebensveränderung war. Ich war mir nicht sicher. Ich war noch immer besorgt, dass George für einen erneuten Umzug nicht bereit sein könnte. Beides beschäftigte mich. Es war fast 14 Monate her, seit ich begonnen hatte, zu Dr. Hamer zu gehen, und ich war voller Hoffnung, dass er mir sagen würde, dass ich bereit für diesen Schritt war.

Während ich auf der Couch lag, berichtete ich ihm meine große Neuigkeit von dem Umzug und meinem kurzen Telefonat mit Jane.

»Ich kann Ihnen einen neuen Arzt in L.A. empfehlen, wenn Sie möchten.«

»Dort zu jemandem zu gehen, wäre kostspielig. Meine Krankenversicherung wird das in den Staaten nicht abdecken«, sagte ich. »Außerdem glaube ich, dass es mir besser geht.«

Schweigen.

»Ich habe doch Fortschritte gemacht, oder? Vielleicht nicht zu hundert Prozent, aber ich fühle mich eindeutig besser.«

»Wollen Sie, dass ich Ihnen sage, dass mit Ihnen alles in Ordnung ist?«

»Na ja, schon ... aber nicht, wenn es nicht stimmt.«

»Warum haben Sie das Gefühl, dass ich Ihnen sagen soll, dass es Ihnen besser geht?«

»Es ist jetzt über ein Jahr her. Ich habe mich wirklich sehr bemüht. Ich würde gern wissen, was Sie denken.«

Er sah nicht von seinem Block auf, aber er lächelte. »Sie haben eindeutig Fortschritte gemacht, und Sie sind nicht mehr so wackelig wie bei unseren ersten Sitzungen, aber Sie haben auch recht damit, dass Sie noch nicht zu hundert Prozent in Ordnung sind.«

»Okay. Schön und gut«, sagte ich.

»Ich denke, es gibt Anzeichen einer Besserung, aber es ist wichtig, dass Sie sie selbst erkennen, anstatt sie sich von mir aufzeigen zu lassen.« Er gab mir ungefähr eine Minute, um seine Worte zu verdauen.

»Lassen Sie uns das Thema wechseln. Glauben Sie, dass Sie dem Hund, den Sie zu sich geholt haben, geholfen haben?«

Eine verlegene Stille trat ein, während ich dort auf der Couch lag und meine Gedanken sortierte. »Wissen Sie, das Verrückte ist, dass ich diesen Hund gerettet habe, aber es gibt Tage, an denen ich mich frage, ob ich es vielleicht falsch herum verstanden habe.«

Dr. Hamer nickte und kritzelte auf seinem Block vor sich hin. »Was meinen Sie damit?«

»Ich weiß nicht genau«, sagte ich, und das meinte ich ernst. »Vor ein paar Monaten haben wir ein Gehorsamstraining absolviert.

Am Anfang war George richtig schlecht darin. Konnte nicht einer einzigen Anweisung folgen. Er war völlig chaotisch.«

Dr. Hamer schmunzelte.

»Eine Trainerin in der Hundeschule gab mir einen guten Rat, wie ich ihm helfen könnte, und den habe ich befolgt.«

»Und was genau haben Sie da getan?« Dr. Hamers Stift verharrte in der Schwebe.

»Ich habe ihn umarmt«, sagte ich. Tränen traten mir in die Augen, während ich dalag und an Dr. Hamers Decke starrte. Ich kannte jeden Riss und jeden kleinen Fleck darauf.

»Die Trainerin sagte, George könnte vielleicht anfangen, ein normaler, glücklicher Hund zu sein, wenn er seine Vergangenheit hinter sich lassen könnte. Und sie hat mir gesagt, dass ich ihn umarmen soll.«

»Und, glauben Sie, dass Sie dasselbe tun müssen wie George? Müssen Sie Ihre Vergangenheit hinter sich lassen?«

Ich hasste es, wenn er das tat – wenn er die Diskussion auf mich zurücklenkte, während ich nichts weiter wollte, als über irgendetwas anderes zu reden.

»Ich nehm's an. Ja«, sagte ich.

»Glauben Sie, es würde helfen, wenn jemand Sie umarmen würde? Umarmt George Sie?«, fragte er.

Da ich nicht in einer Familie aufgewachsen war, in der Gefühle offen gezeigt wurden, war eine Sache, die ich an Jane so geliebt hatte, die Tatsache, dass sie sich nicht davor scheute, meine Hand zu halten oder mich zu umarmen.

Ich rang um eine Antwort. Ich dachte darüber nach, wie George sich jedes Mal mit seinem ganzen Gewicht an mich lehnte, wenn er mich begrüßte, und wie er in dem Moment, in dem ich ihn in der Hundepension abholte, nachdem ich einen Tag fort gewesen war, hochsprang und mir seine großen Pfoten um den Hals schlang.

»Ja«, sagte ich. »Ich denke, er umarmt mich.«

»Na ja, das klingt doch, als ob Sie auf einem guten Weg sind.«

TEIL DREI

California Dreaming

ZWÖLF

Es gibt einen guten Grund, weshalb die meisten Hunde, die man in Fernsehshows und Filmen sieht, die in Kalifornien spielen, kurzhaarig und klein sind. Es ist heiß hier. Richtig heiß. Und während die Wochen verstrichen und unser Termin für den Umzug nach Kalifornien näher rückte, wurde es noch schlimmer, als überall in Los Angeles County Flächenbrände ausbrachen und die ganze Gegend noch mehr aufheizten. Ich machte mir noch mehr Sorgen um George und darum, wie er auf die Hitze reagieren könnte. Ich war besorgt, dieser Umzug könnte vielleicht das Schlimmstmögliche – physisch und emotional – sein, das ich ihm im Moment antun konnte.

Ich beschloss, die Tierklinik in Hermosa Beach anzurufen und direkt mit jemandem zu reden, der wusste, wie sich das Wetter auf einen großen, haarigen Hund wie George auswirken könnte. Eine sehr fröhliche Empfangsangestellte begrüßte mich am Telefon. Als ich ihr sagte, von wo ich anrief, sagte sie: »Viel Schnee heute dort oben?« Es war Mitte Mai, und wir hatten 21 Grad in Toronto. Diese Frau wusste ganz offensichtlich nicht viel über das kanadische Wetter.

Ich wechselte das Thema. »Na ja, ich überlege nur, ob Hermosa Beach sicher für einen großen, haarigen Hund ist, vor allem bei den Flächenbränden, die jetzt wüten. Ich ziehe mit einem Neufundländer dorthin, daher frage ich mich, ob das Wetter für ihn kühl genug sein wird«, sagte ich.

Schweigen. Es war die kanadische Entsprechung davon, sie zu fragen, ob sie in einem Iglu lebte. Nach einer langen Pause sagte sie: »Ich denke, Sie sind hier ziemlich sicher vor den Flächenbränden, weil wir direkt am Meer sind. Im Allgemeinen sind diese Brände ziemlich weit weg von hier. Und die Temperatur am Strand steigt selten über 22 Grad – perfekt für Menschen und Hunde gleichermaßen.« Ich konnte fast hören, wie sie die Augen verdrehte.

»Okay«, sagte ich verlegen. »Das ist gut zu hören. Ich glaube, damit kommt er klar.«

»Wunderbar«, sagte sie. »Dann werden wir Sie und Ihren Neufi vielleicht einmal in unserer Klinik sehen – falls die Flächenbrände Sie nicht vorher erwischen.« Trotz meiner Verlegenheit tat ich, als würde ich mitlachen. Ich notierte mir die Kontaktdaten der Klinik, falls ich sie einmal brauchen sollte, und legte auf. Eine Sorge weniger.

Als Nächstes versuchte ich, herauszufinden, wie ich George, mich selbst und all unsere Habseligkeiten hinunter nach L.A. bekommen sollte. Ich beschloss, selbst zu fahren. Ein Roadtrip: ein Mann und sein Hund. Was könnte es Besseres und Einfacheres geben? Ich würde einen klimatisierten Truck mieten, und George würde nur einen Rückspiegelblick von mir entfernt sein. Das hieß, wir würden unterwegs jederzeit anhalten können, wenn George sein Geschäft erledigen und nach Herzenslust herumschnuppern musste. Es würde ein großes amerikanisches Abenteuer werden!

Dann berechnete ich die Fahrtzeit und begriff, dass meine Solomission als Fahrer vielleicht doch schwieriger sein könnte, als ich dachte. Es würde gut fünf oder sechs Tage dauern. Ich brauchte einen Beifahrer, daher rief ich meinen besten Freund Todd an. In den ersten harten Monaten, nachdem Jane gegangen war, hatte ich mich Todd und seiner Frau Sheila gegenüber richtig geöffnet. Wir waren ursprünglich Teamkameraden in einem Eishockeyteam gewesen und hatten bei der einen oder anderen Balgerei oft den Kopf füreinander hingehalten. Wir waren seit über zwanzig Jahren enge Freunde. Ich wusste, dass er einer der Menschen war, die ich am meisten vermissen würde. Es gab nicht viele Hobbys, die wir nicht teilten – vor allem Eishockey, Golf, Comedyshows und das eine oder andere Bier –, aber es gab einen großen Unterschied bei unseren gemeinsamen Interessen: Todd mochte keine Hunde.

An einem Donnerstagmorgen spielten wir Golf, und Todd versuchte eben einen schwierigen Putt bergauf über eine leichte Erhöhung im Green, als ich ihm meine Pläne erläuterte. »Ich werde selbst nach L.A. fahren«, sagte ich zu ihm. »Ich habe schon einen kleinen Umzugstruck gebucht.«

»Das ist aber eine verdammt lange Strecke.« Er schlug seinen Ball fest, las das Break perfekt, sodass der Ball auf dem letzten Meter nach links und ins Loch rollte. »Ja!«

»Netter Putt. Ja? Ja zu dem Putt oder zu der Fahrt?«

»Zu beidem«, sagte er mit einem breiten Grinsen. »Ich denke, die Fahrt wird ein Spaß werden!«

»Es wird ein paar Tage dauern.«

»Zwing mich nur nicht, mir einen Platz mit diesem Hund zu teilen. Außerdem fährst du wie eine alte Dame, und ich will nicht, dass du dich auf irgendeinem Interstate in Iowa verirrst. Irgendjemand muss auf dich aufpassen.«

Der Roadtrip war eine gute Gelegenheit für uns, gemeinsam ein paar lustige Tage zu verbringen. Ich würde ihn vermissen, aber er hatte recht – die Fahrt würde ein Spaß werden.

Früh am Montagmorgen holte ich den Umzugswagen ab, und Todd kam, kurz nachdem ich den Truck vor dem Haus geparkt hatte. Wir hatten uns vorgenommen, an diesem Morgen spätestens um zehn loszufahren, aber wie bei jedem Roadtrip in der Geschichte der Menschheit kamen wir erst Stunden später zur Tür hinaus.

Todd war meine Rettung, als es darum ging, den Truck zu beladen. Mit seiner Größe von 1,90 Meter und seinen über hundert Kilo konnte er mehr tragen als die meisten anderen Leute. Er war groß und kräftig, so wie George, aber wie er selbst gesagt hatte, war er mit Sicherheit kein Hundemensch. Ich hatte ihm Georges Persönlichkeit und Probleme zu erklären versucht, aber Todd wollte nichts davon wissen. »Hey, ich respektiere ja, dass du diesem großen Hund helfen willst, aber kümmere du dich um ihn. Ich will einfach nur diesen Truck beladen und losfahren.« George, für seine Angst vor Männern bekannt, ging Todd demonstrativ aus dem Weg und zuckte jedes Mal vor ihm zurück, wenn er vorbeiging. George winselte, während wir den Inhalt des einzigen sicheren Zuhauses, das er je gekannt hatte, zusammenpackten. Währenddessen fühlte ich mich erstaunlich gut. Obwohl ich ein tolles Haus hatte und so viel Arbeit in seine Renovierung gesteckt hatte, trug es immer noch überall Janes Stempel. Ich musste und wollte es hinter mir lassen. Heute würde das passieren.

Sobald wir alles verladen hatten, war es Zeit loszufahren. Im Führerhaus des Trucks gab es zwei normal große Sitzplätze, mit einem winzigen, tiefen Notsitz dazwischen. Es war ziemlich klar, dass George nicht dort mit uns hineinpassen würde, daher stellten wir Georges Transportbox hinten auf der Ladefläche auf. Die Box war riesig, für Flugreisen gedacht und so groß, dass er sich darin zusammenrollen und schlafen konnte.

»Komm schon, großer Junge, hinein mit dir«, sagte ich. George schien nicht allzu beeindruckt. Er blickte besorgt und traurig und saß da wie eine steinerne Statue, während er einfach durch mich hindurchstarrte. Es erinnerte mich an eine Szene in dem Film *Rain Man*, wo Tom Cruise seinen autistischen Bruder, gespielt von Dustin Hoffman, zu bewegen versucht, für eine Fahrt quer durchs Land in den Wagen zu steigen, der aber nichts davon wissen will. Es war witzig, aber es war auch nicht witzig.

Ich kniete mich hin und flüsterte in Georges weiches, samtiges Ohr. »Es ist alles gut, George. Wir ziehen in ein neues Zuhause. Nur du und ich. Und es ist nah am Meer. Du wirst schwimmen gehen können, wozu du und deine ganzen Artgenossen bestimmt sind.«

Er lehnte sich an mich, während ich sein Lieblingsspielzeug vor ihm ausgestreckt hielt, den riesigen Stoff-Donut, den ich ihm an dem Tag gekauft hatte, an dem ich ihn bekam. Er war zerschlissen, obwohl er als »reißfest« angepriesen worden war. Ich legte das ausgefranste Spielzeug in seine Box. »Wo ist dein Donut, George? Na los.« George sprang in seine Box, und ich schloss die schwere Maschendrahttür und sagte: »Braver Junge. In ein paar Stunden halten wir an und machen eine Pause.« Ich schloss die Hecktür des Trucks, nahm Abschied von dem Haus, schloss die Eingangstür ab, warf einen Blick auf das »Zu verkaufen«-Schild im Vorgarten und fuhr los – ohne ein Erinnerungsfoto, ohne Tränen und ohne einen Blick zurück.

Todd und ich wechselten uns an jenem Tag am Steuer ab und schafften es bis zehn Uhr abends bis zur Grenze bei Detroit, nachdem wir unterwegs ein paar Pinkelpausen für George eingelegt hatten. Jedes Mal, wenn wir ihn hinausließen, war es danach die reinste Tortur, ihn anzuflehen und zu beschwatzen, wieder in seine Box zu klettern. Todds Zuneigung zu diesem Hund wurde eindeutig nicht größer.

Das Warten an der Grenze war nicht allzu schlimm angesichts der Tatsache, dass es spät an einem Montagabend war. Wir kamen an die Reihe, und ich fuhr nervös an einen Kontrollpunkt heran. Die Grenze zwischen Kanada und den USA in der einen oder anderen Richtung zu überqueren, ist keine Wissenschaft für sich. Ich hatte es Dutzende Male getan, aber das hier war doch etwas anderes. MKTG hatte den ganzen Papierkram für mich ausgefüllt und mich mithilfe von Anwälten darauf vorbereitet, was ich bei der Zollbefragung antworten sollte, die, wie man mir gesagt hatte, zwischen dreißig und sechzig Minuten dauern könnte. Ich hoffte, an einen Zollbeamten zu geraten, der lässig und freundlich war, ein Minimum an Fragen stellte und uns rasch durchwinken würde. Ich hatte tierärztliche Papiere für George, die seinen guten Gesundheitszustand bestätigten, aber ich war trotzdem besorgt, dass irgendetwas schiefgehen könnte.

»Pässe«, sagte der Zollbeamte. Ich reichte sie ihm. »Wer von Ihnen ist Colin?«

»Das bin ich.«

»Wohin sind Sie beide unterwegs?«

»Hermosa Beach, Kalifornien.«

Er blickte verblüfft. »Das ist aber weit von hier. Wie lange haben Sie vor, zu bleiben?«

»Jahre, hoffe ich. Ich fange dort einen neuen Job an. Hier ist mein L-1A-Visum.« Ich hielt meinen Berg von Papieren hoch.

»Sie arbeiten auch dort unten?«, fragte der Beamte Todd.

»Ich fahre nur als Begleiter mit. Ich komme wieder.«

»Okay«, sagte der Beamte. Er blätterte meine Papiere rasch durch, fast als würde er nach irgendetwas suchen, was zwischen den Seiten versteckt war. »In Ordnung«, sagte er. »Öffnen Sie bitte die Hecktür des Trucks.«

»Wollen Sie denn gar nicht sehen, was in den Papieren ...«

»Öffnen Sie die Hecktür«, sagte er noch einmal.

»Natürlich.« Ich stellte den Motor ab, sprang aus dem Führerhaus und ging mit ihm nach hinten, dicht gefolgt von Todd.

Ich konnte Georges Schwanz auf den Boden schlagen hören, als wir uns näherten. Ich entriegelte die Tür, und bevor ich sie öffnete, sagte ich: »Nur damit Sie Bescheid wissen, mein Hund ist hier hinten drin. Er ist ein großer Junge und ein bisschen misstrauisch gegenüber Männern.« Er nickte, und ich drückte die Tür auf.

George saß aufrecht in seiner Box. Er sah zu uns hinaus, seine herabhängenden Augen funkelnd vor Aufregung, während sein Schwanz noch immer unter ihm schlug. Ich sah hinüber zu dem strengen Zollbeamten, der bei Georges Anblick ein anderer Mensch geworden war. Seine Miene hatte sich besänftigt, und er lächelte sogar.

»Wow, was für ein schöner Hund! Wie heißt er denn?«

»George.«

»Hallo, George«, sagte er, trat einen Schritt vor und streckte einen Arm nach der Box aus, bevor er sich eines Besseren besann. »Warum ist er misstrauisch gegenüber Männern? Er sieht mir nicht aggressiv aus.«

»Nein, er ist nicht aggressiv, nur ein bisschen ... ängstlich. Er war ein Nothund.«

»Armer Bursche. Ich werde dir nichts tun, Kumpel«, sagte er, während er die Hand nach Georges Box ausstreckte. George schnupperte vorsichtig an ihr. »Ich liebe Hunde«, sagte der Beamte.

»Ich auch«, sagte Todd mit einem Sarkasmus, den nur ich verstand.

»Er ist wirklich wunderschön. Er scheint ein netter Hund zu sein, und Sie haben alle Papiere für sich selbst und für ihn. Das sieht alles okay aus. Gute Weiterfahrt.«

Der ganze Wortwechsel dauerte nicht mehr als drei Minuten. Ich war verblüfft.

Ich kletterte wieder auf den Fahrersitz, und der Zollbeamte ging zurück in sein Häuschen. »Bitte sehr«, sagte er, während er mir unsere Pässe und meinen Stapel mit Dokumenten wiedergab und uns durchwinkte.

»Müssen Sie das alles nicht abstempeln oder so?«

»Nein, das ist schon in Ordnung so. Sie können das alles später regeln, wenn Sie in Kalifornien sind.«

Ich zuckte die Schultern. »Na schön. Danke.« Ich legte den Gang ein, und wir fuhren wieder los.

»Sieht aus, als ob noch jemand außer dir den Hund mag«, bemerkte Todd.

»Vielleicht solltest *du* versuchen, ihn zu mögen. Ihr zwei habt vieles gemeinsam.«

Todd starrte mich an, als hätte ich den Verstand verloren. »Ach nein. Und was genau soll das sein?«

»Ihr seid beide sehr groß. Ihr seid beide sehr nett zu mir. Und ihr bringt mich beide zum Lachen.«

»Hmm, egal«, sagte Todd, während er aus dem Fenster starrte.

»Ich würde sagen, ihr seid beide *genau* gleich, nur, dass George viel schlauer ist.«

Todd versuchte angestrengt, sich das Lachen zu verbeißen, während wir auf den Michigan Interstate und in Richtung Kalifornien fuhren.

DREIZEHN

Die Fahrt ging am nächsten Tag reibungslos weiter. Die Landschaft war wunderschön, Todd und ich führten unsere üblichen angeregten Gespräche, und George schien gut zurechtzukommen. Er begriff allmählich, dass Todd ein fester Bestandteil unserer Reisegruppe war, und begann, sich bei unseren Pinkelpausen für ihn zu erwärmen. Es gab keinen Telefonmast, der George nicht gefiel, und er machte ein großes Getue darum, sie bei jeder Tankstelle oder Raststätte, die wir aufsuchten, zu markieren.

»Dieser Hund pinkelt wie ein Rennpferd«, bemerkte Todd, während George eine schiere Ewigkeit das Bein hob.

»Wir haben alle unsere Talente«, erwiderte ich.

Todd sah auf George hinunter. »Weißt du, nach ein paar Bieren oder ein paar Tassen Kaffee kann ich auch so pinkeln. Morgen Früh werde ich dir zeigen, wer am längsten pinkeln kann, George.«

George starrte zu ihm hoch und wedelte mit dem Schwanz. Ich verdrehte die Augen und schüttelte den Kopf, auch wenn ich insgeheim froh war, dass die beiden allmählich anfingen, sich zu verstehen.

Am frühen Abend, irgendwo in der Weite von West-Iowa, bekam ich einen Anruf von meinem Immobilienmakler in Toronto, der mir sagte, dass das Haus verkauft worden sei – Janes und mein

Haus. Wir bekamen mehr als unsere Preisforderung. Ich war froh. Todd und ich feierten in einem alten Diner am Straßenrand, indem wir ein paar Pulled-Pork-Sandwiches bestellten, die wir an einem wackeligen Picknicktisch aßen, während die Sonne über den Maisfeldern unterging und ein John-Mellencamp-Song durch die geöffneten Fenster des Diners hallte. Hier waren wir, im Herzen Amerikas, ich mit meinem Hund und meinem besten Freund. Ohne mich zu fragen, warf Todd George einen großen Brocken Fleisch von seinem Sandwich hin. Ich gab George nie Tischabfälle zu fressen, aber unter diesen Umständen machte ich eine Ausnahme.

»Er mag es!«, rief Todd. »Weißt du, eigentlich ist er ein ziemlich netter Hund. Ich kann verstehen, warum du ihn so magst. Er tut dir gut.«

»Meinst du?«, fragte ich mit einem Blick auf George, der mit seinem großen Schwanz wedelte. »Ja, du hast recht. Er tut mir tatsächlich gut.«

»Du wirst mir fehlen. Aber du hast es verdient, wieder glücklich zu sein. Kalifornien wird dir guttun ... und George wird es auch guttun«, sagte Todd, während er mich richtig hart in den Arm knuffte.

»Was zum ...? Das hat wehgetan!«

»Du bist doch so ein harter Typ«, entgegnete Todd. »Komm, George. Lass uns weiterfahren.« Und dann nahm er Georges Leine und ging mit ihm auf den Truck zu, als wäre er der größte Hundefreund der Welt.

Als wir am Mittwochabend, kurz hinter der Grenze zu Colorado, einkehrten, hatte George drei lange Reisetage hinter sich. Wir hatten versucht, möglichst viel Rücksicht zu nehmen – hatten alle paar

Stunden angehalten, um ihn spazieren zu führen, ihm noch mehr Futter und Wasser und Umarmungen zu geben, ein bisschen mit ihm zu spielen und sicherzustellen, dass er sich wohlfühlte. Aber wir hatten noch immer eine lange Strecke vor uns.

Am vierten Morgen – einem klaren, schönen Tag – ließ George den Kopf hängen und nahm keinen Blickkontakt zu mir auf. Er trat in einen Sitzstreik, bevor er schließlich einlenkte und in die Transportbox sprang. Ich lernte allmählich, seine Miene und Haltung besser zu lesen, und zum ersten Mal auf dem Trip hatte ich das Gefühl, dass er nicht glücklich war. George hatte genug.

Wir fuhren ungefähr neunzig Minuten und hielten dann an, um ihn spazieren zu führen. Danach, während wir uns dem Truck näherten, entschied George, anstelle eines weiteren Sitzstreiks einen Ausbruch zu wagen, zerrte ohne Vorwarnung an der Leine und riss sie mir aus der Hand. Zum Glück hielt Todd ihn auf und lotste ihn zurück zu unserem Truck, aber obwohl wir beide uns bemühten, konnten wir George nicht dazu bewegen, wieder in seine Box zu steigen.

»George, sitz!« Stattdessen sprang er auf, wich sowohl Todd als auch mir aus und lief knapp außer Reichweite für mich, wobei er mit dem Schwanz wedelte, als sei das hier ein richtig witziges Spiel.

»Hol diesen Donut, den er so gernhat!«, rief Todd mir zu, während George um den Truck herumlief.

»Das wird nicht klappen«, sagte ich. »Er gibt ein Statement ab. Er versucht, uns zu sagen, dass er genug von der Box hat.«

»Na toll. Ich werde nicht den ganzen Tag damit zubringen, mit deinem Hund Fangen zu spielen. Was wollen wir jetzt tun?«

Es war eine gute Frage. Ich hatte keine Antwort. George stand etwa anderthalb Meter von uns entfernt, mit weit aufgerissenen, aufmerksamen Augen. Er trat zögernd ein paar Schritte vor. Todd flüsterte: »Er kommt auf dich zu.« Es war, als würden wir versuchen, einen Bären oder irgendein anderes wildes Tier in die Falle zu locken, nicht einen großen, tapsigen Haushund.

George kam noch etwas näher, und schließlich hielt ich ihn am Halsband fest. »Das reicht jetzt, George«, sagte ich. Er wusste, dass ich es ernst meinte, daher leistete er diesmal passiven Widerstand, legte sich auf den Rücken, mit dem Bauch nach oben, und wurde ein riesiges, pelziges Totgewicht. Egal, wie sehr ich ihn beschwatzte oder hochzuheben versuchte, er blieb schlaff und schwer. Bis auf seinen Schwanz. Er wedelte die ganze Zeit langsam damit, zum Beweis seines Sinns für Humor.

»Und jetzt?«, fragte Todd.

»Ich habe keine Ahnung.«

Todd schüttelte den Kopf, während er auf den riesigen, ausgestreckten Hund hinunterstarrte, der sich weigerte, aufzustehen. »Ich kann nicht glauben, in was für einen verrückten Scheiß du mich da hineinziehst.«

»Hey, das war deine Idee«, sagte ich. »Du wolltest mit auf diesen Roadtrip kommen.«

Und dann hievten Todd und ich das 140 Pfund schwere, schlaffe Totgewicht in den Truck. »Ich wusste gar nicht, dass Fell so viel wiegen kann«, bemerkte Todd, während wir George in die Box bugsierten.

Wir müssen absolut lächerlich ausgesehen haben. George hatte ein leises Funkeln in den Augen, das mir verriet, dass er das alles zum Schreien komisch fand, und als wir die Tür der Box schlossen, sprang er auf und wedelte mit dem Schwanz, als hätte er seit Jahren nicht mehr so viel Spaß gehabt.

Todd übernahm für die nächste Teilstrecke das Lenkrad, und in der ersten Stunde oder so redeten wir nicht viel. Als wir die Rockies erreichten und die Straße anzusteigen begann, brannte die Sonne auf uns herunter, und die Temperatur stieg. »Wir müssen anhalten«, sagte ich.

Todd sah mich verwirrt an.

»Ich mache mir Sorgen um George. Es wird langsam heiß draußen. Ich muss mich vergewissern, dass es ihm gut geht.«

»Colin, hier ist viel Verkehr. Das ist keine gute Stelle, um anzuhalten, und du weißt doch, wie schwer es sein wird, ihn wieder in den Truck zu bekommen.«

»Ich weiß, und das ist ja auch zu dumm, aber wir halten trotzdem an«, entgegnete ich.

»Na schön.« Todd lenkte den Truck auf den Seitenstreifen und schaltete die Warnblinkanlage ein. Als ich George hinausließ, hechelte er und wedelte mit dem Schwanz. Wir ließen ihn lange und reichlich Wasser trinken, und als er genug hatte, brachte ich Todd die Neuigkeit bei: »Er kommt nicht wieder in diese Box.«

»Was redest du denn da?«

»Ich stecke ihn dort nicht wieder hinein, Todd. Ich möchte lieber übervorsichtig sein. Ich will nicht, dass es ihm zu heiß wird.«

»Und wo genau soll er dann sein?«

»Er wird vorn bei uns mitfahren.«

Todd starrte mich an, als hätte ich den Verstand verloren. »Ich fahre nicht mit ... mit diesem Berg aus Fell und Sabber und seinem Atem in meinem Nacken von hier bis Kalifornien. Auf gar keinen Fall. Ausgeschlossen. Außerdem wird er da niemals hineinpassen. Der Notsitz ist zu klein.«

»Ich werde ihn dazu bringen, sich vor dem Beifahrersitz auf den Boden zu legen.«

»Colin! Ist das dein Ernst? Siehst du nicht, dass wir es hier nicht mit einem winzigen Schoßhund zu tun haben – er ist riesig!«

Ich wandte mich zu George um, der im Schatten des Trucks lag, während Autos laut an uns vorbeischossen, nur wenige Meter entfernt auf dem Interstate.

»Ich fahre nicht mit ihm auf meinem Schoß«, ergänzte Todd.

»Er muss es kühl haben«, sagte ich.

George blickte so entnervt, wie wir waren.

»Na schön«, sagte Todd, noch immer wütend, aber einlenkend. »Aber ich fahre die restliche Strecke. Du kümmerst dich um den Hund.«

»Okay. Einverstanden«, sagte ich. »Es tut mir leid, aber wir haben keine andere Wahl.«

»Lass uns einfach weiterfahren.«

Todd setzte sich ans Lenkrad, und ich schloss die Hecktür und führte George herum zur Beifahrerseite. Ich öffnete die Tür, und George sprang prompt hinein, so fröhlich und bereitwillig, wie er es nur sein konnte. Er machte es sich mitten auf dem Sitz bequem.

»Nein, George«, sagte ich. »Dein Platz ist hier unten.« Ich klopfte auf die Fußmatte, um ihm zu zeigen, wo er sich hinlegen sollte. Er beäugte mich eine Sekunde, und dann ließ er sich mit den Vorderpfoten auf die Matte fallen, sodass sein Hinterteil in die Luft ragte und sein riesiger Schwanz Todds Gesicht befächelte.

»Nett. Sehr nett«, bemerkte Todd, während er abwehrend die Arme hob.

»Okay, das wird also nicht klappen.«

Todd hüstelte gekünstelt ein »Ich hab's dir ja gleich gesagt« in seine Hand. George legte die Vorderpfoten wieder auf den Beifahrersitz, um erneut seine hoheitsvolle Pose einzunehmen. Er warf Todd über die Schulter einen triumphierenden Blick zu.

»Warte.« Ich ließ die beiden zurück und ging nach hinten zur Ladefläche des Trucks.

Ich fischte einen Schlafsack heraus, ging damit zurück zum Führerhaus, kletterte hinein und um George herum – was keine leichte Aufgabe war – und machte mich daran, auf dem winzigen, tiefen Notsitz ein behelfsmäßiges Hundebett für George zu bauen.

»Was tust du denn da?«, fragte Todd, da es diesmal mein Hinterteil war, das seinem Gesicht viel zu nahe kam.

»Gib mir einfach eine Sekunde.«

Todd seufzte und lehnte sich gegen die Fahrertür. In der Zwischenzeit bekundete George seine Dankbarkeit dafür, dass er vorn sitzen durfte, auf die beste Art, auf die er es konnte: indem er mein Gesicht und meinen Hals leckte, während ich den Notsitz herunterklappte und den Schlafsack darauf ausbreitete. Mit Georges unschätzbarer Hilfe gelang es mir schließlich, einen brauchbaren Platz für ihn herzurichten. Mit Hundesabber beschmiert, machten wir uns wieder auf den Weg. Während wir fuhren, stellte sich heraus, dass er nicht wirklich darauf sitzen konnte (da die Bewegung des Trucks ihn immer wieder aus dem Gleichgewicht warf), aber auch nicht bequem darauf liegen konnte (da der Platz zu klein war), daher lag er letztendlich mit ausgestreckten Beinen da, halb auf mir auf dem Beifahrersitz und halb auf dem Notsitz. George war entzückt und fühlte sich rundum wohl. Todd nicht.

Bei dieser Sitzordnung blieb es ungefähr eine Dreiviertelstunde, bis mir klar wurde, dass meine hochgeschätzte Freundschaft mit Todd ein jähes Ende finden würde, wenn ich nicht bald irgendetwas unternahm.

»Okay, halt an«, sagte ich.

Und das war der Moment, in dem ich mich mit der letzten möglichen Option abfand. Ich überließ George den Beifahrersitz und zwängte mich auf den beengten, harten Notsitz, auf dem ich, auch wenn er viel tiefer lag als die beiden anderen Sitze, leichter sitzen konnte als George. Eingekeilt zwischen meinem riesigen Hund und meinem ebenso riesigen Freund sah ich aus wie ein kleines, hilfloses Kind. Ich kam mir lächerlich vor, was dadurch nicht besser wurde, dass Todd alle paar Minuten grinsend zu mir hinuntersah und so etwas sagte wie: »Wie geht's dir dort unten?« Währenddessen saß George bequem auf dem Beifahrersitz. Ich hatte das Fenster einen Spaltbreit geöffnet, und er steckte den Kopf hinaus und ließ sich den Fahrtwind um Gesicht, Wangen und Ohren wehen – und fand es großartig.

So fuhren wir die ganze Strecke von den westlichen Ausläufern der Rockies durch Utah und Nevada bis nach Kalifornien in derselben albernen Aufteilung: Todd am Steuer und neben ihm thronend George, die Welt vor der Windschutzscheibe in Augenschein nehmend, als ob sie die Herrschaft darüber beanspruchten – und ich, der mit dem Kopf kaum über das Armaturenbrett ragte. Ich versuchte, es positiv zu betrachten: Wenigstens würde niemand in meiner neuen Nachbarschaft mich sehen.

VIERZEHN

In Los Angeles wurden wir herzlich vom zunehmenden Straßenverkehr begrüßt. Ich lernte rasch, dass das legendäre Verkehrschaos von L.A. nicht übertrieben war. Wir fuhren von dem verstopften Freeway ab und weiter zu meinem neuen Zuhause in Hermosa Beach. Während wir näher kamen, konnten wir die Palmen sehen, die die Pier Avenue säumten, und hübsche Mädchen, die auf Skateboards vorbeischwebten, während Surfer in Neoprenanzügen auf dem Weg zum Strand waren. Wir müssen ein seltsamer Anblick gewesen sein, zusammengezwängt im Führerhaus, während wir in unserem verbeulten Truck die Straße hinunterholperten, Todd am Steuer, George, dessen Kopf aus dem Fenster hing, während ihm der Sabber von der Zunge lief – und dazwischen ich, der kaum über das Armaturenbrett äugen konnte.

Todd warf von der Seite einen Blick auf George. »Du bist nicht mehr in Kansas, Toto«, sagte er, aber George war zu sehr damit beschäftigt, Fußgänger zu beäugen, die stehen geblieben waren und auf uns zeigten und uns anstarrten, um Todds Anspielung auf *Der Zauberer von Oz* zu verstehen. Das hier war eine völlig andere Nachbarschaft als die, die wir erst vor ein paar Tagen in Toronto zurückgelassen hatten. Es gab schrullige Surfshops und Restaurants, in denen es von sonnengebräunten, glücklichen Leuten nur so wimmelte. Hinter der Straße lag der wunderschöne Strand, voller Surfer und Volleyballspieler und Familien, die sich entspannten und Sonne tankten. Der Strand sah sogar noch toller aus als auf den Fotos, die ich im Internet gesehen hatte. »Was meinst du, George?«, fragte ich. Er wandte sich für einen Moment zu mir um, sodass er eine klebrige Sabberspur auf meinem Shirt hinterließ. »Schönen Dank auch, Kumpel.«

Wir erreichten den Häuserkomplex, in dem meine neue Wohnung lag, nur zwei Blocks vom Strand entfernt. Wir parkten den Truck, und George betätschelte den Beifahrersitz mit den Pfoten, voller Ungeduld, endlich auszusteigen. »Immer mit der Ruhe, großer Junge«, sagte ich. Ich legte ihm die Leine an und führte ihn von seinem Beifahrersitz-Thron. Er stürzte davon und pinkelte prompt an die erstbeste Palme, die er fand. Todd und ich streckten ein bisschen die Beine, und dann stiegen wir die Treppe hoch zu meiner Wohnung, während George hinter uns hersprang.

Ich öffnete die Tür, und wir traten in ein riesiges Loft. Das Schlafzimmer war im ersten Stock, mit Blick auf ein Wohnzimmer mit rund sechs Meter hohen Decken. Eine Doppeltür führte auf einen kleinen Balkon hinaus. »Wow, das sieht ja ziemlich nett aus«, bemerkte Todd, während wir hinaustraten und einen Blick auf den Hof unter uns warfen, mit einem Swimmingpool, der von Palmen umgeben war.

»Was meinst du, George?«, fragte ich. Er wedelte mit dem Schwanz und beäugte den Pool, als wollte er am liebsten sofort hineinspringen.

Todd beschloss, mit dem Ausladen des Trucks anzufangen, während ich George in seiner neuen Nachbarschaft spazieren führte. »Er braucht ein bisschen Bewegung«, sagte ich. »Wir sind gleich wieder da.«

»Kein Problem. Tut, was ihr tun müsst.«

George sprang aufgeregt auf und ab, als ich ihm die Leine anlegte und ihm sagte, dass wir spazieren gehen würden. Wir gingen auf die Straße hinunter waren keine fünf Meter weit gegangen, als die Meeresbrise uns entgegenschlug. Ich schloss die Augen und holte einmal tief Luft. Egal, wo auf der Welt ich bin oder an welchem Meer ich stehe, der Geruch stellt jedes Mal dasselbe mit mir an: Er versetzt mich zurück in das Cottage meines Großvaters, das ich aus Kindertagen kannte. Ich sah auf George hinunter, der stocksteif neben mir stand. Er hatte den Kopf zum Himmel gereckt, und seine große Nase zuckte und atmete die frische Meeresluft ein.

»Na komm, George. Lass uns den Strand ansehen.«

Während wir einen Block weit den Hügel hinuntergingen, kamen die großen Wellen des Pazifischen Ozeans in Sicht. Sonnenanbeter, Surfer und Rettungsschwimmer tummelten sich am Strand. Wir überquerten die Hermosa Avenue und betraten die gepflasterte Strandpromenade. Ich fühlte mich auf Anhieb wohl. Es fühlte sich an, als würde ein Beach-Boys-Song zum Leben erwachen. So weit das Auge reichte, sah ich lebhafte Leute, die meisten davon in Surfshorts, Badesachen oder lässiger Sportkleidung, die spazieren gingen, joggten oder Skateboard oder Fahrrad fuhren. »Siehst du diese ganzen Leute, George?«, fragte ich, aber als ich mich zu ihm umwandte, achtete George gar nicht auf mich. Das Einzige, was er sah, war das Wasser, zwischen dem und ihm nur rund sechzig Meter puren weißen Sands lag.

»Na schön. Sehen wir's uns an, großer Junge.«

Binnen eines Sekundenbruchteils konnte ich eine unglaubliche Verwandlung beobachten. Mein Hund, ein Landseer-Neufundländer – von jeher gezüchtet als starker, furchtloser, mit Schwimmpfoten ausgestatteter Wassernarr –, sah und roch zum allerersten Mal das Meer. Während er auf das Wasser starrte, schien seine genetische Veranlagung instinktiv durchzuschlagen. Was tat George also?

Er stürzte los.

Er riss mir die Leine aus der Hand und ließ mich am Strand stehen, während ich ihm hilflos zusah. Er rannte schneller, als ich je irgendeinen Hund habe rennen sehen. Er rannte an den sonnenbadenden Teenagern vorbei. Er rannte an Collegestudenten vorbei, die Beachvolleyball spielten. Er rannte an kleinen Kindern mit Plastikeimern und Schaufeln vorbei, die Sandburgen bauten. Er rannte mit dem einzigen Ziel, das Wasser zu erreichen.

»George!«, rief ich, aber ich wusste, dass es zwecklos war. Meine einzige Hoffnung war, dass er, wenn er die Uferlinie erreichte und die riesigen Wellen mit ihren Wasserwänden, die ihm entgegenkrachten, von Nahem sah, Angst bekommen und stehen bleiben würde. Schließlich hatte er das Meer noch nie gesehen. Ich ging in einem gemächlichen Tempo weiter, um ihn einzuholen. Bevor ich auch nur in der Nähe war, erreichte er das Ufer – und lief immer weiter und stürzte sich mit dem Kopf voran in die heranrollende Brandung.

»Oh, nein«, murmelte ich. Dann brüllte ich: »George!« Er ignorierte mich völlig, katapultierte sich durch die Brandung und schwamm aufs Meer hinaus, die Aufmerksamkeit auf irgendetwas weit draußen im Wasser geheftet. Während ich meine Augen mit einer Hand vor der Sonne schützte, entdeckte ich eine Handvoll Surfer im Wasser. Sie waren etwa dreißig Meter von der Küste entfernt, lagen auf ihren Brettern und warteten darauf, dass die nächste Reihe großer Wellen hereinrollte. George schwamm schnurstracks auf den Nächstbesten zu.

»Nein, George! Hör auf! Komm zurück!« Er war etwa 15 Meter weit hinausgeschwommen, aber er befand sich noch immer in der Strömung, die zur Küste zurückflutet, wenn eine Welle bricht. Er war noch nicht von der vollen Wucht einer großen Welle getroffen worden. Das Nächste, was ich sah, war eine gewaltige Welle, die sich vor ihm bog und brach und eine über einen Meter hohe Wand aus Gischt aufwarf. Wenn diese Wasserwand ihn traf, würde er mit Sicherheit untergetaucht und herumgeworfen werden, und das würde genügen, damit er wieder zurück zur Küste schwamm.

Aber das geschah nicht. Als die Gischt stieg und ihn traf, verschwand er tatsächlich völlig unter dem Schaum. Ich verspürte einen Anflug von Panik und beschleunigte meine Schritte. Als ich den Rand des Wassers erreicht hatte, war sein Kopf wiederaufgetaucht. Er sah nicht ein bisschen panisch aus. Er konzentrierte sich wieder auf die Surfer und schwamm weiter entschlossen zu ihnen hinaus. »George! Hierher!«, rief ich. Ich ruderte mit den Armen und winkte ihn zurück zur Küste. Er sah aus wie ein Schleppkahn, der sich durch raue Gewässer pflügte. Inzwischen hatte er die Gischt hinter sich gelassen und war noch weiter draußen, wo eine weitere große, rollende Welle im Begriff war, über ihm zu brechen. Ich spürte Angst in meiner Magengrube. Selbst wenn ich mich ins Wasser stürzte und so schnell wie möglich schwamm, hatte ich keine Chance, ihn rechtzeitig zu erreichen.

Ich sah über Georges schaukelnden Kopf hinaus zu den Surfern, die jetzt den riesigen Hund bemerkten, der auf sie zuschwamm. Ein paar hatten sich auf ihren Brettern hochgestemmt, um eine bessere Sicht zu haben. »Es ist ein Hund, ein richtig großer!« Jetzt standen sie alle auf ihren Brettern, zeigten in die Richtung und lachten und wandten ihre ganze Aufmerksamkeit George zu. »Was tut er denn da?«, rief einer von ihnen. Ein anderer sagte: »Er schwimmt auf uns zu!«

Die Welle rollte herein. George paddelte an ihrer Flanke hoch – die ganzen zwei Meter –, wobei er es irgendwie schaffte, den Kopf über der Wasseroberfläche zu halten. Er hielt sich für einen kurzen, majestätischen Moment auf dem Kamm, bevor die Welle über ihn hinwegrollte, ihn nach unten drückte und unter Wasser tauchte. Das war es, jetzt war George in echten Schwierigkeiten. Er war von einer riesigen Welle getroffen worden, und er würde vor meinen Augen ertrinken. Und ich konnte nichts tun, um es zu verhindern.

Ein paar Sekunden später tauchte sein Kopf zu meiner großen Erleichterung an die Oberfläche, als wäre er ein Korken. Es ging ihm gut! Tatsächlich schien er sogar noch entschlossener, weiter hinauszuschwimmen, anstatt zum Ufer zurückzukehren. Seine Pfoten ruderten rasch, und sein Instinkt trug ihn über den nächsten Kamm hinaus, genau auf die Gruppe von Surfern zu. Inzwischen hatten sie es alle aufgegeben, selbst eine Welle zu erwischen, und konzentrierten sich ausschließlich auf George. George steuerte auf den Nächstbesten zu – einen blonden, schlaksigen Typen auf einem orange-weißen Surfbrett. George schwamm schnurstracks auf ihn zu. Als klar wurde, auf welchen Surfer er zusteuerte, begann das Zielobjekt, mich anzubrüllen: »Ma-a-nn! Ruf deinen Hund zurück!«

Wie in aller Welt sollte ich das anstellen? Ich hatte keine Zeit, zu überlegen. Stattdessen streifte ich mein T-Shirt ab, fischte meine Brieftasche aus meinen Shorts und legte beides auf meine Flipflops in den Sand. Ich rannte ins Wasser und watete hinaus, während ich Georges Namen rief, in der Hoffnung, dass er mich hören und kehrtmachen würde. Nach ein paar Sekunden hatte George das Surfbrett erreicht, auf dem der blonde Surfer bäuchlings wie ein Seehund lag. George schnappte sich den Arm des Surfers mit dem Maul. »Hey!«, brüllte der Junge. »Lass los!« Im ersten Moment dachte ich, George könnte ihn beißen. Aber das Nächste, was ich sah, war, dass George die Richtung geändert hatte, und während er begann, den Jungen auf dem Brett zum Ufer zu ziehen, begann der Junge, zu lachen und George wegzuschubsen. Der große Neufi ließ sich nicht leicht davon abbringen, und sein Kopf tauchte immer wieder an die Oberfläche, egal, wie oft der Junge ihn wegschubste.

Ich rief George noch einmal – ohne Erfolg. Dann tauchte ich unter eine große Welle und kam sicher auf der anderen Seite wieder hervor, jetzt weitaus näher bei ihm. Inzwischen hatte George aufgehört, den Surfer ans Ufer ziehen zu wollen, hatte stattdessen die Vorderpfoten auf das Brett des Surfers gelegt und versuchte, daraufzuklettern. »Ma-a-nn!«, sagte der Surfer zu George. »Such dir doch dein eigenes Brett!« Alle anderen Surfer johlten vor Lachen, aber das lauteste Lachen von allen kam von dem Jungen, der von dem großen, schwarz-weißen, haarigen Hai neben ihm attackiert wurde. »Dein Hund hat's auf mein Brett abgesehen!«, rief der Junge in meine Richtung. Er schubste George wieder ins Wasser zurück. »Er verdirbt mir hier den Spaß, Ma-a-nn!«

»Tut mir leid, ich hole ihn schon!«, rief ich, während ich schwamm. Schließlich hatte George mich gehört und drehte sich zu meiner Stimme um. Er wandte sich von den Surfern ab und begann, genau auf mich zuzuschwimmen, die Augen weit aufgerissen vor Aufregung.

»Braver Junge, George. Komm hierher!«

Im Laufe der Jahre habe ich einigen Hunden zugesehen, die am Strand oder in Seen schwammen und Bällen oder Stöcken nachjagten, aber das hier war anders als alles, was ich je gesehen hatte. Selbst aus der Ferne konnte ich erkennen, dass George nicht mit dem üblichen »Hundepaddeln« schwamm. Stattdessen streckte er die Pfoten abwechselnd vor sich aus, zog sie dann seitlich an seinem Körper nach unten und katapultierte sich mit kräftigen Schüben vorwärts. Es war so ähnlich wie die Brustschwimmzüge, die Leistungsschwimmer machen. Er hielt den Kopf hoch über Wasser und bewegte sich mit der beständigen Entschlossenheit eines Rettungsboots auf mich zu.

Die kalifornischen Wellen waren lang und glatt, nicht so wie die kürzeren, unregelmäßigen Wellen an der Atlantikküste, mit denen ich aufgewachsen war. »George, pass auf!«, rief ich, als eine neue, große Pazifikwelle auf ihn zurollte. Er war genau im Wellental und hatte zum Glück ein gutes Timing, als sie stieg und ihn mitnahm. Er bodysurfte sogar ein paar Meter weit, bevor er hinter den Kamm rutschte und die Welle vor ihm brach. Er schwamm durch die Gischt, die Ohren aufgestellt und die Augen weit aufgerissen, und bevor ich mich versah, war er bei mir.

»George!«, sagte ich atemlos. »Was tust du denn da?« Von so Nahem konnte ich sehen, was ich vorhin nicht hatte erkennen können: dass in seinen Augen keine Panik lag und dass George einen Riesenspaß hatte. Er nahm meinen Arm ins Maul, genau wie er es bei dem Surfer versucht hatte. Er hielt ihn nicht fest genug, um die Haut aufzuschürfen – es war eher ein fester Griff als ein Beißen –, aber seine Zähne ließen nicht locker. Ich ließ mich von ihm ein Stück weit in Richtung Küste ziehen, aber als mir das Wasser wieder bis zur Mitte der Schenkel reichte und seine Pfoten den Boden berührten, hörte er nicht auf, zu ziehen. Und jetzt zog er mit so viel Kraft, dass es allmählich wehtat. »George, nein!«, sagte ich, während ich ihn wegzuschubsen versuchte. Er hörte nicht.

Als wir schließlich das Ufer erreichten, ließ er mich los, schüttelte einen Geysir aus Gischt ab und stand dann da und sah mich an, während er wie wild mit dem Schwanz wedelte. Als ich mich vorbeugte, um Atem zu schöpfen, leckte er mir das Gesicht ab, so kräftig er konnte. Er war offensichtlich stolz darauf, mich aus dem Wasser gezogen zu haben. Ich hielt ihn mit dem anderen Arm – dem, der nicht mit rosa Zahnabdrücken übersät war – am Halsband fest und führte ihn hinüber zu meinen Sachen. Er ging nicht – er tänzelte, die Vorderpfoten hoch erhoben, wie es Showpferde tun. Er war so glücklich und aufgeregt und lebhaft, wie ich ihn noch nie gesehen hatte. Ich ließ mich in den Sand fallen, während ich ihn noch immer am Halsband festhielt.

»Das war ja verrückt! Ich habe mir schon Sorgen um dich gemacht. Ich wusste gar nicht, dass du so schwimmen kannst.« Er bedeckte meinen Kopf mit meiner Flut von Küssen.

»George«, sagte ich. »Du sollst kommen, wenn ich rufe. Und du kannst dir nicht irgendwelche Leute auf Surfbrettern schnappen.« Ich war besorgt und verärgert zugleich, dass er einfach so von mir weggelaufen war, aber andererseits hatte ich soeben mit angesehen, wie dieser Hund zum ersten Mal überhaupt geschwommen war, und er hatte soeben eindeutig entdeckt, wofür er geboren und gezüchtet war. Es war verblüffend.

George tänzelte wieder, hüpfte auf seinen beiden Vorderpfoten hin und her und führte einen, wie man es nur nennen kann, Freudentanz auf. Mein Tadel stieß auf taube, nasse Ohren.

Ich leinte ihn wieder an und behielt ihn nah bei mir, während ich mir das T-Shirt über den Kopf streifte. Eine Frau kam mit raschen Schritten auf uns zu und rief: »Entschuldigen Sie! Sie da! Entschuldigen Sie!«

Sie war Ende dreißig, und sie trug eine riesige schwarze Sonnenbrille und ein dünnes violettes Wickeltop über ihrem Badeanzug. »Am Strand sind Hunde nicht gestattet!«, sagte sie, wobei sie etwas lauter wurde.

An den Stränden in Nova Scotia konnten Hunde kommen und gehen, wie es ihnen gefiel. »Es tut mir leid – ich hatte keine Ahnung!«, sagte ich.

»Ihr Hund ist gefährlich. Ich habe gesehen, wie er Sie gebissen hat!« Sie sah George an, der jetzt folgsam an meiner Seite saß und den Kopf gesenkt und sich abgewandt hatte, als er ihre erhobene Stimme hörte. Sie zeigte auf einen Pfosten mit einem riesigen Schild, auf dem darauf hingewiesen wurde, dass Hunde am Strand verboten waren, und eine Geldbuße angedroht wurde. Erst jetzt sah ich, dass am ganzen Strand an jedem vierten oder fünften Pfosten ein solches Schild angebracht war.

»Hören Sie, es tut mir leid«, sagte ich. »Er hat mich nicht gebissen. Er ist ein Wasserrettungshund, und er hat nur versucht, die Surfer zu retten ... Wir sind nicht von hier. Ich habe das Schild nicht gesehen. Es tut mir leid.«

»Sie haben das hier übersehen?«, sagte sie, während sie auf das Schild genau neben uns zeigte.

»Ich nehm's an, ja.«

»Was, wenn dieses Viech sich festgebissen hätte an ...«

Ich unterbrach sie, bevor sie den Satz beenden konnte. »Es tut mir leid. Wirklich. Sie haben völlig recht. Wir gehen ja schon.« Ich hob meine Flipflops und meine Brieftasche auf und zerrte einen sehr widerspenstigen George vom Wasser fort.

Während wir uns entfernten, riefen die Surfer: »Bis später, George!«

Wir gingen zurück zur Wohnung, beide triefend nass und sandbedeckt. Todd wartete neben dem Truck, als wir uns näherten.

»Was zum Teufel ist denn mit euch beiden passiert?«, fragte er.

»Frag mich nicht. Das ist eine lange Geschichte.«

FÜNFZEHN

Todd hatte zu Hause berufliche Verpflichtungen, daher brachten George und ich ihn mit dem Umzugstruck zum Flughafen.

»Das war ein höllischer Roadtrip«, sagte Todd, während wir am Flughafen von Los Angeles vor dem Terminal 2 aus dem Truck stiegen. Ich hatte Georges Leine in der Hand. Todd sah auf George hinunter und streckte dann eine Hand aus, um ihm den Kopf zu kraulen. »Ich hätte nie gedacht, dass ich das sagen würde, aber du bist ein braver Junge, George. Pass gut auf meinen Freund auf, okay?«

»Mache ich«, sagte ich.

»Nicht du. Ich habe mit George geredet.«

George lehnte sich an Todds Hand und wedelte mit dem Schwanz. Dann wandte sich Todd zu mir um und umarmte mich fest, und zwischen dem Geruch von Kerosin und dem Dröhnen von Flugzeugen, die landeten und abhoben, sagte er: »Du bist ein toller Freund. Ich hab dich verdammt gern. Ich werde dich vermissen.« Dann schlug er mir ein paarmal auf den Rücken, nahm seine Tasche und ging in den Terminal.

Ich wusste nicht, was ich sagen sollte. Typen sagen solche Dinge eigentlich nicht zueinander. Ich habe so etwas noch nie zu irgendeinem meiner Freunde gesagt, aber nach fast 25 Jahren Freundschaft, geteilten Träumen und ein paar Rückschlägen fühlte sich Todd gezwungen auszusprechen, was ich nicht konnte. Es tat so gut, seine Worte zu hören.

Nachdem er in den Terminal verschwunden war, bückte ich mich, um George zu umarmen. Ich spürte, wie mir ein paar Tränen übers Gesicht kullerten. Ich wusste, dass ich meinen Freund sehr vermissen würde. George leckte meine Wange, und ich liebkoste seine Schulter. Ein paar Sekunden später spürte ich, wie mir jemand auf den Rücken klopfte, und als ich herumschnellte, sah ich mich einem von L.A.s Gesetzeshütern gegenüber, der zu mir hinunteräugte.

»Sir, schaffen Sie diesen Truck und den Hund aus dem Weg – Sie blockieren den Verkehr.«

»Oh. Entschuldigung. Na klar.«

George und ich sprangen in den Truck und fuhren los. Die Fahrt zurück nach Hermosa Beach war schwierig, und ich ertappte mich immer wieder dabei, wie ich mir noch mehr Tränen aus dem Gesicht wischte. Ich fühlte mich verloren, im wörtlichen und übertragenen Sinn. George saß auf dem Beifahrersitz, und anstatt aus dem Fenster zu sehen, wie er es im Allgemeinen tat, starrte er mich die meiste Zeit an. Ich wusste nicht, wo ich war oder wohin ich fahren sollte. Ich wusste nicht, wo die nächsten Supermärkte waren – oder auch nur, wie sie hießen –, und ich hatte nicht einen einzigen Freund in der Stadt, der mich herumführen könnte.

»Jetzt sind wir beide allein«, sagte ich zu George, sobald wir nach Hause kamen. Ich packte ein paar Kartons aus und versuchte halbherzig, mich einzurichten. George schien rundum zufrieden mit allem und streckte sich behaglich auf dem Boden aus, aber für mich fühlte es sich seltsam an, in dieser neuen Wohnung und nicht in meinem gewohnten Haus zu sein. An diesem Gefühl änderte sich in den darauffolgenden Wochen und Monaten eigentlich kaum etwas. Um genau zu sein, wurde es nur noch schlimmer.

Ich hatte einen tollen neuen Job, der mir viel Freude machte. Jeden Morgen vor der Arbeit ging ich an den Strand, aalte mich in der Sonne und sah hübschen Mädchen zu. Ich wusste, ich hätte überglücklich über die Wendung sein sollen, die mein Leben genommen hatte. Stattdessen hatte ich mit dem Gefühl zu kämpfen, dass ich nicht »hierhergehörte«. Ich fühlte mich verloren, und ich hatte Sehnsucht nach zu Hause, obwohl ich kein Zuhause mehr hatte, nach dem ich mich hätte sehnen können. Wenn Freunde oder Verwandte anriefen, um zu hören, wie es mir ging, sagte ich: »Mir geht es super!« Wie könnte ich mich auch beklagen, wenn ich in einem Paradies lebte, nur ein paar Blocks vom Strand entfernt? Aber die Wahrheit ist, ohne es zu wissen, war ich dabei, in eine Depression zu rutschen.

George hingegen bewältigte die ganze Veränderung spielend. Große Hunde sind in Los Angeles eher selten (und Neufundländer erst recht), und die Aufmerksamkeit, die er jedes Mal bekam, sobald wir das Haus verließen, war verblüffend. Im Land der »Hollywood-Handtaschenhunde« wie Chihuahuas und Zwergpudeln stach ein großer schwarz-weißer George aus der Masse hervor. Es war fast unmöglich, auch nur ein paar Blocks weit zu laufen, ohne dass irgendjemand uns anhielt und ein großes Getue um George machte. Fast jeder beachtete ihn – Paare mittleren Alters, Rentner, Rockstars und Prominente, junge Beachvolleyballspieler, Surfer, Skateboarder und Gruppen asiatischer Touristen. Schon einen halben Block vor uns hörte ich oft »Oh, mein Gott! Ist der schön!« und »Was für ein Hund ist er denn?«. Ich führte mindestens zwanzigmal am Tag dasselbe Gespräch über die »grundsätzlichen Fakten«: »Er ist ein Neufundländer. Sein Name ist George. Er war ein Nothund. Er ist freundlich.«

George begann, sein introvertiertes Verhalten abzulegen – selbst gegenüber Männern. Es war, als hätte er auf einmal begriffen, wie besonders er war, und angefangen, noch mehr Selbstbewusstsein zu entwickeln. Er lernte neue Tricks und Verhaltensweisen, die ich noch nie zuvor gesehen hatte. Wenn Leute ihn umarmten, leckte er ihnen das Gesicht ab. Und wenn es ihnen gefiel, wurde die nächste Person, die ihn umarmte, doppelt so heftig abgeleckt. Die Leute schossen Fotos, und George posierte geduldig, erhobenen Hauptes für die Kamera.

Und ich sah, dass er Frauen magisch anzog. Die Gerüchte und Legenden über die schönen kalifornischen Mädchen sind alle wahr, und viele dieser Frauen, oft in knappen Bikinis, kamen auf uns, oder vielmehr auf George, zu. »Können wir Ihren Hund streicheln? Er ist so groß und flauschig! Können wir ihn umarmen?«

Dann stammelte ich meist: »Na klar. Er hat das gern«, und dann stand ich da und sah zu, wie mein Hund die Art Aufmerksamkeit bekam, von der die meisten Typen nur träumen können. Ich war nicht eifersüchtig, aber ein bisschen seltsam war es schon.

Einmal, als er von einer Gruppe attraktiver Frauen in Bikinis getätschelt und bewundert wurde, warf er sich auf den Rücken und ließ sich von ihnen den Bauch streicheln. Die Damen stießen ein kollektives »O-o-o-oh!« aus und knieten sich hin, um ihn zu kraulen und zu kitzeln, während George die Augen schloss und sich glückselig zu seiner ganzen Länge – knapp zwei Meter – auf dem Gehsteig ausstreckte. Sich auf den Rücken zu werfen, wurde bald zu einer seiner Lieblingsnummern, und den Leuten gefiel es. An manchen Tagen verbrachte er mehr Zeit auf dem Rücken liegend als laufend.

Aber was George am meisten von anderen Hunden unterschied, das war das besondere Interesse, das er jetzt an Kindern oder irgendjemandem, den er als schwach oder verletzlich ansah, zeigte. Eltern kamen oft auf uns zu und fragten: »Können meine Kinder ihn streicheln?«

»Natürlich«, sagte ich dann. »Er ist sehr freundlich.« Die Gesichter der Kinder waren auf Georges Augenhöhe, und das liebte er.

Dann sah er den Kindern sanft in die Augen, bevor er ihnen einen schlabberigen, liebevollen Kuss auf die Wange drückte.

»Mom, er ist ein Teddybär!«, hörte ich oft, während die Kinder verblüfft aufkreischten. Und wenn die Eltern ihre Kinder notgedrungen wegzerren mussten, weil sie gehen wollten, hörte ich oft: »Wiedersehen, George!« Und: »Du bist der beste Hund überhaupt, George!« oder sogar: »George, ich liebe dich!« Manchmal waren es auch die Erwachsenen, die diese Kommentare abgaben, nicht nur die Kinder. George hörte diese Dinge ebenfalls, und es war offensichtlich, dass der sanfte Riese unter der ganzen Aufmerksamkeit aufblühte. Irgendetwas in ihm begann, zu heilen. Er wurde ein glücklicher neuer Hund. Er wurde George.

Während George allmählich zu sich selbst fand, fühlte ich mich immer weniger wie ich selbst. Obwohl ich mich verloren fühlte, unternahm ich bewusst Anstrengungen, an den Wochenenden aus dem Haus und auf Erkundungstour zu gehen. Natürlich half mir George, mich zu motivieren – er nahm jeden Tag als ein neues Abenteuer in Angriff. Auf einmal wollte er Dinge mit mir unternehmen, hinausgehen und das Leben leben, und er zwang mich, mit auf Tour zu gehen. Wenn er samstagmorgens aufs Bett sprang, mit dem Schwanz wedelte und mich ansah, als wollte er sagen: »Auf geht's! Lass uns spazieren gehen! Lass uns spazieren fahren! Lass uns zum Strand hinuntergehen! Komm schon!«, konnte ich ihm unmöglich widerstehen. Er freute sich immer darauf, in die Welt hinauszuziehen. Draußen war es immer schön, daher hatte ich keine Ausrede. Er machte es mir leichter, mich seiner Sichtweise anzuschließen.

Jemand im Büro hatte mir von einem Ort erzählt, den die Einheimischen Hundestrand nannten. Es war ein rund drei Kilometer langer Abschnitt des Huntington Beach in Orange County, nördlich des berühmten Piers. Hunde waren dort nicht nur erlaubt, sie durften auch ohne Leine herumlaufen. Ich warf ein paar Handtücher, Wasserflaschen und einen Sonnenschirm neben George auf die Rückbank unseres neuen SUV, und wir fuhren hinunter, um den Strand zu erkunden.

Ich hoffte, dass George eine Gelegenheit bekommen würde, zu schwimmen und das Wasser zu genießen, ohne dass ich mir Sorgen machen musste, wir könnten gegen Vorschriften verstoßen oder Surfer und Familien stören, wie er es an jenem ersten Tag in Hermosa Beach getan hatte. Als wir ankamen, stellten wir fest, dass es an dem Strand von Hunden jeder Rasse und Größe nur so wimmelte, und dasselbe hätte man von ihren Besitzern sagen können. Als George den Strand erblickte, schlug sein Schwanz gegen den Sitz des SUV, als würde er auf eine große Basstrommel einhämmern. Ich parkte, öffnete die hintere Tür, und George sprang hinaus, bereit, loszulaufen. »George«, sagte ich. »Ich will, dass du dich heute von deiner besten Seite zeigst, okay?«

Während wir uns dem Strand näherten, zog George aufgeregt an der Leine. Sobald wir den Strand erreicht hatten, sagte ich: »Sitz!«, und nach ein bisschen Protest und Gezerre schenkte er mir schließlich seine Aufmerksamkeit und ließ sich mit dem Hinterteil in den Sand fallen. »Braver Junge!«

Wir nahmen uns einen Moment Zeit, um die Szene in Augenschein zu nehmen – drei Kilometer wunderschöner weißer Sand, hinter dem die Pazifikwellen hereinrollten. Rings um uns herum jagten Hunde Bälle und Stöcke in der Brandung, lagen mit ihren Besitzern unter riesigen Sonnenschirmen, rannten in kläffenden Rudeln umher, wühlten im Sand, scheuchten sich gegenseitig, schwammen und schnupperten an Hinterteilen. George und mir gefiel der Trubel auf Anhieb.

»Das sieht ja toll aus, George!«, sagte ich, während sein Schwanz hinter ihm einen Sandengel zeichnete.

Ich vergewisserte mich, dass in dem Wasser vor uns keine Surfer oder Schwimmer waren, die er zu »retten« versuchen könnte, dann nahm ich ihm die Leine ab und holte einmal tief Luft. »Okay, geh spielen!«, sagte ich, in der Hoffnung, dass er keine Katastrophe und Zerstörung anrichten würde, während er wie eine Rakete über den Strand und ins Meer davonschoss.

Wie sich herausstellte, liebte er es, mit den anderen nassen, schmuddeligen Strandhunden zu spielen – sie tollten umher, balgten sich, schwammen und jagten Seemöwen. In Toronto hatte er nicht recht gewusst, wie er mit anderen Hunden spielen sollte und das soziale Miteinander nur aus der Ferne beobachtet. Am Hundestrand war das anders. George erwiderte unbeholfen die verspielten Annäherungsversuche anderer Hunde. Obwohl er mit Abstand der größte Hund am Strand war, benahm sich George sanft und unterwürfig gegenüber großen und kleinen Hunden gleichermaßen.

Die Surfer vor dem Strand waren nicht allzu beunruhigt, als George hinausschwamm, um sie zu begrüßen. »Wie heißt er denn?«, rief mir ein Junge zu, während er auf eine Welle wartete. Ich sagte es ihm, und er tätschelte Georges großen, nassen Kopf, während George sein Brett umkreiste.

Schließlich kam es so weit, dass all die einheimischen Surfer George kannten und ihn begrüßten, wenn wir ankamen. »Hey, George! Tolle Surfwellen!« hörte ich oft, und dann stürzte sich George ins Wasser und schwamm eifrig hinaus, um sie zu begrüßen. Oft gesellte ich mich zu George ins Wasser, und so lernten wir, zusammen zu schwimmen. George und ich schwammen gern in den flacheren Gewässern vor der Küste, draußen hinter dem ständigen Brechen der Brandung und der tosenden Gischt.

Einmal, als wir so schwammen, spät an einem warmen, windlosen, sonnigen Samstag, George genau neben mir, geschah es, dass ich nach unten blickte und eine große, schwarze, torpedoförmige Gestalt unter uns vorbeihuschen sah. »Was zum ...?«, sagte ich erschrocken. Ich sah hinüber zu George, der seelenruhig dahinschwamm und offenbar nichts bemerkt hatte. Während ich das Wasser absuchte, sah ich auf einmal eine verräterische dreieckige Rückenflosse genau vor uns aus dem Wasser auftauchen. Ein gewaltiger Knoten bildete sich prompt in meiner Magengrube – das Objekt war ein Hai.

Ich wandte mich zu George um. »George! Komm her!« Er musste meine Eindringlichkeit gespürt haben, denn er beschleunigte sein Tempo und schwamm genau an meine Seite. In diesem Augenblick tauchte noch eine Rückenflosse an die Wasseroberfläche, aber diesmal wurde sie von einem lauten Atemstoß von Gischt und Luft begleitet. »George! Das ist ein Delfin!«, sagte ich mit einem überwältigenden Gefühl von Erleichterung und Aufregung. Georges nasse Ohren stellten sich prompt auf, und während wir uns umsahen, tauchten auf einmal aus allen Richtungen Rückenflossen auf, und laute Atemstöße ertönten. Ein ganzer Schwarm neugieriger Delfine umkreiste uns.

George war ebenso neugierig und entzückt und schwamm auf jeden Einzelnen zu, während er an die Oberfläche brach. Irgendwann verlangsamten mehrere der größeren Delfine ihr Tempo und reckten den Kopf aus dem Wasser, um den großen, behaarten Hund besser sehen zu können, der furchtlos auf sie zupaddelte. George stieß einen seiner seltenen, tiefen Belllaute aus, sodass sie noch näher herankamen – so nah, dass ich schon dachte, sie und George würden sich jeden Augenblick mit den Nasenspitzen berühren. Es war unglaublich, und ich lächelte so breit, dass mir das Schwimmen fast keine Mühe zu bereiten schien.

Das runde Dutzend Delfine tollte zwei oder drei Minuten um George und mich herum, bevor sie ihren Weg nach Norden längs des Strandes fortsetzen. George versuchte, ihnen zu folgen, und für einen Moment war ich verblüfft vom Anblick dieser schlanken Wassergeschöpfe mit ihrer glatten, glitschigen grauen Haut und ihrem seltsamen Gefährten vom Land, der von einem dichten, flauschigen schwarz-weißen Fell nach unten gezogen wurde.

Schließlich machte George im Wasser kehrt und paddelte wieder auf mich zu, mit einer Miene im Gesicht, die man nur als Staunen bezeichnen kann. Ich nehme an, mein Gesicht sah ungefähr genauso aus.

Als wir zurück ans Ufer kamen, schüttelte sich George und starrte dann aufs Meer hinaus, in die Richtung, in die die Delfine verschwunden waren. Er hatte die Augen weit aufgerissen, und er tänzelte auf dem Strand, wobei seine Vorderpfoten Sandwolken hinter ihm aufwirbelten.

»Da hast du ein paar neue Freunde gefunden, George. Vielleicht werden sie ja nächste Woche wieder hier sein.« George wedelte mit dem Schwanz, und wir machten uns auf den Weg den Strand hoch zurück zu dem SUV.

Während wir in den Wagen stiegen, Sonne und Sand noch immer auf unserer Haut, ging mir der Gedanke durch den Kopf, dass wir einen nahezu perfekten Tag gehabt hatten, vielleicht sogar einen »freien Tag«. Ich warf im Rückspiegel einen Blick auf George. Sein glückliches Gesicht und sein entspannter Blick sagten alles. Er war zufrieden. Und doch, auch wenn ich mich darüber freute und es vom Kopf her verstehen konnte, konnte ich selbst nicht zufrieden oder glücklich sein. Ich hatte allen Grund der Welt, es zu sein, aber irgendwie fühlte ich mich immer noch verloren. Die einzige Frage war: Warum?

In dem unerklärlichen Nebelschleier, in dem ich mich befand, begann ich, genauer auf George und sein aufblühendes Selbstbewusstsein zu achten. Wenn ich ihn beobachtete, vielleicht würde ich dann etwas darüber lernen, wie man glücklich war. Wenn ich mich so benahm wie George, vielleicht konnte ich mich dann auch gut fühlen. Es war einen Versuch wert.

Im Laufe der nächsten Wochen beobachtete ich George. Ich studierte, wie er jeden behandelte, dem er begegnete. Ob er von einer reichen Person gestreichelt wurde, die eben aus einem Bentley gestiegen war, oder von einem heruntergekommenen Menschen, der auf der Straße lebte, er war immer derselbe: Er war einfach George.

»Freunde kann man nicht kaufen«, pflegte mein Großvater immer zu sagen. Genau wie George konnte er toll mit Leuten umgehen, und alle liebten ihn. Wenn ich als Kind unglücklich über bestimmte Dinge zu Hause war, legte er den Arm um mich und sagte mit leiser Stimme: »Es sind die einfachen Dinge im Leben, die am wichtigsten sind, zum Beispiel, zuzusehen, wie große Wolken über den blauen Himmel ziehen, der Geruch von frischem Heu oder das Geräusch von Wellen, die gegen die Küste schlagen.« Seine aufmunternden Worte hallten in meinem erwachsenen Kopf noch immer nach. »Mach dir keine Sorgen darum, dass alles perfekt sein muss. Sei zufrieden damit, dein Bestes zu geben, und der Rest wird sich schon finden.« Während ich zusah, wie sich George erst wie ein normaler Hund und später wie ein Leuchtfeuer für jeden und alles um ihn herum benahm, fragte ich mich unwillkürlich: Warum fühle ich mich nicht normal? Gibt es eine Möglichkeit, mehr wie George zu sein?

Dann, eines Tages, waren George und ich auf unserem gewohnten Spaziergang in unserer Nachbarschaft, als wir auf einen alten Mann stießen, der auf dem Gehsteig saß. Er sah ziemlich mitgenommen aus, sein Gesicht war wettergegerbt und ausgezehrt. In den Straßen von Hermosa Beach gibt es nicht viele Obdachlose, daher stach dieser Typ hervor. Er hatte ein paar Mülltüten und einen verbeulten Hut neben sich, in dem ein bisschen Kleingeld lag. Auf dem Schild neben seinem Hut stand: »Vietnam-Veteran. Obdachlos. Bitte helfen.«

George ging ein Stück vor mir, als wir uns ihm näherten. »George, komm her zu mir«, sagte ich leise, damit er den Mann nicht stören würde, der dort saß. Aber George hatte andere Dinge im Kopf, und er zog an der Leine, bis er den Obdachlosen erreichte, und leckte ihm das Gesicht.

»Entschuldigung«, sagte ich, während ich George zurückzuziehen versuchte.

Der Mann wich für einen Moment ein Stück vor George zurück, um ihn besser ansehen zu können. Er lächelte und sagte: »Ist schon gut.« An George gewandt, fügte er hinzu: »Du bist aber ein großer Hund, was?«

Georges Schwanz schlug hinter ihm hin und her, und er lehnte sich an den Mann, etwas, was er nur tat, wenn er sich wirklich wohl bei jemandem fühlte. Der Mann lachte und legte einen Arm um ihn, zog ihn zu einer seitlichen Umarmung an sich, als wäre George einer seiner alten Kumpel.

»Du bist aber wirklich schön, was?« Nach einer Weile sah der Mann zu mir hoch. »Was für ein Hund ist er denn?«

Ich sagte es ihm.

»Nicht viele Leute sind freundlich zu mir. Aber Sie sind richtig freundlich«, sagte er. George begann wieder, dem Mann das Gesicht zu lecken.

»Entschuldigung«, sagte ich. »Manchmal kann er ein bisschen zu freundlich sein.«

»Nein, nein.« Der Mann umarmte George. »Ist schon gut. Ich mag das.« Er kraulte George hinter den Ohren, und George begann, mit einem Bein zu klopfen. George leckte ihm noch einmal die Wange, und dann sah er zu mir hoch, als wollte er sagen: »Ich habe einen neuen Freund gefunden. Ist er nicht toll?«

George hätte den ganzen Tag bei diesem Obdachlosen sitzen können. Ehrlich gesagt bin ich mir sicher, dass er es getan hätte, aber ich wollte weitergehen. Ich fühlte mich ein bisschen schuldbewusst und verlegen, daher fischte ich etwas Geld aus meiner Hosentasche.

»Bitte sehr.« Ich beugte mich hinunter, um dem Mann ein paar Dollarscheine zu geben.

»Was?« Er nahm meine Hand und schloss meine Finger um die Scheine. »Nein, Mann. Ich will Ihr Geld nicht.«

»Bitte, das ist schon okay.«

Er ignorierte mich und lächelte George an, wandte sich an ihn, nicht an mich. »Du hast mir eben etwas ganz Besonderes gegeben«, sagte er. »Weißt du, dass mich seit Jahren niemand mehr geküsst hat? Die meisten Leute wollen nicht einmal in meine Nähe kommen.« Er tätschelte Georges Kopf, und wie aufs Stichwort leckte George ihm wieder das Gesicht.

»Sehen Sie?«, sagte der Mann, während ihm die Tränen in die Augen traten. »Das hier ist viel besser als Geld. Behalten Sie diese Scheine. Kaufen Sie ihm ein Leckerli.« Er drückte George ein letztes Mal, und dann sagte er: »Ich glaube, dein Besitzer will weiter, Kumpel, das heißt, du gehst jetzt besser.«

Ich zog leicht an der Leine, und George stand auf.

»Pass gut auf ihn auf.« Ich brauchte eine Weile, um zu begreifen, dass er diese letzten Worte an George gerichtet hatte, nicht an mich.

O'NEILL

TEIL VIER

Surfen mit George

SECHSZEHN

Ich war 17 Jahre alt, und wenn ich meine Zeit nicht mit meinem Großvater bei seinem Cottage verbrachte, arbeitete ich als Rettungsschwimmer am Rissers Beach in Nova Scotia. Rissers Beach ist nicht unbedingt ein Surferparadies. Um genau zu sein, surfte damals niemand in Nova Scotia. Es gab vor Ort keine Surfbretter zum Verkauf, und es gab kein Internet, um sich online eines zu bestellen.

Die Wellen am Rissers Beach sind nicht mit den langen, wogenden Kunstwerken mit den glatten Flanken in Kalifornien zu vergleichen. Ganz im Gegenteil. Die großen Wellen, die man am Rissers Beach reiten kann, sind abrupter und willkürlicher, und das Wasser des Nordatlantiks ist weitaus kälter als das des Pazifischen Ozeans vor Südkalifornien.

In jenem Sommer schickte die Strandaufsicht uns Rettungsschwimmer zu einem speziellen Surf-Rettungskurs, wo man uns mit einem Surfbrett vertraut machte und uns zeigte, wie es als lebensrettendes Gerät am Strand eingesetzt wird. Das aus Australien importierte Brett war ein klobiges Teil, etwa vier Meter lang und so breit, dass man in einer Notfallsituation eine andere Person hinaufziehen konnte. Als professionell ausgebildete Rettungsschwimmer nahmen wir unsere Rolle sehr ernst. Wir mussten perfekt vorbereitet sein, daher trainierten wir jeden Tag, uns gegenseitig aus dem kalten Atlantischen Ozean zu retten, paddelten hinaus, um ein panisches oder bewusstloses »Opfer« zu »retten«, zerrten die betreffende Person auf das lange Brett und steuerten dann durch die tosende Brandung zurück zum Ufer.

Aber an einem stürmischen Tag, als große Wellen und keine Stammgäste am Strand waren, entschied ich, das Brett auszuprobieren, nicht als Rettungsgerät, sondern als Surfbrett. Ich schnappte mir das riesige Brett und zog los.

Ich brauchte ein paar Versuche, um den Dreh dafür rauszukriegen, aber sobald ich das Timing begriffen hatte und mich aufrecht halten konnte, war der Ritt toll. Ich erwischte eine Welle etwa 35 Meter vor der Küste, stieg an ihrer Flanke hoch, bis sie brach, und ließ mich dann von der Gischt zurück zur Küste tragen. Der ganze Ritt konnte nicht länger als zehn Sekunden gedauert haben, aber es war magisch. Ich wurde süchtig nach Surfen! Ich verbrachte die nächsten drei Sommer am Rissers Beach mit meinem Freund Mike, ebenfalls Rettungsschwimmer, und wir paddelten hinaus, wann immer der Wellengang und fehlende Badegäste es zuließen. Bedauerlicherweise musste ich den Sport aufgeben, als ich nach der Universität nach Toronto zog. Mein Umzug nach Los Angeles Jahrzehnte später bot jedoch eine tolle Gelegenheit, wieder mit dem Surfen anzufangen, vor allem, nachdem George so viel Spaß am Hundestrand hatte. Er musste nicht mehr so viel beaufsichtigt werden. Er beharrte nicht mehr darauf, jeden Menschen und jedes Tier am oder im Wasser zu »retten«, und er lernte, sich mit den anderen Hunden zu verstehen, während sie in den Wellen spielten. Jetzt, wo ich ihn frei umherstreifen und schwimmen lassen konnte, ging mir der Gedanke durch den Kopf: Ich könnte mir ein Surfbrett besorgen.

Ich fuhr oft zu Bruce Jones' Surf Shop in Sunset Beach, von Huntington Beach etwa acht Kilometer den Pacific Coast Highway hoch. Bruce war eine Surferlegende; seit den Sechzigerjahren baute er schon Bretter, und jedes Mal, wenn George und ich vom Hundestrand nach Hause fuhren, hielten wir unterwegs bei Bruce, um mit dem Schlauch des Shops den Sand von George abzuspülen. Wir lernten all die Surfer kennen, die sich am Ende des Tages bei dem Shop trafen, und natürlich liebten alle, Bruce eingeschlossen, George. Dieser Zwischenstopp wurde zu einem festen Bestandteil unserer Wochenendroutine.

Als ich schließlich ein Brett von Bruce mietete, entschied ich mich für einen großen Cruiser, so wie den, den ich am Rissers Beach benutzt hatte. Es war gut dreieinhalb Meter lang. Es war nicht besonders manövrierfähig und wäre bei sehr großen Wellen nicht gut geeignet gewesen, aber es war stabil und schwimmfähig – das passende Brett, um leicht wieder in den Sport zu finden.

»George, du brauchst mich nicht mehr als Babysitter«, sagte ich, als wir an einem Wochenende um zehn Uhr morgens zum Hundestrand kamen. »Du wirst am Strand bleiben und spielen. Ich gehe surfen.«

An jenem Tag war der Strand relativ leer. Ein leichter Wind ging, und nach kalifornischen Maßstäben waren die Wellen klein und eher weich. Es war ein idealer Tag, um mich wieder mit dem Surfen vertraut zu machen. Nur eine Handvoll Surfer waren bereits im Wasser und warteten darauf, dass die nächste Reihe von Wellen heranrollte.

Ich baute unser übliches Basislager unter dem Sonnenschirm auf und nahm George dann die Leine ab. »Geh und amüsiere dich, großer Junge!«, sagte ich, obwohl das eigentlich überflüssig war. George schoss in null Komma nichts davon, und bald tollte er in den Wellen umher und lernte jeden Hund und jeden Menschen in Sichtweite kennen. Er schloss Freundschaft mit einem jungen Labradorwelpen und schien niemandem Kummer zu bereiten, daher nahm ich an, dass jetzt ein guter Zeitpunkt war, um mich wieder im Surfen zu versuchen. Ich klemmte mir das Brett unter den Arm, trug es bis zur Uferlinie und ließ es zu Wasser. Als mir das Wasser bis zur Taille reichte, sprang ich darauf und begann, hinauszupaddeln.

Ich war so fixiert auf das Brett und die Wellen, dass ich gar nicht mitbekam, dass George mich im Wasser entdeckte. Er ließ den Labradorwelpen stehen und schwamm auf mich zu, als ob sein Leben davon abhinge. Bevor ich mich versah, paddelte er schon neben mir her. »Hey, George«, sagte ich. »Es geht mir gut. Schwimm zurück zum Strand und amüsiere dich.« Aber davon wollte er nichts wissen. Als wir uns dem Ende der Gischt näherten, war er noch immer an meiner Seite. »Na los, George. Schwimm zurück«, sagte ich. »Kehr um.« Keine Chance. Er schwamm weiter mit großer Entschlossenheit parallel zu meinem Brett.

Der Break am Huntington Beach war weiter draußen als in Hermosa, daher waren wir etwa 45 Meter von der Küste entfernt, als uns die ersten richtigen Wellen trafen. Auf einem Longboard kann man nicht mit einem Duck-Dive unter den Wellen hindurchtauchen, da das Brett zu groß und zu schwimmfähig ist, das heißt, als die erste Welle uns traf, schnellte ich hoch und über ihren Kamm, während George wie wild neben mir herpaddelte. Inzwischen hatte ich keinen Grund mehr, an seinen Schwimmkünsten zu zweifeln, aber in den Wellen war ich dennoch etwas besorgt um ihn.

Wir schossen hoch und über die Welle und stürzten auf der anderen Seite wieder hinunter. Als wir im Wellental waren, die nächste Welle vielleicht zehn Meter vor uns, sah ich George an. »Alles okay mit dir?«, fragte ich. Er hatte den Kopf hocherhoben, und er schwamm selbstbewusst durch die Brandung. Tatsächlich sah er weniger mitgenommen aus als ich. Er starrte geradeaus, konzentriert auf die nächste Welle, aber als er bemerkte, dass ich ihn ansah, änderte er den Kurs leicht, stieß mit der Schulter gegen das Brett und erhob sich aus dem Wasser, um mir das Gesicht zu lecken. Ich lachte, während er mir Küsse auf die Wange drückte. Ich lachte noch immer, und er versuchte noch immer, mir das Gesicht zu lecken, als uns die nächste Welle traf.

Abgelenkt von Georges Geste der Zuneigung, hatte ich das Brett treiben lassen, sodass es, anstatt genau auf die Flanke der Welle gerichtet zu sein, in einem Winkel lag. Als der Wasserschwall uns wieder hochhob, neigte sich das Brett, und ich begann, seitlich hinunterzurutschen, sodass das Brett himmelwärts gerichtet und auf mich geworfen wurde. Ich ging unter, und George, ebenfalls überrumpelt, ging mit mir unter. Ich strampelte mich hoch an die Oberfläche, und als ich wiederauftauchte, war George auch schon wieder da und suchte das Wasser ab. Er entdeckte mich und schwamm zu mir herüber. Er versuchte instinktiv, meinen Arm zu packen und mich zurück ans Ufer zu ziehen, sobald er nah genug war. »Ich nehme an, mit dir ist alles okay«, sagte ich, während ich meinen Arm von ihm wegzog und mich wieder auf das Surfbrett stemmte. »Du bist ein verrückter Hund«, fügte ich hinzu. Aber bevor ich hinaus zum Line-up paddeln konnte, legte George, genau wie er es bei dem Surfer am Hermosa Beach getan hatte, die Vorderpfoten auf mein Brett und versuchte, sich hochzuziehen.

»Im Ernst, George?«

Er rutschte mit den Pfoten an der rechten Seite des Bretts ab, ging kurz unter und schwamm dann um die Spitze des Bretts, um zu meiner Linken hochzuklettern. Er schaffte es mit Kopf, Brust und Vorderpfoten auf das Brett. Während ich zusah, wie er im Wasser mit den Beinen strampelte und verzweifelt Halt zu finden versuchte, konnte ich nicht anders. Ich packte sein Hinterteil und half ihm auf das Brett hoch. Und da waren wir: ich auf dem hinteren Ende des Bretts liegend – und George überglücklich, auf dem Brett zu sein, während er mit dem nassen Schwanz auf den vorderen Teil des Bretts schlug. Ich konnte mit ihm darauf nicht surfen, aber ich konnte mit ihm zurück zur Küste paddeln.

»Okay, George, ich bringe dich zurück«, sagte ich. »Aber dann lasse ich dich dort, damit ich wieder hierher zurückkommen und surfen kann. Und zwar allein. Verstanden?« George wedelte zur Antwort mit dem Schwanz.

Ich legte mich wieder auf den Bauch und begann, mit den Armen durchs Wasser zu rudern. Ich nahm an, dass George vielleicht hinunterspringen würde, wenn sich das Brett zu bewegen begann, aber stattdessen ließ er sich mit dem Hinterteil darauf fallen und machte es sich gemütlich, während mir das Wasser von seinem nassen Fell ins Gesicht spritzte.

»Sitz still, Kumpel«, sagte ich. Selbst mit uns beiden darauf schnitt das große, leicht auf der Oberfläche schwimmende Brett mühelos durchs Wasser. Es surfte nicht, aber ich musste zugeben, dass es ziemlich witzig war, George ans Ufer zu paddeln.

Ein paar Sekunden später spürte ich eine Veränderung im Wasser, als es zurück zum offenen Meer zu strömen begann. Eine Welle näherte sich uns von hinten. Ich überlegte, die Beine vom Ende des Bretts baumeln zu lassen und sie hinter mir herzuziehen, während die Welle vorbeirollte, aber ich änderte meine Meinung, als ich einen Blick über die Schulter warf und sah, dass wir in einer perfekten Position waren, um eine kleine, aber sauber geformte Welle zu reiten. »George!«, sagte ich. »Jetzt pass auf!«

Ich paddelte hektisch, um mich der Geschwindigkeit der Welle anzupassen, und einfach so wurden wir von ihr hochgehoben. Ich zog die Arme ein, verlagerte mein Gewicht, um uns zu steuern, und stemmte mich hinter George am Ende des Bretts hoch. Selbst als wir schneller wurden, rührte sich George nicht vom Fleck. Er saß einfach still da, mit geschwellter Brust, während seine Schlappohren im Wind tänzelten. Und das war es: Wir surften. Irgendwie. Wir beide bewegten uns mit der Energie der Welle vorwärts!

Ich musste lachen. »Gut so, George!«

Ich lehnte mich nach rechts, und wir schnitten wieder in die Welle, parallel zu ihrer Linie, bevor die Welle unter uns brach. Wir wurden langsamer, hielten aber nicht an, während die Gischt in alle Richtungen wirbelte. Auf den letzten fünf Metern tauchte ich die Arme ins Wasser und paddelte, um uns einen letzten Schub zu geben. Die Spitze des Bretts geriet in etwas Rückströmung, sodass George einen Satz nach vorn machte. Er sah mich über die Schulter an, als wollte er sagen: »Immer schön langsam, Kumpel.« Es sah fast aus, als würde er grinsen.

Wir erreichten das seichte Wasser. »Und hier steigst du ab, Kumpel«, sagte ich, während ich, ein wenig außer Atem, von dem Brett rutschte. George beäugte mich neugierig und sprang dann ins Wasser, als hätten wir soeben nichts anderes getan, als ein paar Stufen hochzusteigen. Dann watete er ans Ufer. Sobald er trockenen Sand erreicht hatte, drehte er sich zu mir um, während ich das große Brett auf den Strand hochzog und ihm entgegenkam. Er wedelte so wild mit dem Schwanz, dass sein ganzes Hinterteil hin und her wackelte.

»Na, hat das Spaß gemacht?«, fragte ich, während ich das Surfbrett hinlegte.

Sein riesiger wedelnder Schwanz, sein Hecheln und sein Hüpfen auf den beiden Vorderpfoten waren Antwort genug. Er riss den Kopf nach hinten und stieß ein tiefes, lautes »Wau« aus.

Als ich das Brett aufhob und es herumdrehte, sodass es wieder zum Meer hinauszeigte, lief George im Kreis um mich herum. Und als ich hinauswatete und es wieder ins Wasser schob, sprang er prompt wieder auf das vordere Ende.

Offensichtlich würde ich nicht allein surfen. »Na schön, George, versuchen wir das noch einmal.« Er schlug mit dem Schwanz.

Wir schwammen ein zweites Mal hinaus. George paddelte neben mir her, bis wir den Break hinter uns gelassen hatten, und dann warf ich das Brett herum und half ihm hoch, und wir beide erwischten wieder zusammen eine Welle und ritten sie bis zur Küste zurück. Dann sprang er hinunter und hüpfte aufgeregt auf und ab, während er erneut mit dem Schwanz wedelte, voller Ungeduld, wieder hinauszuschwimmen. Ich hingegen war erschöpft. Wir waren beide schwer, und mit George auf dem Brett zu paddeln, war harte Arbeit.

Nach einer kurzen Pause schwammen wir ein drittes Mal hinaus. Ich bemerkte, dass ein paar der anwesenden Surfer unsere Surfgänge jetzt beobachteten.

»Mann, dein Hund ist ja echt cool!«, hörte ich jemanden sagen, und: »Einen tollen Surfkumpel hast du da!«

Um kurz vor Mittag, als George und ich beide erschöpft waren, setzten wir uns für eine Weile unter den Sonnenschirm. Einer der Surfer kam auf uns zu.

»Wie hast du deinem Hund das beigebracht?«, fragte er mich.

»Gar nicht«, antwortete ich. »Er ist einfach von selbst aufgesprungen. Heute war sein erstes Mal.«

»Wow! Das ist ja so cool! Du solltest ihn zu dem Wettbewerb anmelden.«

Ich sah ihn fragend an.

»Du weißt nicht von dem Wettbewerb?«

»Wir sind erst kürzlich hierhergezogen.«

»Hier gibt es Ende September einen Hunde-Surfwettbewerb.«

»Einen was?«

»Einen Surfwettbewerb für Hunde«, erklärte er. »Sie trommeln einen Haufen Leute zusammen, und es gibt Preise und so, und sie sammeln Geld für Tierheime – zum Beispiel für Hunde in Not.«

»Er ist so ein Nothund«, sagte ich mit einem Nicken in Georges Richtung. Die Augen des Surfers leuchteten auf.

»Ich und ein paar Kumpel waren letztes Jahr dabei, und wir hatten einen Riesenspaß. Ich meine, hauptsächlich ist es einfach nur witzig, aber dein Hund – er ist wahnsinnig geschickt. Ihr zwei könntet tatsächlich gewinnen.«

»Das klingt irgendwie verrückt, aber ich werde es im Hinterkopf behalten«, sagte ich. »Danke.«

»Im Ernst. Ich hoffe, du meldest ihn zu dem Wettbewerb an. Das wäre echt toll.«

Er winkte zum Abschied und ging zurück zu seinen Freunden, die im Sand auf ihn warteten. Ich wandte mich an George. »Hast du das gehört, George? Er glaubt, du könntest einen Surfwettbewerb gewinnen.«

George lag unter unserem Sonnenschirm auf der Decke. Er war mit Sand bedeckt und triefend nass. Seine Antwort: Schnarchen.

SIEBZEHN

Im Laufe der nächsten Monate mietete ich fast jedes Wochenende ein Surfbrett von Bruce Jones. Jedes Mal dachte ich: Das ist toll! Heute werde ich allein surfen gehen! Aber immer, wenn ich draußen im Wasser auf meinem Brett flach auf dem Bauch lag, ritt ein riesiger nasser Hund hoch oben vor mir mit, wobei er fast so aussah wie die Galionsfigur an einem historischen Großsegler (nur mit viel mehr Fell).

Ich kann nicht behaupten, dass ich nicht glücklich über diese Wendung der Ereignisse war, denn ich war es. George und ich hatten ein Hobby gefunden, dem wir gemeinsam nachgehen konnten, eines, das »unseres« war und uns vom Rest der Welt unterschied. Und allein das fühlte sich schon fantastisch an. Außerdem sorgte George dafür, dass ich mehr aus dem Haus kam, und solange wir im Wasser waren, dachte ich an nichts anderes als den Spaß, mit George zu surfen. In einer Zeit, in der das Glück für mich schwer zu finden war, waren unsere Wochenendausflüge eine dringend benötigte Licht- und Energiequelle.

Ich arbeitete die ganze Woche konzentriert und gut im Büro, aber irgendetwas in mir fühlte sich noch immer nicht ganz richtig an. Es war, als würde ich nur zum Schein durchs Leben gehen, anstatt es wirklich zu leben. Und es fiel mir noch immer schwer, mir ein soziales Umfeld in L.A. zu schaffen. Nicht, dass es keine Gelegenheiten gab; ich wusste nur nicht, wie ich sie wahrnehmen sollte. Die Narben meiner Vergangenheit waren noch nicht völlig verheilt, und ich stellte fest, dass ich Fehler machte, wenn ich versuchte, Kontakt zu neuen Leuten zu knüpfen. Es war ein Kampf, den ich für mich behielt.

Meinen wahren Trost fand ich an den Wochenenden, wenn George und ich morgens zum Strand fuhren. »Bist du bereit?«, fragte ich dann, während ich das Brett aus dem SUV nahm.

Wedel, wedel, wedel.

George blieb stets dicht an meiner Seite, wenn wir zum Ufer hinuntergingen, das voll von Hunden und ihren Besitzern war, die im Sand und in der Brandung spielten. Aber anstatt sich an ihrem Treiben zu beteiligen, wie er es getan hatte, bevor wir unseren Sport entdeckten, konzentrierte sich George jetzt ausschließlich auf mich und unser ramponiertes Miet-Surfbrett. Dabei sah er mir in die Augen, als wollte er sagen: »Zeit, unser Ding zu machen.«

Und dann schwammen wir durch die Gischt, steuerten durch den schwierigen Break und erreichten schließlich die richtige Stelle, um die Wellen zu erwischen. Wir fielen beide oft von dem Brett, aber selbst das machte Spaß. Anfangs beschränkten wir uns auf kleinere Wellen, und schließlich, mit etwas Übung, lernten wir, sie immer besser zu reiten. George bekam allmählich den Dreh dafür raus, wann er nah bei mir schwimmen, wann er auf das Brett springen und wie er sein Gewicht balancieren und mir genügend Platz lassen musste, um uns zurück zum Ufer zu steuern.

Egal, wie oft wir draußen waren, wir wurden das Surfen nie leid. Der Anblick, wie diese ganzen 140 Pfund Neufundländer hoheitsvoll vor mir thronten, während wir durch die Wasseroberfläche glitten, brachte mich jedes Mal zum Lächeln. Hin und wieder wandte George den Kopf und versuchte, zu mir zurückzusehen. Dann sah ich sein Gesicht im Profil, und er hatte diesen gelassenen Ausdruck, den man oft sieht, wenn ein Hund den Kopf aus einem Wagenfenster steckt. Ich musste unwillkürlich lachen.

Am Ufer fand er mich jedes Mal, nach jeder Welle, und leckte mir das Gesicht. Jedes Mal. Surfen war für George nicht einfach etwas Neues. Er stieg auf das Brett, weil er es liebte. Er hatte wirklich einen Riesenspaß.

An den meisten Nachmittagen hielt George, nachdem wir eine Weile draußen gewesen waren, ein Nickerchen unter dem Sonnenschirm, um die stärkste Sonneneinstrahlung zu meiden. Wenn er das tat, schlich ich mich so leise wie möglich davon, um allein zu surfen. Alle Hunde nehmen Hinweise – manche dezent, manche so groß wie ein Surfbrett – wahr, und George schien einen Peilsender an mir befestigt zu haben. Sobald ich auch nur drei Meter ins Wasser gewatet war, war er wach und stürmte hinter mir her. Nicht ein einziges Mal gelang es mir, allein zu surfen. Aber ehrlich gesagt, war es mir im Grunde egal. Ich liebte es, mit George zu surfen.

Eines Tages, entschlossen, allein zu surfen, ließ ich ihn zu Hause und fuhr allein zum Strand. Ich mietete ein kleineres Brett und hatte viel Spaß dabei, die Wellen zu reiten, aber ich hatte die ganze Zeit ein schlechtes Gewissen. Ich musste immer wieder an die traurige Miene denken, mit der er an der Tür stand, als ich das Haus verließ. Tatsächlich erschien es mir falsch, dass er nicht bei mir war. Es war das erste und einzige Mal, dass ich ihn zu Hause ließ.

Im Laufe dieser Monate am Strand kamen regelmäßig Leute auf uns zu, nachdem wir draußen in den Wellen gewesen waren. »Ihr zwei seid umwerfend!«, sagten sie dann. »Ich habe noch nie einen Hund gesehen, der das Surfen so liebt wie Ihrer. Wie haben Sie ihm das beigebracht?«

»Gar nicht«, antwortete ich jedes Mal mit einem Schulterzucken. »Er weiß einfach, wie es geht.«

Hin und wieder hörte ich von diesem Hunde-Surfwettbewerb in Huntington, und was für eine tolle Wohltätigkeitsveranstaltung für Tierheimhunde es war.

»Werden wir Sie und George dieses Jahr dort sehen?«

»Ich bin mir nicht sicher.«

Je mehr ich von dem Event hörte, desto unsicherer wurde ich – große Menschenmengen, viel Aufmerksamkeit und Fernsehkameras, während alle zusahen, wie Hunde und ihre Besitzer auf Surfbretter kletterten, um gegeneinander anzutreten. Abgesehen von arbeitsbezogenen Veranstaltungen fühlte ich mich in Menschenmengen nicht wohl, und ich war mir nicht sicher, ob ich George einem Wettbewerb aussetzen wollte, bei dem er unter dem Druck stehen würde, zu gewinnen. Im Laufe der Jahre war ich zu einem extrem wettbewerbsorientierten Eishockeyspieler geworden. Ich wollte jedes Mal gewinnen, wenn ich das Eis betrat. Beim Surfen fühlte ich mich nicht so, da ich es eher als eine Art spirituelle oder Lifestyleaktivität ansah, nicht als einen Wettbewerbssport. Vor allem empfand ich mit George zusammen keinen Wettbewerbsgeist; ich mochte es einfach, mit ihm allein und in aller Stille etwas zu unternehmen. Das war unsere Art der Verbundenheit.

Außerdem fand ich mich, nach nunmehr fast drei Monaten in Kalifornien, zwar inzwischen einigermaßen zurecht, aber das Gefühl der Unsicherheit tief in mir hatte ich immer noch nicht abschütteln können. Ich trug es ständig mit mir herum. In der Arbeit konnte ich mich auf neue Dinge und neue Leute konzentrieren; aber an den Wochenenden schätzte ich wirklich meine stille Zeit mit mir allein und mit George. Ein Hunde-Surfwettbewerb gehörte mit Sicherheit nicht dazu, und auch wenn es nicht als bewusster Gedanke auftauchte, machte es mich dennoch beklommen.

Aber dann war ich eines Tages im Internet, wo ich auf einen Link des Amerikanischen Tierschutzbundes stieß. Ich las darüber, wie viele Tierheime es in L.A. und Orange County gab, in denen das

Töten von Tieren an der Tagesordnung war. Hunderte von Hunden wurden jede Woche eingeschläfert, nur weil die Tierheime keinen Platz für sie hatten oder keine Mittel, um ein Zuhause für sie zu finden. Mir wurde schlecht, als ich die Fotos dieser Tiere sah, die ohne eigenes Verschulden sterben mussten. Das hätte leicht Georges Schicksal sein können.

George hatte angefangen, das Leben zu genießen, und gab jetzt etwas zurück, daher dachte ich: warum nicht? Es war eine Chance für uns beide, zusammen etwas zurückzugeben, anderen Hunden in Not zu helfen. Also klickte ich die Webseite »Surf City Surf Dog« an, gab meine Kreditkartennummer ein und meldete George für das Event an. Es war für einen guten Zweck, und wir würden Spaß haben. Wir sollten an einem Sonntag um acht Uhr morgens in Huntington Beach sein, um uns für das Event zu registrieren. Es war früh, aber damit würde ich dann schon klarkommen.

Als dieser Sonntag gekommen war, tastete ich benommen nach meinem Wecker, um das nervenaufreibende Geräusch abzustellen. Während ich angestrengt versuchte, die Augen aufzuschlagen und wieder zu Bewusstsein zu kommen, spürte ich, wie eine nasse, schlabberige Zunge über mein Gesicht rieb wie eine große Bürste in einer Autowaschanlage. Der Hunde-Surfwettbewerb war mir als eine tolle Idee erschienen, als ich uns Wochen zuvor dafür anmeldete, aber in diesem unausgeschlafenen Augenblick erschien er mir als eine absolut entsetzliche Idee.

»Leg dich wieder hin, George«, murmelte ich in mein Kissen. »Wir werden noch ein bisschen weiterschlafen.«

Leck. Schlabber. Wedel.

Ich war entschlossen, mich wieder vom Schlaf einlullen zu lassen, aber George wollte nichts davon wissen. Er tat seine Absicht kund, indem er sich quer über meinen Rücken ausstreckte. Dann, nur für den Fall, dass ich das nicht bemerkt hatte, knabberte er sanft an meinem Ohr und atmete genau in meine Ohrmuschel ein und aus. Ich fühlte mich, als wäre ich in einem Windkanal. Einem lauten, nassen Windkanal.

»George, im Ernst. Leg dich wieder hin.«

Es war zwecklos. Während ich dort lag, dachte ich zurück an die Begeisterung meines Großvaters jeden Morgen in seinem Cottage, wenn er meinem Bruder und mir von all den wichtigen Dingen erzählte, die wir zu tun hatten – Schwimmen und Sandburgen bauen und Drachen steigen lassen – Dinge, für die es sich lohnte, aus dem Bett zu steigen.

»Na schön, okay«, entschied ich. »Lass uns surfen gehen. Lass uns das tun, George.« Sobald er sah, dass ich mich in Bewegung setzte, begann er mit dem Schwanz zu wedeln, und seine Begeisterung wurde ansteckend.

Ich stieg aus dem Bett, schlüpfte in Boardshorts und schnappte mir ein Kapuzenshirt und meine Flipflops. Ich packte unsere üblichen Strandsachen in eine Tasche, ging mit George kurz hinaus, fütterte ihn, dann leinte ich ihn an und verfrachtete ihn, unser Brett und mich selbst in den SUV. Wir hielten kurz bei einem Coffeeshop auf einen dringend benötigten frühmorgendlichen Milchkaffee und fuhren dann weiter nach Huntington Beach und zu unserer ersten Begegnung mit dem Sport des Hundesurfens.

Was tue ich hier eigentlich?, fragte ich mich, während ich meinen Kaffee schlürfte und mit George auf der Rückbank den Highway hinunterfuhr. Ein Hunde-Surfwettbewerb? Ich musste übergeschnappt sein.

Nach kalifornischen Maßstäben war es kein allzu schöner Tag. Es war neblig und grau an der Küste, und die Wellen, die durchs Beifahrerfenster zu sehen waren, waren größer als sonst. Diese Wellen würden selbst für erfahrene Surfer hart sein. Wie in aller Welt sollten sich Hunde heute auf Surfbrettern halten?

Ich warf im Rückspiegel einen Blick auf George. Er schnupperte aufgeregt an dem geöffneten Fensterspalt, atmete die feuchte Meeresluft ein. »Das wird verrückt werden, Kumpel. Du musst heute gut auf mich hören. Wir werden etwas ganz Neues unternehmen.« Wie jedes Mal, wenn ich mit George sprach, sagte ich die Dinge hauptsächlich für mich selbst und fragte mich, wie viel er verstand, aber trotzdem war ich mir immer sicher, dass er zuhörte.

Wir erreichten Huntington Beach um Viertel vor acht, rechtzeitig für den Check-in um acht Uhr. Ich fand einen Parkplatz, öffnete die hintere Tür und ließ meinen großen, plumpen Hund aus dem Wagen springen. Bevor wir zum Strand hinuntergingen, blieben wir einen Moment stehen und betrachteten die verrückte Szene vor uns aus der Ferne.

Huntington war an diesem Sonntag nicht der Hundestrand, der er normalerweise war. Nicht im Geringsten. Es sah eher aus wie ein Jahrmarkt, mit Zelten und ausgestellten Waren, Bannern, Schaumstoff-Surfbrettern und Hunderten von Leuten und Hunden in allen Formen und Größen. Manche Hunde liefen frei herum, spielten und bellten, während andere an Leinen gehalten wurden und dicht an der Seite ihrer Besitzer blieben. Die Wellen schlugen gegen den Strand, aber die knisternden Walkie-Talkies, die Ankündigungen aus Lautsprechern, die Musik im Hintergrund und das ständige Geplapper der Menge und Bellen der Hunde passten zu dem tosenden Lärm der Brandung.

»Wow, das sieht ja ziemlich verrückt aus, George.« Wir bahnten uns einen Weg zum Strand hinunter und wurden von der Zirkusatmosphäre verschluckt. Wir sahen Bulldoggen, Möpse, Retriever und Pudel. Es gab sogar einen Colliemischling in einem Superman-Kostüm und einen freundlichen Pitbull, der eine Plastik-Haiflosse auf dem Rücken trug. Ich konnte kaum fassen, wie einige der Hunde und Besitzer ausgerüstet waren: Surfbretter mit den Namen von Hunden darauf und dazu passende Rettungswesten und maßgeschneiderte T-Shirts.

Und dann George und ich. Ich trug zerknitterte Klamotten, die ich wahllos gegriffen hatte, und George trug nicht mehr als sein schlichtes rotes Halsband. Wir bahnten uns mit unserem großen, ramponierten alten Brett einen Weg durch das Chaos. »Entschuldigung, verzeihen Sie bitte«, sagte ich immer wieder, während ich uns zwischen dem Meer von Hunden und ihren Besitzern bis zum Registrierungszelt hindurchlotste.

Ich bemerkte aus dem Augenwinkel, dass die Leute uns musterten. Sie stießen sich gegenseitig an und zeigten ungläubig auf George. Ein paar schüttelten den Kopf, andere lachten nur und sagten: »Keine Chance« oder »Ausgeschlossen«. Und das war der Moment, in dem mir bewusst wurde, dass George mit Abstand der größte Hund bei dem Wettbewerb war. Er war ein Sumoringer in einem Raum voller Jockeys. Es war auch der Moment, in dem mir bewusst wurde, dass niemand in dieser Menge glaubte, dass George surfen könnte.

Wir bahnten uns einen Weg zum Ende der Schlange bei dem Registrierungszelt und stellten uns hinter einem Typen mit einer kräftigen, rundlichen Bulldogge und einer Frau mit einem Mops an. Nach ein paar Minuten waren wir an der Reihe.

»Guten Morgen«, sagte eine freundliche Ehrenamtliche mit dunklen Haaren und Brille. Sie war über die Registrierungsunterlagen des vorherigen Hundes gebeugt und hatte den Kopf noch nicht gehoben, um zu sehen, wer vor ihr stand. Als sie es tat, starrte George sie auf Augenhöhe an.

»Wow! Das ist aber ein großer Hund. Er ist doch nicht ... Sie sind doch nicht ... *Surft* er heute etwa?«

Ich wusste nicht, was ich sagen sollte. Einen Moment lang fühlte ich mich, als wären George und ich die tollpatschigen Kinder in der Schule, die, die immer als Letzte ins Team gewählt werden. »Na ja«, brachte ich schließlich zustande, »er wird es versuchen. Stimmt's, George?«

George wedelte mit dem Schwanz, als er seinen Namen hörte, beugte sich vor und küsste der Frau die Wange.

Sie lachte und tätschelte ihm den Kopf. »Du bist ja ein Süßer. Was für ein Hund ist er denn? Er ist riesig!«

»Er ist ein Neufundländer.«

»Wow, das ist der größte Hund, den wir hier je hatten. Ich hoffe, er weiß, wie man surft.«

»Oh, das dürfte er schon schaffen«, sagte ich.

»Wirklich?« Sie beäugte erst mich und dann George.

»Ich denke schon«, sagte ich. »Aber wir werden sehen, wie er mit diesen ganzen Leuten hier zurechtkommt. Wir sind Menschenmengen nicht wirklich gewohnt.«

»Okay, dann wollen wir mal.« Sie zuckte mit den Schultern, und dann füllte sie Georges Registrierungsformular aus. Sie erklärte, die Hunde würden in verschiedene Gewichtsklassen eingeteilt, und George gehöre, was kaum verwunderlich war, eindeutig in die Gruppe der Schwergewichte – Hunde von 25 Kilo und mehr. Die Hunde und ihre Hundeführer hatten zehn Minuten Zeit, um so viele Wellen wie möglich zu erwischen. Ein Hundeführer durfte dem Hund auf das Surfbrett helfen und das Surfbrett so positionieren, dass er die Wellen erwischen konnte. Der Rest, wie zum Beispiel, sich auf dem Brett und das Gleichgewicht zu halten, lag bei dem Hund. George starrte sie an, während sie sprach, wartete darauf, dass sie endete, und drückte ihr dann, sobald sie innehielt, einen Kuss auf die Wange.

»Oh, George, du bist wirklich ein sanfter Riese«, sagte sie, während sie wieder zu mir hochsah. »Haben Sie noch irgendwelche Fragen?«

»Das heißt, er muss ganz allein surfen? Ich darf nicht zu ihm aufs Brett?«

»Ja, genau. Das sind die Regeln.« Ich schluckte, während sie fortfuhr: »Die meisten der größeren Hunde neigen dazu, von dem Brett zu springen, oder sie verlieren das Gleichgewicht und fallen herunter, weil sie groß sind und einen hohen Schwerpunkt haben. Die kurzbeinigen Rassen tun sich im Allgemeinen leichter. Er könnte ein paar Probleme haben.«

George hatte noch nie versucht, allein zu surfen, und ich hatte keine Ahnung, ob das ein Problem sein würde.

»Haben Sie eine Rettungsweste für ihn?«, fragte sie, während sie George die Ohren kraulte.

»Nein«, sagte ich. »Ich habe nie daran gedacht, eine mitzubringen. Er ist ein sehr guter Schwimmer.«

»Na ja, heute wird er eine Rettungsweste brauchen«, sagte sie. »Das ist eine Haftungsfrage. Ich hoffe nur, wir haben eine, die groß genug ist.« Sie suchte in einem Karton mit Ausrüstung und reichte mir die größte Rettungsweste, die sie finden konnte.

»Probieren Sie es damit.«

Ich war nie geneigt, George mit Halstüchern oder Pullovern oder schicken Halsbändern herauszuputzen, wie es so viele andere Besitzer mit ihren Hunden taten. Es schien einfach nicht zu ihm zu passen. Daher hatte er, abgesehen von seinem üblichen roten Halsband, noch nie irgendwelche Kleidungsstücke getragen. Ich passte die Riemen der abgenutzten, leuchtend orangefarbenen Rettungsweste auf die größte Einstellung an und schnallte sie George um. Die Weste war nicht annähernd groß genug. George sah aus, als würde er die abgelegte Weste eines kleinen Kindes tragen. Trotzdem, die Rettungsweste saß, und sie schränkte ihn nicht in seinen Bewegungen ein. Die Frau reichte mir ein grünes Teilnehmer-Halstuch, und ich band es ihm um den Hals, um sein elegantes Ensemble abzurunden.

»Was meinst du, George?« Er wedelte mit dem Schwanz, sah mit aufgeregten Augen zu mir hoch und sprang auf, um mir das Gesicht zu lecken, wobei er sich mit den Vorderpfoten auf meinen

Schultern abstützte und mich fast umwarf. Er war ein bemerkenswerter Anblick: Wenn er auf den Hinterbeinen stand, war er gut 1,80 Meter groß, dazu seine winzige Rettungsweste und das grüne Halstuch – alles in allem sah er aus wie eine überdimensionale Comicfigur. Und er war noch nicht einmal auf dem Surfbrett.

»Das dürfte interessant werden. Viel Glück, Jungs!«, sagte die Frau, und dann ergänzte sie: »Ihr könnt es brauchen.«

»Danke«, antwortete ich. »Na komm, George.« Ich zog einmal an der Leine, und George sprang wieder auf alle viere, und wir entfernten uns aus der Schlange. Während wir das taten, zückten ein paar Leute in der Nähe ihre Handys und schossen Fotos. George bemerkte die Aufmerksamkeit und streckte sich prompt im Sand auf dem Rücken aus, sodass die Menge ein einstimmiges »A-a-a-ah« säuselte und sich um ihn scharte, um ihm kollektiv den Bauch zu kraulen.

Ich nutzte diesen Moment, um zu verarbeiten, was die Ehrenamtliche soeben gesagt hatte, dass George allein auf dem Surfbrett reiten musste. Wenn wir surften, hatten wir es bislang immer im Team getan. George saß vorn auf dem Brett, und ich kniete hinten. Ich hatte keine Ahnung, ob er allein überhaupt surfen könnte oder würde. Ein beklommenes Gefühl machte sich in mir breit. Hatte ich bei George soeben ein Scheitern vorprogrammiert, indem ich ihn zu einem Wettbewerb bei etwas angemeldet hatte, was er nicht konnte? Und was sollte ich tun, wenn wir dort draußen waren, vor all diesen Leuten und Kameras, und George nicht auf das Brett klettern konnte? Und selbst wenn er auf das Brett kletterte, was, wenn er nicht ohne mich surfen wollte?

All diese Fragen beunruhigten mich, aber als ich auf den Sand vor mir hinunterblickte und George dort ausgestreckt liegen sah, ahnungslos von meiner Besorgnis, während er die ganze Liebe seiner neuen Bewunderer aufsaugte, wurde mir klar, dass ich mir zu viele Gedanken wegen dieser Sache machte. Das hier war schließlich nur ein Spaß-Event, um Geld für Hunde zu sammeln – Hunde, die ein Zuhause benötigten. Wenn George inmitten dieser Menge glücklich war, dann konnte ich es auch sein. Ich war bereit, ihm zu helfen, auf das Surfbrett zu klettern, aber wenn er es aus irgendeinem Grund nicht tun wollte, war das auch okay. Das Geld würde trotzdem einem guten Zweck zugutekommen.

Nachdem George nun registriert und ausgestattet war, gingen wir zurück zu dem SUV, um unsere Handtücher, Sonnencreme, Wasser, Fressnäpfe, den Sonnenschirm und anderen Krimskrams zu holen. Ich stellte unseren Sonnenschirm an einem hübschen, stillen Ort abseits des Zelts der Surf-Dog-Juroren auf. »Lass uns einfach eine Minute hier sitzen, George«, sagte ich, und er ließ sich mit dem Hinterteil neben mir in den Sand fallen. Gemeinsam nahmen wir die Anblicke und Gerüche um uns herum auf.

Ich bin überzeugt, dass es außerhalb von Südkalifornien noch nie irgendwo ein solch verrücktes Event zu sehen gab. Die Menge wurde eindeutig noch größer, je näher die Startzeit rückte. Inzwischen gab es noch mehr Hunde in Kostümen, ein paar mit Sonnenbrillen und ein paar mit maßgeschneiderten Boardshorts, passend zu denen, die ihre Besitzer trugen. Die Beach Boys dröhnten aus den Lautsprechern, und viele Besitzer trugen bereits ihre Neoprenanzüge und bereiteten sich darauf vor, ihre Familienhaustiere für den Wettbewerb ins Wasser zu bringen. Der Kokosnussgeruch von Sonnencreme vermischte sich mit der unverwechselbaren Note *Eau de nasser Hund.* Ein einzigartiges Geruchserlebnis.

Die Anzahl der Ehrenamtlichen schien sich in der Dreiviertelstunde, die wir inzwischen am Strand waren, verdoppelt zu haben, und die Verkaufsbuden, die in Reihen am Strand aufgebaut waren, boten jetzt von Hundefutter über Hundespielzeug bis hin zu Hundehalsbändern alles erdenkliche Hundezubehör feil. George wurde immer aufgeregter und tänzelte auf den Vorderpfoten auf diese Art, die er hatte, als wollte er sagen: »Lass mich von der Leine!«

»Du musst dich benehmen, großer Junge.« George beäugte mich mit einem Blick, der besagte: »Ich habe keine Ahnung, wovon du redest, aber du musst mich spielen gehen lassen.«

»Okay, George, geh und amüsiere dich«, sagte ich, während ich ihm die Leine abnahm. Er leckte mir einmal kräftig das Gesicht und stürmte dann zum Wasser hinunter, gefolgt von einem Rudel anderer Hunde, die Rettungswesten trugen, die ihnen tatsächlich passten. Es war einer der seltsamsten Anblicke, die ich je gesehen habe. Offenbar war ich nicht der Einzige, dem diese Kuriosität auffiel, denn schon bald schoss eine Gruppe Fotografen Bilder von diesem bunt gemischten Rudel, das in Kreisen umherlief und immer wieder ins und aus dem Wasser sprang.

Ich hörte ein älteres Paar auf einer Decke in meiner Nähe reden. »Siehst du diesen großen schwarz-weißen Hund dort drüben?«, sagte die Frau, wobei sie auf George zeigte.

»Ja«, antwortete ihr Mann.

»Er wird heute surfen.«

»Ausgeschlossen! Ich kann es kaum erwarten, *das* zu sehen!«

»George!«, rief ich, nachdem ich ein paar Minuten zugesehen hatte, wie er mit seinen neuen Freunden spielte. »Komm her!« Sein großer Kopf kam hoch, und er trottete zu mir herüber, durchnässt, aber sichtlich selbstzufrieden in seiner lächerlich kleinen Rettungsweste und mit dem nassen Halstuch.

»Braver Junge, George«, sagte ich, während er zu unserem Sonnenschirm kam und meinen Anweisungen beim ersten Kommando Folge leistete. Er rannte zu mir und schüttelte sein Fell, sodass er Wassertropfen und Sand in alle Richtungen spritzte und einen hörbaren Chor von Kreischen und Gelächter von den anderen Strandschirmen um uns herum auslöste. George aalte sich in der Aufmerksamkeit und Aufregung, sah sich in alle Richtungen um und lächelte praktisch von Kopf bis Fuß. Ich dachte zurück an die Zeit vor neun Monaten, an den eingeschüchterten Hund in meinem

Esszimmer, der zu viel Angst davor hatte, sich allein auch nur zu bewegen. Er war kaum als derselbe Hund wiederzuerkennen. Es war eine unglaubliche Verwandlung, und für einen Moment überkam mich ein Gefühl von Stolz.

»Hier, großer Junge«, sagte ich. »Trink einen Schluck.« Ich stellte ihm seine Wasserschale hin. Während George mit seinem Wasser um sich spritzte und mehr davon auf unserer Decke als in seinem Mund landete, kam eine schmale Brünette mit einem breiten Lächeln zu uns herüber und äugte unter unseren Sonnenschirm.

»Hi, ich bin Lisa Scolman«, sagte sie. »Ich bin eine der Organisatorinnen des Events.« Wir gaben uns die Hand.

»Ich bin Colin«, antwortete ich. Dann wies ich mit einem Nicken auf meinen schlabberigen, nassen Hund. »Und das ist George.«

»Hallo, George!«, sagte sie. »Ein paar Mitarbeiter haben mir gesagt, dass ein ›super-riesiger‹ Hund angemeldet wurde. Ich wollte ihn gern kennenlernen.«

George mochte Lisa auf Anhieb, drückte sich mit seinem ganzen nassen Gewicht an sie und reckte den Hals, um ihr in die Augen zu sehen.

Sie lachte. »Das war kein Scherz. Du bist wirklich ein großer Junge, was?«

Sie bückte sich, um ihn zu streicheln, und George rollte sich auf die Schulter und dann auf den Rücken, zeigte ihr seinen Bauch, der mit Sand bedeckt war.

»Da war wohl jemand schon schwimmen.« Sie kraulte ihm den Bauch, nicht im Geringsten besorgt, sie könnte selbst nass oder sandig werden. »Und er hat wirklich schon mal gesurft?«

»Ja«, sagte ich. »Wir haben zusammen ein bisschen gesurft, stimmt's, George?«

Sie schüttelte verwundert den Kopf. »Ich kann es mir nur nicht vorstellen. Die meisten Hunde, die wir bei dem Wettbewerb sehen, haben einen niedrigen Schwerpunkt, aber George ... na ja, er hat diese langen Beine, und er ist einfach so ... groß. Also, wirst du heute auf ein Brett steigen, George?«

Ich fragte mich dasselbe.

»Na, auf jeden Fall ist er hier schon was Besonderes«, sagte sie.

Sie hatte aufgehört, George zu streicheln, während sie sprach, und jetzt legte er ihr eine große, nasse Pfote auf den Arm, als dezente Erinnerung, dass sie ihre Pflichten, ihm den Bauch zu kraulen, vernachlässigte. »Du bist mir vielleicht einer, George«, sagte sie. »Ich bin ja froh, dass Sie mit ihm hierhergekommen sind. Es ist ein Spaß-Event, und wir sammeln viel Geld für gerettete Hunde.«

»Deswegen haben wir uns ja auch dafür angemeldet. Er war auch ein Hund ohne Zuhause«, sagte ich. »Er hat es weit gebracht.«

Sie sah mir in die Augen, als sie sagte: »Sie können sich wirklich glücklich schätzen, ihn zu haben.« Und in diesem Augenblick, während ich dastand und zusah, wie George im Sand auf dem Rücken lag und sich von einer freundlichen Fremden am Rand des Pazifischen Ozeans den Bauch kraulen ließ, wurde es mir klar: Du weißt nie, wohin das Leben dich führen wird, wenn du es lässt. Dieser einst verängstigte und vernachlässigte Hund aus Kanada war jetzt in Kalifornien und im Begriff, an einem verrückten Hunde-Surfwettbewerb teilzunehmen. Er hatte es wirklich weit gebracht, im wörtlichen und übertragenen Sinn.

Und was war mit mir? Wie war ich hier gelandet? Eineinhalb Jahre zuvor hatte ich den größten Verlust meines Lebens erlitten. Und jetzt war ich weg von allem, was ich einmal kannte, an diesen Strand versetzt worden, in ein anderes Land, weit weg von meinem Zuhause. Als ich völlig allein war, war dieser Hund mein guter Freund geworden. Er sorgte dafür, dass ich morgens aufstand. Er brachte mich zum Lachen, zwang mich, spazieren zu gehen und neue Leute kennenzulernen. Er brachte mich sogar an den Strand, wo wir zufällig etwas entdeckten, das wir beide so sehr liebten: surfen. Auf einmal begriff ich es mit voller Wucht: Ich hatte George gerettet, aber in Wirklichkeit war er es, der mich rettete.

ACHTZEHN

In diesem Augenblick brach die Musik ab, und die Lautsprecher verkündeten, dass nun der erste Durchlauf kleiner Hunde beginnen würde. »Hoppla«, sagte Lisa. »Ich muss los. Hat mich sehr gefreut. Hoffe, du reitest eine Welle, die genauso groß ist wie du, George!«, sagte sie. »War nett, euch beide kennenzulernen.«

»Hat mich auch sehr gefreut«, sagte ich. Sie eilte zum Jurorenzelt, und George und ich machten es uns bequem, um bei dem ersten Durchlauf zuzusehen.

Die Beach Boys verklangen, und ein Sprecher verkündete: »Guten Morgen Hundefreunde und Surf-Fans! Herzlich willkommen zum ›Surf City Surf Dog‹-Wettbewerb! Wir freuen uns, euch alle heute hier zu sehen. In Kürze starten wir mit dem ersten Durchlauf kleiner Hunde, in der Gewichtsklasse bis zehn Kilo. Doch auf die Größe kommt es beim Surfen nicht an, das heißt, ihr werdet hier ein paar ziemlich erstaunliche Hundekunststücke sehen!«

Die Juroren, drei hoch angesehene Surfprofis, nahmen ihre Plätze auf einem Hochstand am Strand ein. Die Menge rückte näher an den Rand des Wassers heran. Ein paar Reporter liefen an mir und George vorbei über den Strand, um eine bessere Sicht zu bekommen. Man erkannte nicht nur anhand ihrer Kameras mit den großen Objektiven, dass sie zur Presse gehörten, sondern auch an den Erkennungsschildern auf ihren Rücken: PUPPYRAZZI.

Der Wettbewerb glich in vieler Hinsicht einem echten, professionellen Surf-Event, nur, dass diese Surfer nicht Kelly Slater, Brett Simpson oder Taj Burrow, sondern Hanzo, Ricochet und Dozer hießen.

»Und an den Strand gekommen sind jetzt die kleinen, aber feinen Wettbewerbsteilnehmer ...« Die Besitzer brachten die antretenden Hunde an die Uferlinie und wandten sich dann um, um der Menge zuzuwinken. Sobald sie alle in einer Reihe dastanden, erklärte der Sprecher: »Und das hier sind die kleinen Surfer, liebe Zuschauer, bereit, es mit den Wellen aufzunehmen!«

Die Menge klatschte und jubelte, und von dort, wo George und ich saßen, konnten wir sehen, wie Besitzer ein letztes Mal Rettungswesten überprüften und ihre Hunde aufmunternd tätschelten.

Möpse, die aufgrund ihres Körperbaus und des niedrigen Schwerpunkts einen natürlichen Vorteil hatten, waren im ersten Durchlauf sehr zahlreich vertreten, aber das Teilnehmerfeld war vielfältig, von Chihuahuas bis hin zu Boston-Terriern war alles dabei. Alle waren mit Rettungswesten und bunten Halstüchern ausgestattet, damit die Juroren sie besser erkennen konnten – ihre Ausrüstung war schick und neu und gut sitzend, ganz im Gegensatz zu Georges Last-Minute-Outfit, wie mir erneut auffiel.

Bei der Startaufstellung hoben die Besitzer ihre Tiere hoch, als wären sie hundeförmige Aktentaschen, und sobald das Startsignal ertönte, liefen sie los – Hunde in einer Hand, Bretter in der anderen – und rannten platschend ins Meer. Da diese Hunde so klein waren, liefen sie mit ihnen nicht bis hinter den Break. Stattdessen konzentrierten sie sich darauf, die kleineren Wellen in der Gischt nahe der Küste zu reiten. Es war ein urkomischer Anblick, wie die Hundeführer ihre Tiere auf den Minibrettern positionierten und verzweifelt versuchten, die Bretter stillzuhalten, um sie dann loszulassen. Dann ritten die Hunde entweder siegreich die Welle bis ans Ufer, während die Leute jubelten und den Namen des Hundes riefen, oder der kleine Surfer wurde vom Brett geworfen, und die Menge stieß einen einstimmigen Ruf der Bestürzung aus. Sobald der kleine Hund in der Gischt auftauchte und wie von Sinnen zurück zu seinem Brett paddelte, jubelte die Menge erneut. »Na los, Mädchen, los! Diesmal schaffst du es! Versuch's gleich noch einmal!«

Ich wunderte mich über mich selbst, dass ich von dem Event genauso mitgerissen wurde wie jeder andere am Strand, und als ein unglaublich kleiner Hund namens Bobby eine Welle nach der anderen geschickt ritt, sprang ich auf und applaudierte zusammen mit allen anderen. Das Publikum machte begeistert Fotos und Ehrenamtliche liefen am Ufer hin und her, um verirrte Surfbretter einzusammeln. Während der gesamten Dauer des Durchlaufs herrschte ein begeistertes Durcheinander. Es war ein Riesenspaß.

Ich hielt George an seiner Rettungsweste fest, während ich zusah, und irgendwann wandte ich mich um, um ihn anzusehen. »Was meinst du, George?«

Er konzentrierte sich auf den Strand und schien das Wasser zu beobachten. Einer der Hunde, mit denen er vorhin gespielt hatte, legte auf seinem Brett einen eleganten, spektakulären Ritt hin. George entdeckte ihn und hüpfte auf seine typische Art wie ein Welpe auf den Hinterbeinen hin und her, um eine bessere Sicht zu haben. »Ziemlich cool, was, George?«, sagte ich. Ich versuchte ebenfalls, etwas zu erkennen, um zu verstehen, wie die Besitzer ihren Hunden halfen, auf die Bretter zu kommen, aber von der Uferlinie aus war es schwer, irgendwelche konsequenten Techniken auszumachen. Jeder Besitzer schien seine eigene Methode zu haben, um seinem Hund zu helfen, auf das Brett zu springen. Ein paar Hunde schienen ein wenig verängstigt, aber in den meisten Fällen war klar, dass diese Tiere das Surfen liebten und es ihnen nicht viel ausmachte, wenn die Wellen sie überwältigten und ins Meer warfen; sie schwammen einfach wieder hinaus, um es gleich noch einmal zu versuchen.

Nach zehn Minuten ertönte das Signal, und die Wettbewerbsteilnehmer und ihre Besitzer kehrten zurück ans Ufer. Ich musste lachen, als ein paar der Hunde an die Leine genommen werden mussten, da sie unbedingt noch länger im Wasser bleiben wollten.

»Das war der erste Durchlauf, Leute! Eine tolle Gruppe dort draußen. Wir haben Shredder und Floater und auch ein paar richtig eindrucksvolle Wipeouts gesehen! Gut gemacht, ihr Knirpse! Auch Kleine können ganz groß sein! Einen Applaus für die Hunde!«

Die Menge brach in gewaltigen Jubel aus. »Unsere Juroren werden bald die Teilnehmer bekannt geben, die es in unsere Endrunde heute Nachmittag geschafft haben. In der Zwischenzeit findet der erste Durchlauf der mittelgroßen Hunde statt, Gewichtsklasse elf bis zwanzig Kilo. Alle Teilnehmer bitte zum Jurorenzelt.«

Die Durchläufe gingen auf diese Weise weiter, von klein über mittelgroß zu groß, und obwohl ich selbst allmählich ein bisschen müde wurde, wurden die Zuschauer, die Hunde und ihre Besitzer, wenn überhaupt, nur noch aufgeregter. Zwischen den Durchläufen empfing George einen steten Strom von Besuchern. Die meisten konnten nicht glauben, dass er tatsächlich ein Teilnehmer war, und waren nur stehen geblieben, um den großen Hund zu sehen und das Gerücht bestätigt zu wissen.

Die schiere Masse von Leuten, die George kennenlernen wollten, war anders als alles, was ich je zuvor gesehen hatte. Er war wie ein Rockstar oder ein Mitglied der Königsfamilie. Er lernte alle dreißig Sekunden eine neue Person kennen. Wie bei so vielen unserer bisherigen Ausflüge und Abenteuer wurde George immer wieder umarmt und gestreichelt. Er posierte für Bilder und verteilte bereitwillig Küsse. Er schien sich weitaus wohler und sicherer zu fühlen, als ich ihn je zuvor erlebt hatte, selbst gegenüber Männern. Und er wurde die Aufmerksamkeit nie leid; tatsächlich schien sie ihm noch mehr Energie zu verleihen. Er war fast den ganzen Vormittag nicht angeleint gewesen und hatte sich dennoch nie allzu weit von mir entfernt. Wenn er davonschlenderte, um neue Leute oder Hunde kennenzulernen, blieb er nach einer Minute oder so stehen, um sich mit einem Schulterblick zu vergewissern, dass er mich noch sehen konnte. Ich hätte ihm ein solch braves Benehmen nicht beibringen können, wenn ich es versucht hätte. Und ich hatte es versucht.

»Ist das Ihr Hund dort drüben?«, wurde ich immer wieder gefragt.

»Ja. Das ist meiner.«

Wie scheinbar immer, ging das stets gleiche Frage-und-Antwort-Spiel zu meinem großen schwarz-weißen Hund in einem fort weiter:

»Was für ein Hund ist er denn?« »Ein Neufundländer.«

»Wie viel wiegt er?« »140 Pfund.«

»Frisst er viel?« »Erstaunlicherweise nicht wirklich.«

»Und er wird wirklich surfen?« »Ich hoffe es.«

»Und er hat es schon mal getan?« »Das hat er. Er liebt es.«

»Wie heißt er denn?« »George.«

»Ah-h-h-h-h. George! Darf ich ihn streicheln?« »Na klar. Das hat er sehr gern.«

Schließlich verkündeten die Lautsprecher weitere Neuigkeiten. »Okay, Leute. Wir sind jetzt bereit für unsere letzte Teilnehmerrunde. Es ist Zeit für die Schwergewichte, die extragroße Abteilung! Bitte begeben Sie sich zum Wasser hinunter.«

»Okay, George. Wir sind dran«, sagte ich. Ich bat die aktuelle Fangruppe, George zu entschuldigen, schlüpfte in meinen Neoprenanzug und gab George noch einen Schluck zu trinken. »Auf geht's.«

Er wedelte so wild mit dem Schwanz, wie er es schon den ganzen Tag getan hatte. Ich nahm unser Surfbrett, und wir gingen hinüber zum Epizentrum des Wettbewerbs – dem Jurorenzelt. Ich sah auf George hinunter, während er durch die Menge schritt wie ein Boxer auf dem Weg in den Ring. Leute hatten ihre Handys und Kameras gezückt, schossen Fotos und zeigten auf ihn. »Da ist er! Das ist der große Hund, von dem ich dir erzählt habe!«, riefen sie, oder auch: »Viel Glück, George!«

Er hatte die Brust vorgereckt und wandte den Kopf in alle Richtungen, begrüßte jeden, der ihm zusah. Er sah jedem Einzelnen in die Augen. Sobald wir das Zelt erreicht hatten, bückte ich mich und flüsterte ihm ins Ohr: »Bist du bereit?« Ich war mir noch immer nicht ganz sicher, was wir da eigentlich taten, aber er schien bereit, loszulegen.

Vor uns in der Reihe stand ein Retriever mit seinem Besitzer, der ein speziell angefertigtes Surfbrett mit dem Namen des Hundes darauf trug. In der Nähe des Jurorenbereichs saß eine Goldendoodle Hündin bei ihren Leuten, darunter ein Kamerateam, das ihr Abenteuer auf Film bannte. Das hier war offensichtlich die Teilnehmerin, auf die es zu achten galt. George und ich – mein Neufi mit seiner viel zu kleinen, schlecht sitzenden Rettungsweste und ich mit dem ramponiertesten Surfbrett am Strand, sahen so aus, als wüssten wir nicht, was wir taten. Der Schein trog nicht. Gegen Hunde anzutreten, die brandneue Surfbretter besaßen und ihr eigenes Kamerateam dabeihatten, gab mir das Gefühl, ein bisschen unvorbereitet zu sein. Es war wie dieser Moment in jedem Disney-Sportfilm, in dem die heldenhaften Underdogs ihren weitaus gewandteren, besser finanzierten Angstgegner sehen. Aber George kümmerte sich überhaupt nicht um die Ausstattung der anderen Hunde, und das gefiel mir. Ich folgte seinem Beispiel und konzentrierte mich einfach nur auf uns.

Wir erreichten den Rand des Wassers und nahmen einen Platz etwas abseits der anderen Teilnehmer ein. Unter den Hunden in Georges Durchlauf waren zwei Retriever, ein Deutscher Schäferhund, eine riesige Bulldogge und der Goldendoodle. Einer der Retriever sprang wie von Sinnen vor Aufregung umher, während es dem anderen schwerfiel, überhaupt wach zu bleiben. Die backsteinförmige Bulldogge stand neben ihrem funkelnagelneuen blau-grauen Surfbrett.

Die Goldendoodle-Hündin lehnte sich im Sand nach hinten, als würde sie für einen Bademodenkalender posieren. Ihre Filmcrew kauerte um sie herum und hielt jede ihrer Bewegungen fest.

Die Hundeführer selbst waren so unterschiedlich wie die Hunde. Der Besitzer der Bulldogge begrüßte mich und George auf eine freundliche, entspannte Art. Einer der Labradorbesitzer war sehr aufgeregt und konnte es kaum erwarten, loszulegen, umkreiste seinen Hund und überprüfte immer wieder seine Ausrüstung. Während ich diese Szene in Augenschein nahm, wurde mir bewusst, wie groß George tatsächlich war. Er war mindestens zwanzig Kilo schwerer als all die anderen Hunde. Es war auch der erste Moment des Tages, in dem niemand auf uns achtete. Es war irgendwie nett, sich aufeinander zu konzentrieren, anstatt auf das bunte Treiben um uns herum.

Einer der Juroren trat auf uns zu und erläuterte die Regeln. »Das Ziel besteht darin, in zehn Minuten so viele Wellen wie möglich zu erwischen, und wir vergeben zusätzliche Punkte für Kunststücke.«

Die Besitzer um uns herum nickten. Sie alle kannten die Spielregeln, nur wir nicht.

»Kunststücke?«, fragte ich.

»Ja. Zum Beispiel rückwärts surfen. Oder bis zur Spitze des Surfbretts vorlaufen. So etwas.«

Ich hoffte nur, dass George auf das Brett kommen und nicht herunterfallen würde!

»Der Wettbewerb beginnt in ein paar Minuten. Bitte legt die Bretter in den Sand und wartet, bis das Startsignal ertönt. Dann könnt ihr euch in die Wellen stürzen. Viel Glück!« Der Juror eilte zurück zu seinem Posten am Jurorenstand, und ich positionierte unser riesiges Brett am Rand des Wassers, wie man uns angewiesen hatte. George folgte mir und stellte sich prompt darauf, stolz wie ein Pfau. Ich konnte Leute lachen und Kameras klicken hören. So viel zu unserem stillen Moment abseits des Rampenlichts.

Ich kniete mich neben George in den Sand und legte ihm die Hand auf den Hinterkopf. Er war ruhig und aufmerksam und schien so glücklich wie eh und je, während er mich ansah, als wollte er fragen: »Und was jetzt?«

»Lass uns einfach ein bisschen Spaß haben«, sagte ich und liebkoste seinen Kopf. Er erwiderte die Geste der Zuneigung auf seine kräftige, schlabberige Art.

Die Wolken hatten sich zum Teil verzogen, und die Sonne schien zwischen kleinen Lücken am Himmel hindurch. Die Wellen hatten sich nicht ein bisschen abgeschwächt; tatsächlich wurden sie sogar noch größer. Die anderen Hunde und ihre Besitzer standen in einer Reihe am Strand und beobachteten das Wasser, genau wie George es tat.

Das schrille Startsignal durchschnitt die Luft und wurde von der jubelnden Menge erwidert. »Auf geht's!«, rief ich, und George rannte neben mir her, passte seine Schritte meinen genau an, hinaus in die wogende Brandung. Ich tauchte durch die Wasseroberfläche, das Brett unter mir, und begann, hinauszupaddeln. Aus dem Augenwinkel konnte ich sehen, wie die anderen Hundeführer ins Wasser liefen und ihre Hunde neben ihnen her aufs Meer hinausschwammen.

George blieb dicht an meiner Seite, und seine kräftigen Schwimmzüge ermöglichten es uns, den Break lange vor allen anderen zu erreichen. Hinter den Break und aufs offene Meer zu kommen, ist der schwierigste Teil beim Surfen, egal, ob Amateur oder Profi, Mensch oder Hund. Menschliche Surfer tauchen im Allgemeinen unter die Wellen und kommen dann auf der anderen Seite wieder zum Vorschein und paddeln weiter hinaus, eine körperlich anspruchsvolle Technik. Die meisten Hunde tauchen jedoch nicht unter, da ihr Instinkt ihnen befiehlt, den Kopf über Wasser zu halten. Aber nicht so George – er tauchte oft, ohne zu überlegen, unter eine Welle. Die große Frage war, was ich mit ihm tun sollte, sobald er wiederauftauchte, wie ich ihm in diesen massiven Wellen auf das Brett helfen sollte, die größer waren als alle, die wir bis dahin gesehen hatten. Ihn auf dem Brett ins Gleichgewicht zu bringen, war, als würde man versuchen, in einer laufenden Waschmaschine einen Tisch zu decken.

Ich sprang von dem Surfbrett in brusttiefes Wasser, während George mit kräftigen Zügen ein paar Meter neben mir schwamm. Eine Wand aus Gischt rollte heran, und ich drückte die Spitze des Surfbretts hinunter, um das Wasser darüber hinwegspülen zu lassen. Während ich das tat, behielt ich George im Auge, der instinktiv den Kopf in die Welle geduckt hatte und mit den Beinen weiter vorwärtspaddelte. Die Wasserwand spülte über uns beide hinweg, und zwei Sekunden später tauchte sein Kopf wieder an die Oberfläche – er war nur ein paar Meter zurückgeworfen worden. Ich hätte es ihm nicht besser beibringen können. »Wow! Braver Junge, George!«, brüllte ich über das Krachen der Wellen hinweg, die um uns herum brachen.

Er paddelte auf mich zu und hatte binnen Sekunden seine beiden Vorderpfoten auf das Surfbrett gelegt. Neufundländer sind bekannt für ihre Tapferkeit und Kraft im Meer, und heute kamen uns die Instinkte von Georges Rasse sehr zugute. Ich nahm seine Schwimmpfoten in die Hände, während er mir mit einer Aufmerksamkeit in die Augen sah, die ich bei ihm noch nie gesehen hatte. Halb atemlos sagte ich: »Ich werde dein Hinterteil auf das Brett hochschieben, und du wirst *bleiben.* Okay?« Ich wusste, dass er mich nicht verstand, aber ich wusste auch, dass mein Tonfall dafür sorgte, dass er sich weiterhin konzentrierte, und dass er das wichtigste Wort verstanden hatte, das ich gesagt hatte: *bleiben.*

Wir hatten noch ungefähr zehn Sekunden, bevor die nächste Wand aus Gischt über uns hinwegrollen würde. Ich schnappte mir eines seiner Hinterbeine und schob sein Hinterteil auf das Brett. Und einfach so war er allein auf dem Brett. »*Bleib*, George!« Er stand so reglos wie eine Statue da. Seine langen Beine, die, wie man mich gewarnt hatte, ein Nachteil sein könnten, erwiesen sich tatsächlich als Vorteil, als es darum ging, durch den Break zu kommen, da die Wellen zwischen seinem Körper und dem teilweise untergetauchten Brett hindurchströmten. Ich zog das Brett neben mich, legte mich auf das hintere Ende und paddelte uns vorwärts, so gut ich konnte. Noch eine Welle, dann würden wir den Break hinter uns haben und genau an der richtigen Stelle sein, um zu wenden und eine Welle zurück zum Ufer zu erwischen.

Die große Welle war fast über uns. »Pass auf, George. *Bleib!*« Wenn wir nicht den richtigen Moment abpassten, würde sie genau über uns brechen. Das vordere Ende des Bretts hob sich, und wir waren in einem Winkel von fast 45 Grad, als die Welle ihren Höhepunkt erreichte. Wir stürzten rasch nach vorn, als die Welle unter uns hindurchflutete, aber George hielt sein Gleichgewicht und bewegte sich nicht. Wir hatten es hinter den Break geschafft! Als ich einen Blick zurückwarf, sah ich, dass die meisten unserer Konkurrenten noch immer hinter uns waren und untergetaucht wurden, während sie versuchten, über die brechenden Wellen zu schwimmen.

Selbst mit ein bisschen Vorsprung war es hinter dem Break einschüchternd. Die Wellen waren um die zwei Meter hoch, was das Höchste war, was ich je allein zu surfen versucht hatte, geschweige denn mit George. Für einen Moment sicher vor brechenden Wellen, schöpfte ich Atem und begann, mir unseren nächsten Schritt zurechtzulegen. Im Grunde musste ich das Brett herumdrehen und Georges Gewicht zentrieren, damit er allein surfen konnte. Wenn er zu weit vorn war, würde er, sobald sich die Welle zu bewegen begann, mit einem riesigen Wipeout ins Wasser katapultiert werden. Wenn er zu weit hinten war, würde die Welle unter ihm hinwegspülen, und er käme nicht vom Fleck.

Alles, was George wollte, war, mir das Gesicht zu lecken. Er wandte sich um und bedeckte mich mit Küssen. »George, lass es für einen Moment gut sein. Da sind Hunderte von Leuten, die uns zusehen.« Während ich neben dem Brett auf der Stelle trat, musste ich seine Beine verlagern, um ihn richtig zu positionieren. Er hielt das offenbar für ein witziges Spiel und nahm immer wieder seinen alten Platz auf dem Brett ein. Nach ein paar Versuchen, als er endlich genau in der Mitte und in der richtigen Position war, befahl ich ihm, sich zu setzen. Und er tat es.

»Braver Junge! Bleib, George!«, sagte ich. Dann drehte ich das Brett herum, sodass es zur Küste zeigte. »Wir warten jetzt auf eine gute Welle, und dann wirst du zum Strand zurücksurfen wie ein Profi.«

Als ich einen Blick hinter uns warf, sah ich eine große, knapp zwei Meter hohe Welle auf uns zukommen. Es war eine perfekt geformte kalifornische Welle – eine glatte, legendäre Wasserwand, die Art, für die Surfer aus der ganzen Welt hierherkommen, um ihr Können zu testen. »Und los geht's«, sagte ich so ruhig wie möglich.

Ich schob das Surfbrett im Einklang mit der Welle an und ließ los ... und es klappte. Es klappte perfekt! Für ein paar glorreiche Sekunden erfasste die Welle das Brett und trug George in Richtung Küste. *Er surfte allein!*

Da war er, mit hoch erhobenem Kopf. Ich war begeistert. Ich konnte den Jubel der Menge hören! Er surfte an einem der Retriever vorbei, der verzweifelt versuchte, sein Brett zu finden. Dann, nach ein paar weiteren Sekunden, regte er sich und sah über seine Schulter. Die Frage stand ihm sonnenklar ins Gesicht geschrieben: »Wo ist er?« Dann drehte George sich ganz um und surfte rückwärts, als er mich im Wasser entdeckte.

Ich sah, wie seine großen Augen weit aufgingen. Oh, nein. Er würde zurückkommen, um mich zu holen. Und eine Sekunde später sprang George von dem Brett. Die Zuschauer stöhnten auf. Er schwamm durch die Brandung zurück, auf mich zu. Als er mich erreichte, nahm er meinen Unterarm ins Maul und begann, mich ans sichere Ufer zu ziehen.

Als wir ankamen, stand ich auf. »Siehst du?«, sagte ich zu ihm. »Es geht mir gut.«

Ein Ehrenamtlicher schnappte sich unser Surfbrett, und als George es sah, begann er, mit dem Schwanz zu wedeln.

Ein paar Zuschauer brüllten: »Gut gemacht, George! Das war fantastisch!« und »Versuch's gleich noch mal!« George sah sie an, den Kopf auf die Seite gelegt. Er fand überhaupt nicht, dass es irgendetwas Besonderes war, eine große Welle zu reiten. Er starrte zu mir hoch, als wollte er fragen: »Und was jetzt?«

Ich nahm das Surfbrett wieder an mich, und George tänzelte am Ufer auf und ab, bereit, wieder hinauszuschwimmen. Ich sah hinaus auf den Break, und ich freute mich, zu sehen, dass ein paar andere Hunde ebenfalls für kurze Zeit auf den Wellen ritten. »Versuchen wir's gleich noch mal, George!«, sagte ich.

Diesmal sprang er schon früh auf das Brett, und ich führte ihn sofort zum Break. Er schaffte es, das Gleichgewicht zu halten, während wir durch die Gischt schwammen. George kapierte allmählich, wie das mit dem Positionieren funktionierte, und saß jetzt ausbalanciert in der Mitte des Bretts. Ihn zu überzeugen, allein auf dem Brett zu bleiben, erwies sich jedoch als ein Problem. Ein großes Problem. Bei unseren nächsten drei Versuchen war er in einer perfekten Position für große Wellen, aber jedes Mal, wenn ich das Brett losließ, wandte er sich ein oder zwei Sekunden später um und entdeckte mich hinter sich im Wasser. Er hatte diesen Blick, der besagte: »Warte, ich komme und rette dich!« Und dann sprang er von dem schwimmenden Surfbrett und paddelte zu mir zurück.

Aber beim vierten Versuch, als die Zeit fast abgelaufen war, ließ ich ihn an der Flanke einer Welle los, die so hoch war, dass sie mich in ihrem Tal versteckte. Als ich ihn wieder sehen konnte, hielt er nach mir Ausschau, aber er hatte sich bereits länger auf dem Brett gehalten als all die anderen Male zuvor. Die Welle brach, und die Gischt trug ihn weiter in Richtung Küste, als er mich schließlich entdeckte – er hatte es geschafft, einen Ritt hinzulegen, der ganze acht Sekunden dauerte! Die Leute am Strand jubelten, und ich war sprachlos.

Schließlich sprang George ganz lässig von dem Brett, und anstatt zum Ufer zu schwimmen, wie es die anderen Hunde taten, machte er im seichten Wasser prompt kehrt und schwamm wieder hinaus, um mich zu »retten«. Ich traf ihn im brusthohen Wasser, und diesmal legte er mir die Pfoten auf die Schultern. Ich drückte ihn zu einer festen Umarmung an mich, während er mir das Gesicht leckte. Das Signal ertönte – die zehn Minuten waren im Nu vergangen. Wir kamen in genau dem Augenblick aus dem Wasser, in dem die stämmige Bulldogge eine letzte schöne Welle ritt. Die Retriever und der Goldendoodle schüttelten sich das Wasser ab und wedelten mit dem Schwanz, froh, wieder an Land zu sein.

»Einen Applaus für die extragroßen Hunde!«, rief der Sprecher. »Sie waren sehr mutig und haben es mit den höchsten Wellen des Tages aufgenommen, und wir haben ein paar fantastische Ritte von einem sehr großen Neufundländer, ein paar tollen Retrievern und auch einer sehr stämmigen Bulldogge gesehen! Gut gemacht!«

Ich hatte wirklich keine Ahnung, wie George verglichen mit den anderen Hunden in seinem Durchlauf abgeschnitten hatte, aber die Menge schien begeistert von seiner Leistung, und ein paar Leute riefen im Sprechgesang seinen Namen. Das Surfen war schwierig gewesen, anders als alles, was wir je zuvor getan hatten, aber George hatte eindeutig Spaß gehabt.

Dann kamen ein paar Fotografen mit Teleobjektiven in den Händen und baten darum, uns fotografieren zu dürfen.

»Das war unglaublich«, sagte einer der Fotografen. »So etwas habe ich noch nie gesehen.«

Es fühlte sich sehr seltsam an – als wären George und ich, nachdem wir anfangs nicht wirklich dazu passten, binnen Minuten zu Prominenten geworden. George, noch immer in seiner albernen

Rettungsweste, war bis auf die Haut durchnässt und mit Sand bedeckt. Trotzdem posierte er, als hätte er es sein Leben lang getan – den Kopf erhoben, die Brust gereckt und die Beine breit gestellt und kräftig, wie der preisgekrönte Jagdhund eines Herzogs auf einem englischen Ölgemälde.

Dann, ohne Vorwarnung, schüttelte er sich das Wasser ab, sodass er die Fotografen und Zuschauer auf eindrucksvolle Weise durchnässte und für lautes Kreischen und Gelächter sorgte. »Sehr nett, George. Schönen Dank auch!«, sagte einer der Fotografen. Als er seinen Namen hörte, sah George ihn an, als wollte er sagen: »Was denn, habe ich irgendwas falsch gemacht?«

»George, du bist wirklich einmalig.«

Ein paar Kinder kamen herübergeschlendert. »Können wir ihn umarmen?«, fragten sie mich. »Er hat das so toll gemacht. Er ist mein Lieblingshund!«

»Klar könnt ihr ihn umarmen – wenn es euch nichts ausmacht, nass zu werden.« Die Kinder stürzten sich auf George und drückten ihn fest an sich, was mit großen, schlabberigen Hundeküssen erwidert wurde. Die Fotografen hielten alles auf Kamera fest – Georges liebevolle Persönlichkeit leuchtete so strahlend, wie ich sie schon immer gesehen hatte. Er war glücklich, mehr als glücklich. Er war rundum entspannt und zufrieden. Und zum ersten Mal, seit ich mich erinnern konnte, fühlte ich mich genauso.

Die Fotografen bekamen, was sie brauchten, und zogen weiter, aber die Aufmerksamkeit, die George zuteilwurde, ebbte nicht ab. Ich brachte ihn zurück zu unserem Sonnenschirm und unserer Decke und nahm ihm die Rettungsweste und das Halstuch ab, um ihn ausruhen zu lassen, aber das war unmöglich – es waren einfach zu viele Leute da, die ihn kennenlernen wollten.

Der Besitzer der Bulldogge aus unserem Durchlauf kam herüber. »Ich habe gesehen, wie ihr zwei durch diesen Break gekommen seid – herzlichen Glückwunsch! Ihr freut euch bestimmt schon darauf, das bei der Endrunde heute Nachmittag zu wiederholen.«

»Endrunde?« Nicht im Traum hatte ich daran gedacht, dass George und ich in die Endrunde kommen könnten.

»Ja. Bruno und ich haben es in die Endrunde geschafft, und ihr beide auch. Das wird ein Spaß werden!«

Ich konnte es kaum glauben. »Ich hatte keine Ahnung, dass George so gut abgeschnitten hat. Ich nehme an, dann sehen wir uns dort draußen später wieder?«

»Na klar. Kann es kaum erwarten. Und viel Glück!«

»Danke. Euch auch!«

Nachdem er gegangen war, bildete sich eine Menschenmenge vor unserem Sonnenschirm, und George hielt für jeden, der vorbeikam, Umarmungen, Küsse und Fotoposen bereit. Wenn er Autogramme hätte geben können, dann hätte er auch das getan. Nach ungefähr zwanzig Minuten zerstreute sich die Menge, und George, noch immer nass und sandbedeckt, döste auf der Decke ein und begann prompt, zu schnarchen.

🐾

Der arme George war völlig erledigt. Er hatte bereits einen ziemlich anstrengenden Tag hinter sich. Und auch wenn ich wusste, dass er – genau wie ich – jede Minute genossen hatte, wusste ich auch, dass er es nicht gewohnt war, zweimal an einem Tag zu surfen. Während ich auf den großen, erschöpften Hund hinuntersah, der noch immer schnarchend im Tiefschlaf lag, beschloss ich, George selbst entscheiden zu lassen, ob er noch einmal ins Wasser wollte. Ich lernte allmählich, dass die Leine zwischen uns in beide Richtungen funktionierte und dass es manchmal wichtig war, seinem Beispiel zu folgen. Wenn George mit erneuerter Energie aufwachte und bei der Endrunde surfen wollte, dann würde er es tun. Und wenn nicht, war es mir auch recht.

George schlief noch immer, als der Sprecher eine Stunde später erneut ans Mikrofon trat und verkündete, dass die Endrunde in Kürze beginnen würde. George schlug erst ein Auge auf, dann das andere. Er sah sich um und sprang auf, als könne er nicht glauben, dass er irgendetwas von der Action verpasst hatte. »Schönes Nickerchen gehabt, George?«, fragte ich, und er wackelte mit den Ohren und schüttelte den Schlaf ab. Ich gab ihm ein paar seiner Lieblingsleckerlis und eine frische Schale mit Wasser, das er begierig aufschlabberte.

Als er fertig war, fragte ich ihn: »Und, bist du bereit, noch einmal dort hinauszugehen? Es liegt ganz bei dir.« Ich stand auf und sammelte das Surfbrett und seine Rettungsweste ein, während ich George beobachtete. Er begann, mit dem Schwanz zu wedeln, als er das Surfbrett unter meinem Arm sah. Er krümmte den Rücken und streckte die Beine in einer perfekten Herabschauender-Hund-Pose.

»Willst du das hier wieder anziehen?«, fragte ich, während ich mir seine Rettungsweste schnappte. Er steckte den Kopf durch die Öffnung und wartete darauf, dass ich die Clips befestigte. »Braver Junge!«

Sobald er die Mini-Rettungsweste anhatte, führte ich ihn hinüber zum Startbereich. Wieder für den Wettbewerb herausgeputzt, hatte er einen etwas stolzeren Gang, aber diesmal wandte er sich, während er die Menge teilte, nicht zu den Menschen um, die seinen Namen riefen. Er hatte eine neue Entschlossenheit an sich, als wollte er sagen: »Ich bin bereit für die Show!«

Wir versammelten uns mit den anderen Hunden zur Schwergewichts-Endrunde am Strand. Die Menge war größer geworden, und jetzt waren nicht nur Hunderte von Leuten am Strand, sondern weit über tausend. Der Wettbewerbsbereich war mit einem Seil abgesperrt, und der Sprecher heizte die Stimmung in der Menge an:

»Begrüßen Sie mit mir noch einmal Shad, Bruno, die tollkühne und tapfere Bulldogge ... und einen, der *vi-i-i-el* zu viele Pfunde auf die Waage bringt, den größten Hund, der je ein Brett bei diesem Wettbewerb geziert hat, den freundlichen Neufundländer ... George!«

Der Jubel wurde noch lauter, als ich erwartet hatte. Ein paar Kinder begannen, im Sprechgesang zu rufen: »George! George! George! George!« Er wandte den Kopf, um sie anzusehen, und wedelte mit dem Schwanz. Alle begannen, zu lachen, und ich musste unwillkürlich lächeln. Es fühlte sich toll an, zu wissen, dass George der Grund für so viel Lächeln und Freude an diesem Strand war. Am Morgen war ich mir noch ein bisschen unsicher gewesen, ob wir das Richtige taten, auch wenn George mir, wie üblich, zehn Schritte voraus war und sich freute, einfach am Leben zu sein. Aber jetzt, während ich die Wärme der kalifornischen Sonne und der lächelnden Menschen, die hier versammelt waren, vernahm, verspürte ich diese Freude ebenfalls.

Augenblicke später ertönte das Startsignal, und wir warfen uns in die Brandung, Hunde, Besitzer und Bretter. Wir liefen und lachten, während wir ins Wasser hinausstürzten. Die Wellen waren noch immer groß, und ich drückte das Brett gegen sie nach unten. George sprang hinauf, noch bevor wir draußen waren. »Soll ich dich hinbringen?«, fragte ich, während ich ihn zu der ersten Wand aus Gischt hinauspaddelte. Das vordere Ende des Bretts schoss in die Luft hoch, aber wir schafften es auf die andere Seite, und ich paddelte weiter, so gut ich konnte. Die nächste Welle war jedoch weitaus näher, als es die anderen heute Morgen gewesen waren, und bevor ich mich versah, waren wir im »Niemandsland« – einer Stelle so nah an der Welle, dass wir weder wenden noch weiter vorwärtspaddeln konnten, da sie genau über uns brechen würde.

»Aufpassen, George!«, brüllte ich, während eine Kaskade aus grünlich-blauem Wasser fast genau über unseren Köpfen hinunterstürzte. Das Brett schraubte sich auf dramatische Weise himmelwärts, und das Wasser trommelte auf George und mich ein und tauchte uns unter. Ich wusste, dass ich die Luft anhalten musste, dass ich mich entspannen musste, bis der Tumult der Welle über uns hinweggespült war, aber wusste George das auch? Nach ein paar langen Sekunden rollte ich mich an die Oberfläche, wischte mir das Wasser aus den Augen und hielt nach ihm Ausschau. Er war nicht da. Oh, nein, dachte ich, aber das Nächste, was ich sah, war sein Kopf, der knapp zwei Meter hinter mir aus dem Wasser auftauchte.

»George!« Er wandte sich zu mir um und begann, so schnell er konnte, auf mich zuzuschwimmen. »Alles okay, großer Junge. Es geht mir gut.« Aber er war entschlossen, mich beim Arm zu packen und zurück zum Ufer zu ziehen. »Du bist ein braver Junge, George«, sagte ich, während ich mich geschlagen gab, die Arme um seinen Hals schlang und mich von ihm ins seichte Wasser ziehen ließ. Bruno die Bulldogge surfte genau an uns vorbei und die Menge jubelte.

Als wir wieder an Land waren, kamen die Ehrenamtlichen mit Georges Brett auf uns zugelaufen. Sie waren außer Atem. »Es ist noch Zeit! Gehen Sie noch mal mit ihm raus!« Ich konnte hören, wie ein paar Leute in der Menge im Sprechgesang Georges Namen riefen, und er konnte es auch hören. Ich kauerte mich neben George in den Sand. »Deine Entscheidung, großer Junge. Willst du noch einen Versuch wagen?« Ich ging das Brett holen, und George sprang im seichten Wasser wieder darauf, und wir begannen, weit hinauszupaddeln.

Ein paar Minuten später hatten wir es hinter den Break geschafft, ohne herunterzufallen. Ich brachte George in Position. Er gewöhnte sich allmählich an dieses Spiel. »Okay, George, sitz ... *bleib!* Braver Junge.« Ich ging zum hinteren Ende des Bretts, um es anzuschieben, aber in diesem Moment versuchte er, sich herumzudrehen, um nach mir zu sehen, sodass er aus dem Gleichgewicht geriet. Sobald die nächste Welle hinter uns aufstieg, schob ich das Brett an, so kräftig ich konnte, aber da er sein Gewicht auf die linke Seite des Bretts verlagert hatte, fuhr das Brett nicht geradeaus, sondern schwenkte in einem Winkel von etwa vierzig Grad nach links ab, an der Wellenflanke entlang. Tatsächlich war das für menschliche Surfer die beste Art, zu starten, aber es war nicht ideal für Hunde, die quer zur Welle sein müssen, um eine bessere Stabilität zu haben. Für ein paar Sekunden konnte er mich hinter der aufsteigenden Welle nicht sehen, und er blieb konzentriert und balanciert auf dem Brett. Sobald die Welle brach, purzelte er jedoch in einem spektakulären Wipeout herunter.

Der ganze Ritt dauerte nur ein paar Sekunden, aber er war einmalig. Später sagte man mir, dass dieser Ritt von der Küste aus umwerfend aussah. Diesmal rannte George, anstatt zurückzuschwimmen, um mich zu holen, zum Strand. Ich schwamm ans Ufer, wo er, mit wedelndem Schwanz und heraushängender Zunge, saß. Ich ließ mich neben ihn fallen, und er legte eine große, nasse Pfote auf mein Bein. »Du bist erschöpft. Lass uns erst einmal zu Atem kommen, großer Junge«, sagte ich. Es bestand kein Grund zur Eile. Wir saßen so da, Seite an Seite am Strand, während die Menge hinter uns jubelte und johlte, und sahen den anderen unglaublichen Hunden zu, die dort draußen noch immer ihre Wellen ritten.

Ein paar Minuten später sah ich, dass unser Surfbrett in die Rückströmung geraten war und zur Brandung hinausdriftete. Ich sprang auf, um es mir zu schnappen und ans Ufer zu ziehen, aber während ich das tat, sprang George ebenfalls auf, rannte genau an mir vorbei ins Wasser und kletterte auf das Brett. Bis ich ihn eingeholt hatte, ertönte das Signal. Die Endrunde war vorbei, und George stand, passenderweise, stolz auf seinem ramponierten Surfbrett. In der Endrunde war er nicht der am besten surfende Hund gewesen, aber es ließ sich nicht leugnen, dass er der größte und glücklichste Hund am Strand war. Ich war so stolz auf ihn. Wenn ich einen Schwanz gehabt hätte, hätte ich auch damit gewedelt.

Im Anschluss fand die Preisverleihungszeremonie am Strand statt, und nachdem George und ich uns ein bisschen sauber gemacht hatten, gingen wir hinunter, um zuzusehen. Die Organisatoren hatten ein Podium aufgebaut und verliehen surfbrettförmige Medaillen an die Sieger des Tages.

Er war ein köstlicher Anblick, wie sich Hundeführer und Hunde zum Podium begaben und die Hunde, obwohl sie von einem langen, ereignisreichen Tag am Meer müde waren, aufhorchten, sobald sie vor der Menge standen. Besitzer sprachen im Namen ihrer Lieblinge, lobten die Organisatoren für die gelungene Veranstaltung und für die Idee, Geld für Hunde in Not zu sammeln, eine Sache, die allen so am Herzen lag.

George und ich standen ganz hinten in der Menge, als die Sieger in der Schwergewichtsklasse aufgerufen wurden. Einer der Retriever wurde zum Sieger erklärt, Bruno, die Bulldogge, wurde Zweiter – und zu meiner Verblüffung landete George auf dem dritten Platz. »Wow, George, du bist Dritter geworden!«, sagte ich. Wir bahnten uns einen Weg durch die Menge, während Leute applaudierten, ein paar die Hand ausstreckten, um George zu tätscheln, und wieder andere, um mir die Hand zu schütteln.

Als wir das Podium erreichten, umarmte Lisa mich und versuchte, George eine Surfmedaille um den Hals zu legen. Natürlich war die Medaille zu klein, was für allgemeine Heiterkeit sorgte. Während wir uns durch die Menge einen Weg zurück zu unserem Platz ganz hinten bahnten, hörte ich: »Liebe Zuschauer, unsere Sieger stehen nun fest, und nun ist der Zeitpunkt gekommen, um den Hund aufzurufen, den ihr zu euerm Liebling gewählt habt. Es ist

Zeit, den Publikumspreis für den Hund zu verleihen, der den Zuschauern am besten gefallen hat! George, geh nicht so schnell weg. Würdest du bitte noch einmal zum Podium kommen.«

Ich war mir ziemlich sicher, dass ich mich verhört hatte.

»Sie rufen euch«, sagten ein paar andere Hundebesitzer zu George und mir.

»Wow, wirklich?« Wir bahnten uns durch die Menge einen Weg zurück, zwischen noch mehr Tätscheln und Händeschütteln, und als wir das Podium erreichten, stand Lisa wieder da und strahlte über beide Ohren.

»Herzlichen Glückwunsch, George, und auch Ihnen, Colin. Wir freuen uns so, dass ihr heute dabei wart. Ich weiß, dass alle begeistert waren, nicht nur einen solch großen Hund surfen zu sehen, sondern auch einen solch entzückenden Hund mit einer großartigen Persönlichkeit. Ich freue mich daher sehr, George diese spezielle Medaille für den Publikumspreis zu verleihen.«

Lisa kauerte sich vor George hin und steckte die zweite Medaille in sein Halsband, während die Menge abermals laut auflachte. Er bedankte sich bei ihr mit einem seiner dicken, schlabberigen Küsse. Eine Ehrenamtliche überreichte uns eine große Preistüte mit Hundezeug – Leinen, Spielzeuge, Halsbänder, Fressnäpfe, Leckerlis und Hundefutter. George steckte den Kopf in die Tüte und schnupperte, aber er war eindeutig interessierter an den Leuten um ihn herum als an den Leckerlis. Dann warf er den Kopf zurück, jaulte kurz auf und rollte sich dann über die Schulter auf den Rücken, um sich den Bauch kraulen zu lassen wie ein Champion.

Als die Preisverleihungen vorbei waren, kamen die Juroren zu uns und gaben mir die Hand. »Er ist wirklich etwas ganz Besonderes«, sagten sie. »Einen solchen Hund haben wir hier noch nie gesehen.«

Ich war sehr stolz auf ihn. »Danke«, sagte ich. »Hast du das gehört, George?«

George wandte sich um und sah zu uns hoch, ein riesiges »Hä?« ins Gesicht geschrieben. Ich ließ mich auf seine Höhe hinunter und drückte ihn zu einer festen Umarmung an mich. Dass George einen Preis nicht für seine Surfkünste bekommen hatte, sondern dafür, dass er ein rundum netter Hund war und Freude und Liebe verbreitet hatte, war das unerwartete perfekte Ende eines perfekten Tages.

Als die Preisverleihungszeremonie vorbei war, dachte ich, George und ich würden nach Hause fahren und einen ruhigen Abend verbringen, um uns zu entspannen ... aber nicht bevor noch mehr Zuschauer, Wettbewerbsteilnehmer und Ehrenamtliche – Dutzende von Leuten – auf uns zukamen, die alle ihre Glückwünsche aussprachen.

»Sie können sich so glücklich schätzen. Er ist ein wunderschöner Hund.« Ich hatte es noch nie so oft und mit so viel Überzeugung gehört. Und diesmal begriff ich es in vollem Ausmaß. *Ich kann mich wirklich glücklich schätzen.*

Neun Monate zuvor war George emotional so gebrochen gewesen, dass jeder Kontakt mit einem Fremden und jede plötzliche Bewegung ihm schreckliche Angst machten. Zwanzig Monate zuvor hatte auch ich einen schweren emotionalen Verlust erlitten und eine Veränderung durchgemacht, die dafür sorgte, dass ich mich aus dem Leben zurückzog. An jenem Tag wurde mir klar, an wie viel Enttäuschung und Traurigkeit über das Scheitern meiner Ehe ich noch immer festgehalten hatte. Ich hatte mich vor Leuten und Erfahrungen in meinem privaten Umfeld verschlossen, und ich vermochte es nicht, zu erkennen und anzunehmen, was das Leben alles zu bieten hat, vor allem an einem so schönen Ort wie Südkalifornien. Wie konnte ich so vieles als selbstverständlich betrachten und so blind und benommen durchs Leben stolpern? George lebte sein Leben auf eine fröhliche und schöne Weise – jeden Tag. Er hatte mir tausendmal alles zurückgegeben, was ich ihm je an Liebe gegeben hatte, und er bot seine Liebe großzügig jedem an, der ihm seine anbot. Er war jeden Tag glücklich und dankbar.

In diesem Augenblick spürte ich, wie ich den ganzen Schmerz losließ. Anstatt meine Existenz über den Verlust meiner Ehe zu definieren, betrachtete ich George und sah, wie ich mich über Liebe, Freundschaft und Freude definieren konnte. Ich hatte jemanden, der mich inniger liebte, als es je irgendjemand getan hatte. Und ich war glücklich – ich hatte allen Grund, es zu sein.

Die Redensart »Ein Hund ist der beste Freund des Menschen« ist für mich kein Klischee; sie ist eine gelebte Erfahrung. Sie ist die Erkenntnis, dass die schönsten Geschenke des Lebens jederzeit daherkommen können, selbst dann, wenn wir am wenigsten damit rechnen. Und sie können auch in sehr großen Paketen daherkommen, manche sogar in Fell und schlabberige Küsse verpackt.

Nach dem ganzen Trubel und Tumult des Wettbewerbs kamen George und ich endlich doch noch zu unserem ruhigen Abend zu Hause. Wir packten unsere Ausrüstung zusammen und fuhren den Pacific Coast Highway hoch zu Bruce Jones' Surf Shop, wo wir das Salzwasser und den Sand abspülten.

Wir fuhren nach Hause, aßen zu Abend und gingen eine Runde spazieren. Es war ein ganz normaler Abend. George erledigte sein Geschäft – sein *großes* Geschäft –, und ich putzte es weg. Wir sahen ein bisschen fern, George döste zu meinen Füßen, und schließlich ging ich zu Bett und las noch ein wenig. Nach ein paar Minuten kam George angetapst und sprang neben mir ins Bett. Ich legte mein Buch beiseite und kraulte seine großen, samtigen Ohren. Die Liebe, die ich für ihn fühlte, erfüllte mein Herz, und ich konnte es ihm gar nicht oft genug sagen.

Auf einmal durchfuhr mich eine lebhafte Erinnerung an damals, als ich ein Kind war und mein Bruder und ich nach einem Tag voller Sonne und Spielen im Cottage meines Großvaters in unseren Etagenbetten lagen. Ich sah meinen Großvater neben uns in einem Sessel sitzen, während er uns die letzte Seite der Gutenachtgeschichte vorlas, um die wir ihn gebeten hatten:

»Jungs, heute hatten wir aber einen ziemlich schönen Tag, oder?«

Natürlich hatten wir das. Mit Grandpa hatten wir das immer.

»Jungs, wenn ihr das Glück habt, einen Tag mit jemandem zu verbringen, den ihr liebt, Dinge zu tun, die euch Spaß machen, dann werdet ihr an diesem Tag nicht alt. Heute war ein freier Tag auf der Erde.«

Ich wandte mich zu George um. »George, hattest du heute Spaß?«

Sein Schwanz schlug auf die Bettdecke. Dann schloss er seine erschöpften, herabhängenden Augen und schlief knurrend ein.

Im Schimmer der Nachttischlampe, mit George, der zusammengerollt neben mir lag, wusste ich, dass wir heute einen freien Tag gehabt hatten.

Ich legte mein Buch weg, schaltete das Licht aus, schlang den Arm um George und schlief ein.

HIER SIND EIN PAAR KLEINE LEKTIONEN, DIE ICH VON EINEM SEHR GROSSEN HUND GELERNT HABE:

Schwimme und surfe immer mit einem Kumpel. Beide Aktivitäten sind auf diese Weise sicherer und machen mehr Spaß.

Das Meer kann dich, wie das Leben, hinunterziehen oder an der Oberfläche tragen. Halte den Kopf über Wasser, und egal, wie beängstigend es erscheint, lerne, die Wellen zu reiten.

Größe ist wichtig. Ob du groß oder klein bist, es ist die Größe deines Herzens, die zählt.

Es gibt nicht nur einen Weg, um Liebe oder Weisheit zu finden. Wichtig ist es, Möglichkeiten zur Weiterentwicklung zu erkennen und sie mit Dankbarkeit zu ergreifen – ob sie nun als Erfahrung, als Mensch ... oder als ein sehr großer Hund daherkommen.

Epilog

Januar 2016

Als kleines Kind fragte ich mich oft, wie mein Großvater so schlau wurde. Woher wusste er so vieles über so viele verschiedene Dinge? Und je älter ich selbst wurde, desto mehr wusste ich seine Weisheit zu schätzen. Heute frage ich mich oft, wie andere ältere Leute ihre Weisheit erworben haben. Ich sehe die hart erarbeiteten Falten in ihren Gesichtern und kann nur vermuten, welche Erfahrungen diese Leute dorthin gebracht haben, wo sie jetzt sind. Wurden sie weiser durch das Lesen von Büchern oder durch persönliche Erfolge und Rückschläge, oder waren sie einfach vom Augenblick ihrer Geburt an alte Seelen? In Georges Fall ist klar, dass seine Weisheit auf einer Kombination seiner Lebenserfahrung und seiner von Natur aus alten Seele beruht. Ich lege sehr großen Wert auf seine Freundschaft, sein Vertrauen, seine Kameradschaft und vor allem seine Liebe.

Nachdem wir zwei tolle Jahre zusammen in Hermosa Beach, Kalifornien, verbracht hatten, kehrten George und ich im Jahr 2011 zurück nach Toronto, Ontario, wo wir jetzt ein ruhiges – und glückliches – Leben führen. Wir haben eine neue Gemeinschaft von Hunden und ihren Besitzern in einem kleinen Park in der Nähe unseres

Zuhauses im Stadtzentrum gefunden. Wir treffen uns dort jeden Morgen und jeden Abend, bei Regen oder Sonnenschein. George genießt seine täglichen Spielverabredungen mit seinen guten Kumpeln Molly, Roxi, Barney, Duffy, Brodie und Howard ... und jedem anderen Hund, der zufällig zu dem zwanglosen, freundlichen, flauschigen Rudel stößt.

Und wir haben unser Zuhause um ein neues Familienmitglied erweitert: Charlie, der Kater. Charlie war ein junger, obdachloser Kater mit sechs Zehen, der auf der Straße gefunden wurde, als ich über eine Freundin von ihm hörte. Er ist die Katzen-Entsprechung von George, liebevoll und sozial über jedes normale Katzenmaß hinaus. George mochte Charlie auf Anhieb. Wenn Charlie nicht auf meinem Schoß schnurrt, liegt er zusammengerollt an Georges warmem Bauch, beide tief und fest schlafend. Sie sind verwandte Seelen.

Ich habe es geschafft, mir hier in Toronto ein neues Leben aufzubauen, eines, in dem ich mich auf die Zukunft freue und die Gegenwart genieße, anstatt über die Traurigkeit der Vergangenheit nachzugrübeln. Ich freue mich, sagen zu können, dass ich jetzt in einem gesünderen emotionalen Zustand bin, weitaus glücklicher und sogar ein klein wenig weiser.

George und ich haben während unseres gemeinsamen Abenteuers in L.A. viele tolle Freunde gefunden, und wir haben unzählige liebevolle Erinnerungen an unsere Zeit dort mit nach Hause genommen. Nach Georges erstem Surfwettbewerb sind wir weiterhin an den Wochenenden am Huntington Beach surfen gegangen, und im Jahr 2010 nahm George erneut am »Surf City Surf Dog«-Wettbewerb teil, wurde Dritter in der Schwergewichtsklasse und gewann im zweiten Jahr in Folge den angesehenen Publikumspreis.

Im Sommer 2014 machten George und ich Urlaub in Nova Scotia, wo wir etwas Zeit im Cottage meines Großvaters und am

Rissers Beach verbrachten und die Wellen, den weichen, weißen Sand und den kalten, schönen Ozean genossen. Wir surften wieder zusammen, und wir liebten beide die Freiheit, in den Wellen zu sein und zusammen unser Brett zu reiten.

Als ich sah, wie sehr George den Sport noch immer liebte, entschied ich, ihm noch eine Gelegenheit zu geben, in Kalifornien zu surfen. Ein paar Wochen später stiegen George und ich in ein Flugzeug und nahmen noch einmal am »Surf City Surf Dog«-Wettbewerb 2014 in Huntington Beach, Kalifornien, teil.

Das verrückte Event war unter dem fachmännischen Event-Management von Lisa und ihrem Team noch größer geworden. Inzwischen gibt es regelmäßig Tausende von Zuschauern, die den Strand bevölkern und die Hunde anfeuern. Es gibt Teilnehmer von weit entlegenen Winkeln der Welt. Es gibt sogar noch mehr Kameras und »Puparazzi«.

George liebte es, wieder in Kalifornien und wieder bei dem Wettbewerb zu sein. Viele Ehrenamtliche, Wettbewerbsteilnehmer und Zuschauer erinnerten sich aus früheren Jahren an George und kamen, um ihn anzufeuern. Obwohl er erschöpft von einem langen Flug war, hielt er am Strand Hof, nahm warmherzige Umarmungen entgegen und posierte fröhlich mit seinen Fans für Fotos. Es war wie in alten Zeiten, aber mit einem Unterschied: George war gealtert. Er war ein weiserer Hund als ein paar Jahre zuvor, aber er war auch langsamer geworden.

Als Georges Schwergewichtsdurchlauf begann, stürzten wir uns mit dem Kopf voran, unter dem Jubel der Menge, in die pazifische Brandung. Die Flut stand hoch, und die großen Wellen brachen genau an der Küste. Viele der Hunde, darunter auch George, taten sich schwer damit, sich auf ihren Surfbrettern zu halten, und nach ein paar gescheiterten Versuchen in der großen Brandung schwamm George zurück ans Ufer und setzte sich in den Sand. Nach ein bisschen erfolglosem Zureden schwamm ich zurück ans Ufer, um bei meinem Kumpel zu sein.

Als ich dort ankam, sah er mir in die Augen, wie er es immer tut. Er gab mir ein paar nasse Küsse, und ich legte den Arm um ihn. »Du bist müde, großer Junge. Ich weiß. Ist schon gut. Lass uns einfach hier sitzen und uns ausruhen.« Er leckte mir noch einmal das Gesicht. Wir saßen am Strand und sahen zu, wie die jüngeren, agileren Hunde ihr Bestes versuchten, um auf ihre Bretter zu kommen und zurück zur Küste zu surfen. Georges Karriere als Wettbewerbssurfer war zu Ende gegangen.

Die nächsten paar Tage verbrachten wir damit, Schlaf nachzuholen und alte Freunde zu treffen. An unserem letzten Morgen in Kalifornien schien George mehr Energie zu haben, und der Stolz war in seinen Gang zurückgekehrt. »Willst du zum Strand fahren?« Er wedelte mit dem Schwanz und sah zu mir hoch, wie nur er es tut, als wollte er sagen: »Heute bin ich absolut bereit dafür.«

An jenem Tag fuhr ich mit George abseits ausgetretener Pfade zum Newport Beach River Jetty, nur wir beide. Im Gegensatz zu dem Chaos des Surfwettbewerbs ein paar Tage zuvor war dieser Morgen still und friedlich. Der sonnige Strand war verlassen bis auf ein paar vereinzelte Surfer, die weiter draußen die Wellen ritten. Ich schnappte mir unser Surfbrett, leinte George an und ging mit ihm zum Ufer hinunter.

In den nächsten paar Stunden stürzte sich George neben mir ins Wasser, und er surfte die Wellen wie ein Profi. Wir liefen zusammen durch den Sand, und George jagte Möwen nach. Wir schwammen zusammen in der Brandung, und George ließ zu, dass ich ihm die Arme um den Hals schlang, und zog mich zurück zur Küste. Dazwischen lagen wir faul am Strand und ließen uns von der Sonne wärmen.

Nach noch ein paar glückseligen Stunden war es Zeit, zusammenzupacken und zum Flughafen zu fahren, um zurück nach

Kanada zu fliegen. Ich schlang die Arme um meinen großen, nassen, glücklichen Hund. »Zeit, nach Hause zu fahren, George«, sagte ich. »Ich liebe dich.« Er lehnte sich mit seinem ganzen Gewicht an meine Brust. Ich nahm ihm die Leine ab, während wir zurück zum Wagen gingen. Er brauchte sie nicht mehr. Und ich auch nicht.

Das ist die wichtigste Lektion, die ich von George gelernt habe: Der Weg zur Weisheit ist mit Liebe gepflastert. Alles, was ich getan habe, um George zu helfen, war, ihn zu lieben. Mehr war nicht erforderlich. Kennen Sie die Redensart: »Man braucht ein Dorf, um ein Kind großzuziehen«? Dasselbe gilt für jeden, der gerettet werden muss, ob vernachlässigte Tiere oder Menschen – man braucht ein Dorf, um sie durchzubringen. Viele Leute haben George geholfen, mit kleinen und großen Gesten, aber all die Liebe, die er empfangen hat, hat er tausendmal zurückgegeben, nicht nur mir, sondern jedem, der ihm je Zuneigung entgegengebracht hat. Wir alle sollten so weise sein wie George. Dank ihm, und zum Gedenken an meinen Großvater, werden *freie Tage* von nun an so viel leichter zu finden sein.

DANKSAGUNG

Die folgenden Leute hatten großen Anteil daran, mich zu inspirieren und mir zu helfen, dieses Buch zum Leben zu erwecken. Ich möchte ihnen allen meinen Dank und meine Anerkennung aussprechen:

Sandra Nicholson und all den wundervollen Ehrenamtlichen bei Newf Friends für all die tolle Arbeit, die sie leisten, um Neufundländern in Not zu helfen, und dafür, dass sie mir die Gelegenheit und das Privileg gegeben haben, George zu mir zu nehmen.

Jedem, der den Mut hatte, »ein Leben zu retten« und einen Tierheimhund welcher Rasse auch immer zu sich zu holen und zu lieben – diese Hunde geben jedes bisschen Liebe, das sie bekommen, zurück. Ein klein wenig von George steckt in all diesen wunderschönen Tieren.

Ich danke all den Freunden, mit denen ich im Laufe der Jahre Zeit in Hundeparks und an Stränden verbracht habe – so viele tolle Leute, Hunde und Erinnerungen. Und ein großes Dankeschön an all meine »Nichthund«-Freunde für eure Unterstützung und Ermutigung – insbesondere Mike und Cluny Nichols, Matt Kenny, Steve McAllister, Gino Reda, Charlie Horsey, Marc Ruskin, Adam Larry und allen bei MKTG und der NHLPA.

Catherine und John, Todd und Warren – für eure Freundschaft und Unterstützung in den frühen Jahren. Ich vermisse euch sehr.

Cassie und Carole Anne Strong, meiner »Kalifornien-Familie«, für all die Liebe und Unterstützung, die ihr beide George und mir gegeben habt, selbst als ich verloren war. Es hat mir mehr geholfen und bedeutet mir mehr, als ihr je wissen werdet. Danke.

Meinem Bruder David – danke für all deine Liebe, Unterstützung und Ermutigung, nicht nur bei diesem Buch, sondern bei allem, was wir im Laufe der Jahre geteilt haben – ich bin so stolz, dich zu meinem Bruder zu haben.

Ich danke der außergewöhnlichen Autorin Lisa Gabriele dafür, dass sie die Saat in meinem Kopf gesät hat, dass ich dieses Buch schreiben könnte, und dass sie mich mit Nita (und Charlie, dem Kater) bekannt gemacht hat.

Ich danke Evan Rosser für seine Hilfe in den frühen Tagen des Schreibens.

Ich danke allen Leuten bei Penguin Random House für ihre harte Arbeit und Unterstützung. Danke an Terri Nimmo für das fabelhafte Buch- und Coverdesign. Danke vor allem an meine umwerfende Lektorin, Nita Pronovost. Nita, danke für deine Freundschaft, Ermutigung, Mentorschaft und Geduld – und für deine Liebe zu George. Das hier wäre ohne dich nicht passiert – und ich danke dir von ganzem Herzen.

Und schließlich danke ich George, 140 Pfund Fell und Liebe. Deine Liebe wird für immer in meinem Herzen leben; dein Fell wird überall auf dem Boden und auf meinen Kleidern sein. Beides wird für immer bei mir bleiben. Du gibst mir so viele freie Tage, indem du einfach nur du selbst bist – der liebste, sanfteste Hund aller Zeiten.

IMPRESSUM

Colin Campbell
Ein Pfundskerl namens George
Wie ein surfender Hund mein bester Freund und Retter wurde
ISBN: 978-3-95910-173-8

Eden Books
Ein Verlag der Edel Germany GmbH

www.edenbooks.de | www.facebook.com/EdenBooksBerlin | www.edel.com
1. Auflage der ungekürzten Taschenbuchausgabe 2018

Einige der Personen im Text sind aus Gründen des Persönlichkeitsschutzes anonymisiert.

Übersetzung: Veronika Dünninger
Projektkoordination: Svenja Monert und Kathrin Riechers
Lektorat: Susanne Röltgen
Umschlaggestaltung: Buchgut, Berlin
Coverfoto: © Juls Megill
Layout und Satz: Datagrafix GmbH, Berlin
Druck und Bindung: optimal media GmbH, Glienholzweg 7, 17207 Röbel/Müritz

Das FSC®-zertifizierte Papier *Holmen Book Cream* für dieses Buch lieferte Holmen Paper, Hallstavik, Schweden.

Bildnachweis
S. 8/9, S. 14/15, S. 70/71, S. 152/153, S. 194/195, S. 246/247: © Juls Megill

Bildnachweis Bildteil
S. 1, S. 3 oben, S. 4, S. 5 oben und links unten, S. 7: © Juls Megill; S. 2, S. 8 oben: © privat Colin Campbell; S. 3 unten, S. 6: © Woody; S. 5 rechts unten: © Diane Edmonds; S. 8 unten: © Lisa Gabriele

Titel und Verlag der Originalausgabe: Free Days With George. Learning Life's Little Lessons from One Very Big Dog, Doubleday Canada

Published by arrangement with Doubleday Canada, a division of Penguin Random House Canada Limited.

Printed in Germany

Dieses Buch ist auch als E-Book erhältlich.

Um die kulturelle Vielfalt zu erhalten, gibt es in Deutschland und in Österreich die gesetzliche Buchpreisbindung. Für Sie, liebe Leserin und lieber Leser, bedeutet das, dass Ihr verlagsneues Buch jeweils überall dasselbe kostet, egal, ob Sie Ihre Bücher gern im Internet, in einer großen Buchhandlung oder beim kleinen Buchhändler um die Ecke kaufen.